法治与生态文明

中国流域一体化管理法治体系保障研究

刘志仁 著

RULE OF LAW AND ECO-CIVILIZATION
A STUDY ON THE LEGAL SYSTEM GUARANTEE FOR THE INTEGRATED MANAGEMENT OF RIVER BASINS IN CHINA

法律出版社
LAW PRESS · CHINA
北京

图书在版编目（CIP）数据

法治与生态文明：中国流域一体化管理法治体系保障研究 / 刘志仁著. -- 北京：法律出版社，2025.
ISBN 978 - 7 - 5197 - 9489 - 7

Ⅰ. D920.0

中国国家版本馆 CIP 数据核字第 2024ZE4542 号

法治与生态文明：中国流域一体化管理法治体系保障研究
FAZHI YU SHENGTAI WENMING：ZHONGGUO LIUYU YITIHUA GUANLI FAZHI TIXI BAOZHANG YANJIU

刘志仁 著

责任编辑 曲 杰
装帧设计 鲍龙卉

出版发行 法律出版社
编辑统筹 学术·对外出版分社
责任校对 李慧艳
责任印制 胡晓雅 宋万春
经　　销 新华书店

开本 710 毫米 × 1000 毫米 1/16
印张 17.5 **字数** 239 千
版本 2025 年 2 月第 1 版
印次 2025 年 2 月第 1 次印刷
印刷 北京虎彩文化传播有限公司

地址：北京市丰台区莲花池西里 7 号（100073）
网址：www.lawpress.com.cn
投稿邮箱：info@lawpress.com.cn
举报盗版邮箱：jbwq@lawpress.com.cn
销售电话：010 - 83938349
客服电话：010 - 83938350
咨询电话：010 - 63939796

书号：ISBN 978 - 7 - 5197 - 9489 - 7
定价：98.00 元

凡购买本社图书，如有印装错误，我社负责退换。电话：010 - 83938349

刘志仁

男，西安交通大学法学院教授、博士生导师，法学博士,牛津大学和北京大学访问学者，国家社科基金重大项目首席负责人。

研究专业方向为环境法、比较环境法、国际环境法、自然资源法、污染防治法、清洁能源法和流域海域环境治理法。主持国家社科基金重大项目、国家社科基金一般项目和国家社科基金西部项目等各级各类课题20余项。在《法律科学》《法学论坛》《政治与法律》《探索与争鸣》《中国软科学》《内蒙古社会科学》等学术期刊上发表论文50余篇。已出版专著《西北内陆河流域水资源治理制度构建研究》。部分研究成果被人大报刊复印资料全文转载，部分研究成果在国家社科规划办《成果要报》上发表，部分成果获得陕西省哲学社会科学优秀成果奖和西安市哲学社会科学奖等奖项。

兼任中国法学会环境资源法学研究会常务理事、中国自然资源学会自然资源法学专委会副主任委员、中国西部开发法制专委会副主任委员、陕西省委省政府决策咨询委员会委员、陕西省人大法工委立法咨询专家、陕西省法学会常务理事、陕西省能源法学会会长和陕西省环境资源法学会副会长。

国家社会科学基金一般项目（16BFX151）

西安交通大学人文社会科学学术著作出版基金

序　言

本书着眼“建设中国特色社会主义法治体系”的法治目标和“尊重自然、顺应自然、保护自然”的生态伦理两个方面，将法治理论与流域水资源一体化管理相结合，推动法治建设全面融入流域水资源一体化管理之中，从立法、执法、司法、守法四个法治维度构建、完善和保障流域水资源一体化管理。

流域一体化管理是流域生态环境、自然资源、经济社会综合发展的管理模式，是当今世界水资源管理的重要方式。强化流域一体化管理是推动新时代流域生态环境保护和高质量发展的重要保障，也是完善流域管理体制机制的应有之义。我国一直非常重视流域管理，在辽河、海河、黄河、淮河、长江、珠江、太湖设立流域管理机构等，但是由于一体化管理存在不足，没有真正形成一体化管理体系和模式，流域管理与区域管理的职能配置和衔接尚未完善，不利于流域生态环境保护和经济高质量发展。学界对于流域“一体化”概念尚未形成统一明确的结论，对于流域一体化管理的关键因素尤其对流域一体化管理的法治化有待深入界定。整体来看，静态部分的“法制”研究有余，动态部分的“法治”研究不足。

法治是文明的标志，也是国家治理体系和治理能力现代化的重要体现和根本保障。“科学立法、严格执法、公正司法、全民守法”是全面依法治国的方略，理应成为流域一体化管理的重要保障。我国流域众多，流域内自然因素和社会因素差异显著而又相互依赖，基于流域生态系统的差异性和整体性，客观上需要流域一体化管理法治化。流域一体化管理的顺利实施，不仅需要良好的静态立法体系，同时需要良好的执法机制、司法机制和守法机制，只有这几方面共同发力，才能实现流域全面法治，才能保障流域一体化管理。

本书力图构建我国流域水资源一体化管理法治保障体系，通过对中国典型流域实施一体化管理的效果进行评析，对中国流域一体化管理的相关法律进行梳理和检视，总结国外一体化流域管理的法治经验，推动全面法治与中国流域一体化管理全过程对接和契合。在立法层面明确完善现行流域水资源一体化管理相关法律的路径和关键要素，在执法层面构建和完善我国流域一体化管理的执法机制，在司法层面促进流域水资源一体化管理中的司法协作保障，在守法层面为提升公众对流域一体化管理法治化构建的参与意识搭建平台。

本书是在笔者的第二个国家社科基金项目即“中国流域一体化管理法治体系研究”成果的基础上撰写而成，与第一个国际社科基金项目“西北内陆河流域水资源可持续法律制度研究”基础上出版的《西北内陆河流域水资源治理制度构建研究》一书，算是继往开来的“姊妹篇”。在第二个国家课题完成过程中，课题组成员胡德胜教授、朱艳丽副教授，硕士研究生倪君、刘莹、王璐璐、龙维娜、张雯、张旭琴、李渊撰写了部分研究内容，其研究成果中的部分内容在本书的部分章节标注引用，在此深深感谢。成书过程中，博士研究生王嘉奇，协助笔者对本书进行了资料调整、文字校对、数据更新，在此一并感谢。法律出版社曲杰责编，协调出版社相关工作人员进行了多次修改校对，对书中部分章节的内容和观点提出了宝贵的建议，在此衷心感谢。

尽管从 2016 年开始做此课题到 2022 年结题，持续了 6 年，从 2022 年与出版社签订出版合同决定出版，开始修改提升为现在正式出版的书稿，又持续 2 年多，但由于正值中国生态文明新时代，生态环境法律法规的颁布、修订和废止持续不断，流域环境治理和修复的实践不断探索、创新、构建和完善，所以本书的内容难免有挂漏和滞后于相关法律法规和其实践样态之处，在此请理论和实务界的阅读者海涵，有待以后与时俱进、适时修正。

仁者于古都港村

2024年11月22日(小雪)

目录

第一章　客观基础：中国典型流域实施一体化管理的效果评析

我国是开展流域管理比较早的国家。1978 年，松花江水系保护领导小组于长春成立，并于 1987 年扩大为松辽水系保护小组。1982 年，水利部松辽水利委员会成立；1984 年，松辽流域水资源保护局正式成立。此后，流域管理机构相继在全国主要的大江大河及湖泊流域建立。截至 2023 年，共有七个流域管理机构，即长江水利委员会、黄河水利委员会、淮河水利委员会、珠江水利委员会、海河水利委员会、松辽水利委员会、太湖流域管理局。此外，在全国各地产生了一些支流流域管理机构，这些流域管理机构对我国水资源保护、开发和利用发挥了一定作用，但效果并不尽如人意，其根本的原因在于流域管理机构在成立时定位不准确。流域管理机构最初没有水资源管理的行政决策权和管理权，仅是一个具备一定技术能力的科研机构，享有建议权，缺乏行政管理权，因此它便不能发挥其应有的作用。随着流域问题不断凸显，我国已经逐渐意识到这一问题的严重性，但是根据国家法律、法规及国务院有关规定，黄河水利委员会、长江水利委员会等各大流域管理机构仍然是水利部在各个流域及其相关区域内的派出机构，代表水利部行使所在流域内的水行政主管职责,属于具有行政职能的事业单位。

第一节 我国辽河流域实施一体化管理的效果评析

一、辽河流域概况

吉林省辽河水系地处平原、低山和丘陵兼备的松辽平原中部,由于其位于辽河流域上游,因此其地势呈现东南向西北不断下降的走向。中西部是平原区,为起伏较小的台地和走向平稳的平原,招苏台河、东辽河穿行其中,沿河两岸都是平原,东南部为山高谷宽的低山丘陵地带,还夹杂着小的沟川平地。[①] 吉林省辽河水系流域面积为15,746km^2,约占吉林省总面积的8.2%,主要涉及长春、四平、辽源3个地市内9个县(市、区)。此外还涉及松原市、白城市各1个县级行政区的小部分区域。

辽河水系主要河流有东辽河、西辽河及招苏台河、条子河等。其中,发源于辽源市东辽县的吉林哈达岭山脉东南福安屯附近的东辽河是辽河的主要支流,其流经辽源、梨树、公主岭、双辽等地,最终在辽宁省境内与西辽河汇合。[②] 西辽河是辽河的另一主要支流,西辽河干流从海流图起,流经开鲁、通辽科尔沁区、科尔沁左翼中旗、双辽至辽宁省昌图县福德店附近与东辽河汇合止。招苏台河是辽河的支流,发源于吉林省四平市山区,在辽宁省昌图县汇入辽河干流。条子河发源于梨树县石岭镇兰家沟,从梨树县喇嘛乡进入辽宁省。

二、辽河流域一体化管理的制度践行探索

(一)流域立法

辽河流域内各省基于《水法》《水污染防治法》《环境保护法》《水土保持法》等水资源管理相关法律进行流域一体化管理。但我国除《长江

① 参见李贺等:《辽河流域水生态环境保护形势分析》,载《绿色科技》2021年第4期。
② 参见李贺等:《辽河流域水生态环境保护形势分析》,载《绿色科技》2021年第4期。

保护法》《黄河保护法》已经开始实施,其他河流还没有专门的流域管理法,与辽河流域管理相关的法律规定散落在其他涉水法律中。这就导致了目前流域一体化管理中仍存在一些法律规定未能衔接的空白点,并且这些法律对于流域管理规定得较为宽泛和原则化,地方上无法直接适用。基于此,吉林、内蒙古及辽宁颁布了《吉林省辽河流域水环境保护条例》《内蒙古西辽河流域水量调度管理办法(试行)》等多部地方性法规。这些地方性法规对于涉水法律的空白具有一定的补充,但仍存在过度保护地方利益、不同地域的地方性法规互有冲突等问题。

(二)水污染防治

为解决辽河流域水污染问题,辽宁省以松辽水利委员会为核心,协同水利部门、环保部门等相关政府部门,建立水质分析会商制度,有效推动了辽河流域水污染治理方式的重大转变,取得了显著成效。但从现实效果来看,辽河流域一体化管理仍然存在两方面的逻辑矛盾:一方面,不断探索流域管理的新方法、新策略,创造了具有中国特色的协同治理模式;另一方面,流域管理在很长时期内只是停留在理念层面和制度层面,而实践层面关键环节薄弱,其中最明显的表现是跨行政区流域管理协调机制的功能缺失。因而有必要从法律角度对辽河流域跨行政区协调机制的落实进行系统性研究。

三、辽河流域实施一体化管理的制度困境探析

辽河是辽宁的母亲河,其关乎12个市近80个市县以及3000多万的人口,辽河流域是他们得以世代繁衍生息的依托。近几年,水质不稳、用水短缺、生态环境脆弱、日常管理缺失、面源污染严重等问题困扰着辽河流域地方政府及周边群众。[①]

(一)水资源缺乏使生态基流得不到保证

辽河流域水污染的问题依然明显,其综合性、复杂性和持续性的特征

① 参见刘莹:《我国流域水资源治理体制法治化完善建议》,西北大学2019年硕士学位论文,第9页。

十分突出。部分城镇污水处理设备建设依旧不完善、处理能力明显不足、污水收集率较低以及排污口管理不到位等问题在县(市)和乡镇中仍然存在。东辽河水资源匮乏，西辽河断流现象长期存在，流域人均水资源占有量仅相当于全国人均水平的1/3，尤其在冬天，由于城镇生活污水处理后依然排放尾水，致使流域的生态基流难以获得保证。

第一，河流水资源匮乏，生态基流严重不足。吉林省辽河流域因位于辽河水系上游区，没有过境水，持续性降水因受气候变化的影响偏少，此种现象属于资源型缺水，因此该地区属于资源型重度缺水地区。吉林省辽河流域人均水资源量495m^3，仅为全省人均水平的31%，全国人均水平的23%。特别是在枯水季节，流域生态流量缺乏，甚至部分区域会出现大面积的断流现象，因而上述区域的河道水量只能依赖上游水库的下泄，这将会导致水库进一步控制河流生态系统。东辽河等河流水资源匮乏，西辽河在枯水期有明显的断流现象，生态基流严重短缺。

第二，水资源配置方式不合理，生态用水不足。在水资源配置中，农田灌溉用水量的占比明显超过生态用水，二者的比例极不协调，流域范围内平均农业灌溉用水、生态环境用水分别占总用水量的64.1%和1.2%，其中吉林省东辽河流域水资源开发利用程度为62.7%，远高于合理开发利用率的40%，生态用水长期处于被挤占的状态。在这种不合理的水资源配置过程中，河流净化和水源涵养能力也不可避免地会降低。

第三，节水力度不足，供水结构不合理。流域范围内涉及的辽源、四平地区均属于水资源匮乏地市，其中辽源万元工业增加值用水量61.85m^3，高于吉林省万元工业增加值用水量的29.88m^3；供排水管网漏损率为25%，高于全国平均水平15%。整体节水力度偏低，区域再生水利用不足，中水回用量少，再生水厂未有效利用，再生水利用率很低。

(二)水生态完整性破坏较重

第一，水源涵养能力不足。辽河源头区的水源涵养能力明显缺乏，森林覆盖率较低，相较吉林省45.04%的森林覆盖率，辽河38.28%的森林覆盖率与之有明显的差距。汇水范围小、流域河道治理不彻底、水源涵养林建设不完善。自2018年开展土地流转以来，控制区内的东辽河干流沿岸的退耕大体上已经完成；但由于部分河段地区的土层主要成分为沙土，在河水的冲击下导致退耕后植被未能完全恢复。

第二，部分生态系统遭到破坏。开发建设小水电站和引水工程，以及对水资源的开发利用，致使一些鱼类洄游通道被阻隔，破坏了鱼类等水生生物的生境。这就使原本就薄弱的流域生态系统遭受到进一步的伤害。

第三，流域一体化管理的机制体制有待完善。其一，生态环境监管的长效机制有待完善。当前，有关部门要求辽河流域内城镇污水处理厂执行四类排放标准，但它们并未按照相关原则给予污水处理厂恰当的补偿。水资源的“节流”“循环”“增量”缺乏实践性的政策措施和总体层面的统筹规划。退耕还河缺少明确的制度措施，农民在土地流转中应得的利益难以兑现。在流域生态环境监管中，信息化手段和“互联网+”的运用依旧受限。其二，多元主体的参与度不高。吉林与辽宁、内蒙古存在跨界水质污染问题，同时省内流域范围各市县之间也存在跨界水质污染问题。由于省际间、县市间横向生态补偿机制的缺乏，多元主体缺少坚持完善水环境质量的动力，流域生态环境协同治理的基础明显不牢固。其三，政府主导、多元化的资金投入机制尚未形成。地方政府投资不足、社会资本投入严重不足和流域内环保产业对环境保护需求的支撑不足。当前，中央和省级政府对流域生态保护和污染治理的投入资金比例高达70%，是最主要的资金来源。此种现象既说明了当地相对落后的经济发展状况，也反映了将环境保护收益转化为“金山银山”的制度安排仍旧需要完善。

第二节　我国珠江流域实施一体化管理的效果评析

一、珠江流域概况

珠江流域由西江、北江、东江以及珠江三角洲诸河等水系组成，其不仅属于我国的七大江河之一，也是我国南方最大的河流。干流西江发源于云南省曲靖市马雄山东麓，自西向东南流至广东省三水市思贤滘，与北江交汇后,注入珠江三角洲。东江在广东省东莞市石龙镇汇入珠江三角洲。珠江三角洲汇集西江、北江、东江后,分别从虎门、洪奇沥、蕉门、横门、磨刀门、鸡啼门、虎跳门、崖门八大口门注入南海,构成珠江独特的“三江汇集,八口分流”的水系特征。珠江干流全长2214km,跨越滇、黔、桂、粤、湘、赣六省(区)和香港、澳门特别行政区,流域总面积45.2km^2。珠江流域多年平均降雨量为1586.3mm,多年平均水资源总量为3338亿m^3,水资源充沛,雨水丰盈,水资源总量在我国七大江河中仅次于长江,位居全国第二。

2019年,珠江流域万元GDP用水量为56m^3,万元工业增加值用水量33m^3。珠江流域分为上中下游三部分,且区域经济的发展差距较大,其中,上中游地区面积大,约占珠江流域总面积的95%以上,而下游地区即珠江三角洲,虽然占地面积小,只有全国总面积的0.3%,但从主体功能区规划的角度来看却是我国三大经济圈之一。珠江三角洲会聚了全国2.6%的人口,却产生了全国5.8%的GDP。在产业和人口极度集中的情况下,大都市连绵带的雏形在珠江三角洲初步形成。目前,珠江三角洲已形成了电子信息、电气机械、石油化工、纺织服装、食品饮料和建筑材料六大支柱产业。近年来,由于城市化的进程不断加快,珠江流域的耕地无法大面积聚集,耕地质量也越来越差,且工业、交通和城市建设对土地的占用也在不断增多,势必加大珠江流域的治理压力。

二、珠江流域一体化管理的制度践行探索

近年来,为了加强对流域水资源的一体化管理,保障流域水资源高效利用,促进流域经济进一步发展,珠江水利委员会、流域内水行政主管部门及其他涉水管理部门,对珠江流域水资源一体化管理体制进行了改变和强化,虽然这些尝试和探索未能从根本上改变流域水资源管理体制中存在的问题,但是以下几项工作对流域管理体制改革有一定的促进作用。

(一)珠江枯季水量统一调度

近些年,珠江流域河口发生的海水倒灌、咸潮严重上溯等事件,究其根本原因还在于珠江流域上游区域的环境问题,而这些环境问题不仅给

珠江河口带来污染，也使珠三角地区的饮用水安全遭受严重威胁。澳门、珠海等地区的饮水安全问题受到党中央和国务院的高度重视，保证澳门等地区居民的饮水安全成为珠江流域管理部门工作的首要任务。2004年至2021年连续17年，在珠江每年的枯水期（11月至次年2月），在国家防汛抗旱总指挥部的批准下，珠江水利委员会以保证珠海、澳门等地区的居民饮水安全为首要目标，组织实施统一调度水量，对沿线的各大中型水库进行合理调度。整个水量调度的线路以珠江上游贵州天生桥水库为开始，然后沿江而下，途经广东、贵州和广西三省（区）以及北江、西江沿线的多个水利枢纽，并且涉及多个部门，如航运部门、环保部门、电力部门、水利部门等。多次统一调度水量的成功，是珠江流域内各地区、各部门团结治水、科学治水的最好证明，也加强了珠江流域水资源一体化管理。并且，统一水量调度也使流域内的各个部门都深刻地认识到，流域是一个紧密联系、不可分割的整体，只有流域一体化管理体制有效发挥作用，局部问题才能得到更好的解决。这些思想认识方面的转变，进一步凸显了对流域水资源进行一体化管理的必要性和重要性。

（二）制定流域水量分配方案

2021年，水利部批复珠江流域九洲江、罗江、黄华河、谷拉河、六硐河（含曹渡河）5条跨省江河流域水量分配方案，明确了这些江河流域及相关省（区）地表水开发利用相关指标，为发挥水资源刚性约束作用提供了重要支撑。韩江流域位于粤东、闽西南，流域范围包括广东、福建、江西三省共22县市。在福建、江西、广东等省的全力支持下，韩江流域水量分配方案通过审查正式适用。① 水量分配工作的开展具有十分重大的意义，促进对水资源的高效和科学调配，对韩江流域在管理中出现的问题进行了有效解决与监督，并且实现了韩江流域水资源可持续利用，促进了韩江流域经济社会的可持续发展，同时韩江流域水量分配工作的成功也为其他江河的水量分配工作提供了经验借鉴。在取得韩江水量分配工作成果

① 参见《珠江流域片完成跨省江河流域水量分配》，载光明网，https://difang.gmw.cn/2021-03/25/content_34717028.htm。

的基础上,珠江水利委员会正在组织开展东江、北江的省际间水量分配方案。为此,2022 年 1 月,广东省水利厅发布了《广东省东江水量调度管理办法》,进一步完善了珠江流域水量分配方案。

(三)建立滇黔桂粤水污染防治协作机制

为了有效解决珠江流域内北盘江越发严峻的水污染问题,2016 年 9 月,以完善流域一体化管理体制、加强流域内各个部门间的协作为主要目的,以遏制污染事故的发生、解决流域内的水污染问题、降低污染损失为目标,滇、黔、桂、粤四省(区)生态环境厅、水利厅、珠江水利委员会、珠江流域水资源保护局等成员单位,在云南省曲靖市建立滇黔桂粤跨省(区)河流水资源保护与水污染防治协作机制。作为跨越贵州、广西、云南、广东四省(区)重要省际河流的珠江,一直都是四省沿岸居民赖以生活和发展的重要水源。

自 20 世纪 90 年代以来,北盘江的水污染事件频繁发生,损害范围甚至扩大至下游红水河,频繁发生的水污染事件严重威胁流域人民的生活用水安全。进入 21 世纪后,上述区域跨省(区)的水污染状况并未得到改善,反而呈现越发严重的趋势,并且该区域是珠江流域内跨省(区)水污染典型的区域。"协作机制"由环保部门、水利部门共同合作,在组建成立的两年时间内,高度重视沿岸的经济发展在水资源保护中产生的影响,并加大了对北盘江及北盘江汇入红水河河段沿线水资源保护和水污染防治力度;为强化监督、交流,以资料共享、内容沟通为基础,建立了沿岸跨省(区)水污染防治的通报预警制度;以相互沟通、共同合作的方式作为跨省(区)水污染事件的主要预防、解决方式。此种改变离不开各成员单位以"协作机制"为基础所进行的努力,它是各成员单位共同监测、合作调查、一起监督的重要成果。

"协作机制"下各成员单位间的关系不同于以往传统的领导与被领导的关系,而是各成员单位间彼此平等、共同协作、相互监督的一种新型关系。"协作机制"以保证两岸居民的用水安全、保持社会经济的可持续发展为首要目标,以协商作为解决问题的主要方式,最终的目的是化解可能引发跨省(区)水污染的诱因,妥善处理已经发生的跨省(区)的水污染问题。

（四）力争出台《珠江水量调度条例》

《珠江水量调度条例》的立法工作在水利部的组织下由相关省（区）政府部门有序进行，其主要目的是对珠江流域水资源的一体化管理与调度统一进行强化，确保居民用水安全和水生态不受破坏，实现流域水资源最大效率利用，推进珠江流域内的生态环境与经济社会发展共同进行。水利部作为《珠江水量调度条例》的起草单位，其历时四年实况调查和研究论证，并且听取了相关省（区）、政府部门的建议，对近年来珠江流域在水资源统一调度中取得的成功经验进行总结，该条例已经列入国务院法制办即将出台的法规之中。《珠江水量调度条例》的出台，将为流域水资源的一体化管理提供确切的规范要求以及强有力的法律后盾，其对流域管理机构的职能及法律地位进行了明文规定，促使珠江流域水量统一调度工作严格按照相关法律的要求进行。作为以珠江流域为对象而出台的行政法规，《珠江水量调度条例》在弥补相关立法空白、健全法制体系、推动流域管理立法方面具有极为重大的意义。

三、珠江流域实施一体化管理的制度困境探析

珠江流域一体化管理改革是一个内容繁杂、涉及各个方面的重大工程，只依靠某一个地区或部门难以实现。近年来，由于珠江流域生态问题反复，中央与地方政府在流域管理方面做了一些尝试，如前述的珠江枯季水量统一调度、建立滇黔桂粤跨省（自治区）河流水资源保护与水污染防治协作机制等，但这些只针对某一个方面问题所作出的改变效果毕竟有限，无法动摇流域管理中存在的根本性问题。想要对珠江流域管理模式进行改变，需要中央与地方政府部门目标一致、团结协作，在明晰珠江流域管理实践问题的基础上，进行流域一体化管理改革。

（一）地方政府区域分工与协作意识不强

目前的珠江流域科层制管理模式是为了适应计划经济而产生的，主要通过地方行政主管部门采取行政措施对流域环境要素与经济要素进行规制，但明显已经不适合解决目前珠江流域所面临的水资源调度权限不清、法制保障缺失等问题。近年来，我国流域管理模式进行了更迭，流域内的不同区域之间、上下游之间在各个方面的关系更加密切。这些改变

导致珠江流域原有的管理模式已不能适应生态文明建设需求。同时，由于珠江流域内迅速发展的经济要素导致相关主体对水资源的需求持续增长，也使流域生态用水、居民生活用水和企业生产用水三者之间的矛盾越发尖锐，这些不断增多的矛盾也催动着珠江流域一体化管理的改革进程。但是，在珠江流域一体化管理模式选择方面，不同地方政府基于经济建设状况的不同存在态度上的差异。珠江流域一体化管理需要中央和地方政府部门投入大量的人员与资金，但生态投资回报周期较长、政治成果具有不确定性，不利于地方政府部门管理者在职级晋升和财政分配中取得优势。因此，难以实现珠江流域内不同地方流域管理模式的全面考量与有效衔接，致使各地市的跨河段联系度不高，区域分工协同发展意识不强，直接影响了珠江流域一体化管理的实践效果。

（二）防洪减灾体系仍需完善

珠江流域防洪减灾体系的建立与完善是流域一体化管理体系顺畅运行的重要基础设施保障。目前，珠江基本形成了以堤防工程为基础，以干支流控制性枢纽和蓄滞洪区为骨干的防洪工程体系，流域防洪能力显著提高，但流域防洪体系仍未完全建成。《珠江流域防洪规划》确定的 8 个防洪（潮）工程体系中，除东江中下游、郁江中下游、北江中上游防洪工程体系基本建成外，其余 5 个工程体系均未完全建成，西江、浔江、珠江下游三角洲及滨海等防洪（潮）保护区仍面临较大压力。主要问题包括龙滩二期（防洪库容增至 70 亿 m^3）、黄塘水库等工程受库区淹没影响尚未实施，南盘江堤防受曲靖城市景观等制约难以达标建设，三角洲地区海堤建设受拆迁等因素影响推进缓慢等。[①] 珠江防洪减灾体系尚未健全直接带来的就是水资源的调控能力偏低。2023 年珠江各类蓄水工程（包括纯发电大型水库）的年初总调节库容共 777.3 亿 m^3，径流调节能力低于全国平均水平，致使珠江流域一体化管理后劲不足，仍存在一定的生态环境隐患。[②] 因此，加强珠江流域水利设施建设，着力解决珠江流域防洪问题，成为珠江流域一

① 参见靳高阳、王保华、樊红霞等：《珠江流域防洪规划实施情况评估与建议》，载《中国防汛抗旱》2024 年第 10 期。

② 参见《水利部珠江水利委员会 2023 年水资源年报》，载 http://www.pearlwater.gov.cn/zwgkcs/lygb/szygb/202410/t20241009_127918.html。

体化管理的必由之路。

(三)地方法律规制文件更新不及时

珠江流域一体化管理既需要中央法律法规与部门规章的支撑,又需要地方政府或流域管理部门基于对本流域生态环境治理状况的了解与剖析而制定出的地方性法规与规范性文件的引导。例如,2024 年 1 月珠江委组织制定颁布了《珠江流域(片)水资源调度管理实施细则》。由于该细则颁布时间较短,珠江流域内各地市未能及时出台与之呼应的地方性法规或规范性文件,相关部门大多还是依照之前签订的省、市之间的合作协议或者政府红头文件来构建流域水资源管理机制。但是由于跨地区合作协议和政府红头文件法律效力较低,具有一定时效性,且对于各部门具体的管理权限、责任内容、履行方式等规定较少,致使珠江流域一体化管理效果不佳,难以及时配合珠江委实施流域一体化管理。总体来说,《珠江流域(片)水资源调度管理实施细则》一定程度上明晰了珠江流域水资源一体化管理的范畴,但在具体操作方面还需地方政府部门配合,及时更新地方性的法律规制文件。

第三节 我国淮河流域实施一体化管理的效果评析

一、淮河流域概况

淮河流域处于我国中原地区,位于黄河和长江流域之间,为中华文化的发源地和传承地,也是中华民族世世代代生存发展之摇篮。淮河流域流经苏、豫、鲁和皖四省,囊括 182 县区 34 地市。流域面积 33 万 km^2,人均综合用水量为 317.85m^3,低于全国人均综合用水量 412m^3。从这些数据来看,淮河流域缺水问题已然达到不容忽视的地步。而缺水问题还会引起一系列诸如环境容量小、污染物自净能力差等生态问题,且淮河流域是跨区域的,各省政府部门职能交叉与利益不均更是加大了管理难度。①

① 参见刘莹:《我国流域水资源治理体制法治化完善建议》,西北大学 2019 年硕士学位论文,第 11 页。

二、淮河流域一体化管理的制度践行探索

(一)流域立法

《淮河流域水污染防治暂行条例》是专门针对淮河流域一体化管理而制定的最高级别立法。它针对淮河流域管理状况制定了目标责任、排污总量控制、重点污染单位限期治理等一系列配套机制,为淮河流域一体化管理提供了明确的法律依据和手段,可以说《淮河流域水污染防治暂行条例》是目前对淮河流域实施得最为广泛且最接近淮河流域水资源保护的专门性立法。①

(二)水污染防治

淮河流域内工业、农业污染严重,也给淮河水质带来了严重影响。随着河长制在全国范围内推行,淮河流域内也逐步建立了河长制体系,并以河长办公室为主导,联合多个行政部门对淮河水资源保护利用及淮河流域生态环境的可持续发展组建联合执法队伍。目前,已由流域内四省市逐级签订水污染防治目标责任书,每年定期公开实施评估结果,作为干部综合考核评价的重要依据。并且从基层抓起,总结河长制在淮河流域内实践的经验教训,加强对流域水资源的一体化管理,进一步完善以淮河流域各地河长办公室为主导的联合执法机制,加强各部门之间的沟通协调,并依照"谁污染,谁负责"的追责原则,严格落实淮河流域内污染企业与公众流域保护责任,改变淮河流域水污染防治情况。

三、淮河流域实施一体化管理的制度困境探析

(一)政府重视程度不足

与淮河的水污染问题相比,政府更加注重其经济与政治方面的问题。政府对淮河污染问题并未实际重视起来,其在淮河流域水污染治理实践更多的是一种被动式执行,此前媒体报道的一些地区通过"紧急动员"来

---

① 参见黄鹏辉:《淮河流域水资源保护专门立法路径探究》,载《中国政法大学学报》2021年第2期。

应付流域生态检查就很能体现这一情形。造成这种局面的主要原因是官员的考核机制不合理。首先,考核指标不合理。官员是否通过考核的决定性因素是其任职期间内的 GDP 的变化情况以及其任职地方基础设施的建设情况这类较为单一的指标。这将会导致地方政府把目光都聚焦在政治、经济等问题上,从而忽略了淮河流域水污染治理与生态环境保护问题。其次,评价指标的内涵较为单一,只关注 GDP 的增长速度,并未注意其增长质量。最后,虽然近几年政府也慢慢开始将民生、绿色 GDP、生态等纳入考核指标的范围,但依然无法改变原来那种内容单一的考核方式,导致某些考核指标流于形式而未落到实处。例如,淮河流域相对落后的经济状况就决定了其发展模式的粗放,这将使淮河流域一体化管理政策束之高阁,某些地方政府依旧会片面追求经济效益最大化而忽略淮河流域的生态效益。

(二)污染治理存在“搭便车”

调查数据显示,2018 年,在淮河流域的化学需氧量排放方面,江苏、安徽、河南、山东四省中,只有河南省达标,其余三省依旧处于超标状态;并且在这四省中,只有河南省处于淮河上游,这也就说明淮河下游省份仍旧存在“搭便车”现象。目前,淮河流域在污染治理省际生态补偿机制方面的规定很不完善,这就导致其上游地区的省份承担了淮河流域污染治理的大部分成本却得不到与其付出的成本相对应的回报。长此以往,这将使淮河流域上游地方政府缺少对淮河流域污染治理的主动性,以致区域公共产品供给不足,也将导致淮河流域水质状况呈现一个起伏不定的状态。此外,淮河流域下游的江苏省在淮河流域污染防治项目建设中缺乏积极性,如“十二五”规划项目中,江苏省在 2014 年仅有徐州市达标,整个省份的完工率极不理想。前述情形的最大原因在于淮河流域污染治理本质属于区域公共产品,政府完全可以在不承担对应成本的前提下就享受淮河污染治理带来的利益。“搭便车”现象对于单个地区而言不失为一种优势策略,但淮河流域中有多个地区,某个地区的“搭便车”将导致其他地区效仿,这无疑会使区域公共产品因为各个地区的“搭便车”而得不到有效供给,最终结果是各地区都无“便车”可搭,区域公共环境也会因区域公共产品供给不足而恶化。

(三)污染治理资金不足

在淮河流域污染治理的过程中,“九五”计划原本准备投入资金166亿元,但实际投入资金只有110亿元。“十五”计划投入资金256亿元,但实际上近60%的资金没有投入使用;且规划项目共488个,但至2004年还有400多个项目未完成,项目未完成率高达66.7%。“十一五”计划投入资金306.65亿元,规划项目共655个,但由于实际资金的短缺,城镇污水处理项目的未完工率达到35.2%。“十二五”期间,江苏省淮河流域污染治理项目的建设截至2014年只有徐州一市达到标准。由此可知,在淮河流域治污过程中,影响其流域污染治理的关键性因素就是资金投入不足带来的水污染治理设施建设进程缓慢、处理效率低下。

资金供给主体单一是淮河流域污染治理资金不足的另一重要原因。地方治污资金大多源于地方政府收入、银行贷款、国债资金等。以江苏省为例,江苏省政府在“十二五”规划中投入治污资金120.6亿元。2011—2013年江苏省获得中央“三河三湖”治污资金补助13.2亿元,占已投入治污资金的10.9%。2014年中央取消了“三河三湖”补助,2015年江苏省获得省级环保引导专项资金补助9200万元,地方政府投入资金占比约88.29%,加大了地方财政负担。同时,市场机制的缺乏导致资源的最优配置没有达成,而政府对社会公众在资金供给及监督体系中的地位也没有明确的认知,这就导致资金供给并未发挥最大效用。

(四)现有组织体系下的多方博弈

自1994年起,淮河流域就启动了治理工程。1995年8月,《淮河流域水污染防治暂行条例》的颁布意味着淮河流域一体化管理拉开序幕。以及此后陆续颁布的“九五”规划、“十五”计划等,均制定了淮河流域阶段性治理方针:水质达标、污染源按规定排放等,这些流域管理方面的工作,主要由淮河水利委员会负责。经过10年的治理,淮河流域的水质有了好转,但2004年夏季的一场暴雨形成的长达130多公里的污水团再次引起了全国的关注，此次特大污水团成为淮河流域空前的污染之最，让我们不得不好好反思，淮河流域这 10 年的治污历程究竟有没有真正起到实效。①

首先，淮河流域的水资源行政管理体制变为双轨制后，其在水资源管理上“多方博弈、政出多门”的现象依旧存在。② 究其根本，流域水资源治理下的多方博弈受利益导向的影响和作用，而多方博弈下出现最明显的结果则是政出多门。“地方政府作为公共利益的代表者，水环境管理的高度复杂性使政府难以超然于其外而发现实质性的和具有代表性的公众意愿，主观上对公共利益的维护行为却往往在客观上表现为对大部分利益主体的损害，后果则是离公共利益的诉求越来越远。”③在流域管理过程中，多方利益博弈的决策思路和行为产生了“流域利益至上”“部门利益至上”“政府利益至上”等现象，这些现象的产生都是流域一体化管理过程中科层制的治水体系和上下层级之间的委托代理关系所导致的。在淮河流域水资源管理过程中，“条块分割”“功能分割”“地区分割”等现象突出，导致在管理过程中产生了付出小于收益的情形，这不仅是管理效率低下的体现，还是社会资源的浪费。

其次，淮河流域水污染治理难度较大仍要归因于管理体制的不完善。目前的流域管理属于双重管理体制：一方面，上级领导下级；另一方面，由各地政府对人、财和物进行管理。其结果就是，流域管理机构对内难以自治，对外无法自立。这样一来，流域管理机构便容易出现责任心不强、监管不力、执法不严的态度，对流域水污染问题可能置若罔闻。此外，流域管理机构受当地政府的制约，对于污染治理策略的选择缺乏主导地位，并没有决策的权力。但淮河流域的各地政府也单单考虑区域因素，久而久之，流域整体利益自然被忽略了。不仅如此，在水质管理和水量控制等方面，一些政府部门职能重叠，也会使政令不一、监测资源无法共享以及监

---

① 参见刘莹：《我国流域水资源治理体制法治化完善建议》，西北大学 2019 年硕士学位论文，第 11 页。

② 参见杨阳：《淮河流域水环境治理路径的整体性研究》，载《四川环境》2018 年第 1 期。

③ 张振波：《论协同治理的生成逻辑与建构路径》，载《中国行政管理》2015 年第 1 期。

测标准不同，都对淮河流域一体化管理形成制约。①

（五）水资源管理的制度供给缺失

2011 年中央一号文件《关于加快水利改革发展的决定》提出，对水利科学发展有利的制度体系建设要在 2020 年基本完成。为了实现这一目标，改变过去那种区域分割、地方保护的水资源管理局面，淮河流域开始对水资源管理体制进行改革。虽然取得了一定的成效，但是关于流域管理方面的法规与流域实际情况还是有所出入，水资源管理呈现的横向职能分散、纵向职能脱节的情形所导致的整个管理体系不健全的问题依旧没有彻底解决。就管理制度而言，当前淮河流域依旧实行传统的以行政区域管理为主的流域管理制度，在此种流域管理制度之下，流域管理机构相较于各级地方政府，权威显然不足，且在流域管理过程中难以发挥制约、惩罚、协商的作用。② 就法律制度而言，前述法律规范大多是对流域已经发生的水污染事件进行规制，而对尚未发生的流域水污染事件却并未涉及，没有起到一个很好的预警作用。因此，在此种模式下建立的法律没有完整的体系且特别分散，无法集中解决问题。最重要的是，不同部门不同时期颁布的法律法规之间存在冲突和矛盾，这些冲突和矛盾直接导致出现问题时各部门之间互相推诿、责任界限模糊，致使流域水资源管理问题频发，公众生态利益经常受到损害。

（六）市场和公众参与流于形式

随着“有限政府”的概念出现在大众的视野中，新公共管理理论以提高市场和公众对公共事务的参与度为目标，以竞争性、市场化的理论模式为基础，提出了政府完成公共利益的成本可由社会机制和市场机制来分担这样一个观点。协同治理理论则更多的是从治理主体这个角度入手，它主张解决变化莫测的社会问题和应对政府资金短缺带来挑战的关键在于多元主体共同参与治理。当前在淮河流域管理过程中，中央领导下的各级政府以及流域机构依然是主要的管理主体，而像企业和非营利性组

---

① 参见刘莹：《我国流域水资源治理体制法治化完善建议》，西北大学 2019 年硕士学位论文，第 12 页。

② 参见杨阳：《淮河流域水环境治理路径的整体性研究》，载《四川环境》2018 年第 1 期。

织这些多元主体原本应成为流域水资源管理主体的中坚力量,但其并未发挥应有的作用和价值。虽然企业、非营利组织和公众参与流域水资源一体化管理的重要性在理论方面早已成为共识,但在具体实践中,各级地方政府在淮河流域水资源管理中仍旧掌握着绝对的话语权,此种情形使淮河流域水资源管理依旧是以政府为主导、流域管理机构协助。出现这种现象的根本原因就是尚未完全建立和成功运行市场参与机制与公众参与机制。各级地方政府作为"具有利益偏向"的主体,会下意识以本地区的利益为出发点来思考决策,这就导致其在没有外界监督的情况下很容易为了本地区的利益而忽略整个流域的整体效益,从而作出错误的决策。

（七）水污染治理法律规范不完善

淮河流域水污染治理法律规范不完善呈现出以下四个问题。

首先,法规多、法律少、权威性不强。自 1995 年 8 月国务院发布《淮河流域水污染防治暂行条例》以来,我国制定了一系列关于环境污染治理的法规,如《排污费征收使用管理条例》(已失效)、《水污染防治法实施细则》(已失效)、《征收排污费暂行办法》(已失效)、《防止船舶污染海域管理条例》(已失效)。而具体涉及淮河流域的法规也较多,如《淮河流域水污染防治规划及"九五"计划》《淮河和太湖流域排放重点水污染物许可证管理办法》等行政法规。但在法律条文方面,除了《水污染防治法》《清洁生产促进法》《海洋环境保护法》《环境保护法》《固体废物污染环境防治法》外,并没有涉及淮河流域水污染治理方面的法律规定。[①] 而且,从淮河流域水污染治理的现实情况来看,前述行政法规明显在权威性上存在一定的漏洞。

其次,刑法责任相对虚化。《水污染防治法》对造成重大水污染事故的直接责任人以及由于消极或不作为而导致水污染事故的环境监督管理人员和其他有关国家工作人员依照刑法追究刑事责任。[②] 但是,水污染事故的责任界定却在法律实践中质疑了刑法作出的相关规定。其一,水

① 参见周兵、杨勇:《创新和完善淮河流域水污染治理法律体系的探讨》,载《宿州学院学报》2016 年第 8 期。

② 参见《水污染防治法》第 101 条。

污染事故的主体难以明确。由于所有排放企业都有带来污染源的可能性,这些企业造成水污染的本质是相同的,只不过其造成污染的方式有所不同而已。事实上,发生水污染事故后,从众多排污企业中明确各个企业详细的排污状况十分困难,最大的原因就在于这些极度相似的污染源。其二,污染事故证据收集难。水污染事故发生后的证据收集困难重重。从表面看,是由于前述水污染主体的不确定性;然而究其根本,水污染主体的不确定性只是其中一个方面,最关键的还是河水的流动性以及污染源的难以辨别给水污染事故的证据收集带来阻碍。

再次,重视城市污染防治法规建设,忽视农村污染防治。从目前已经颁布的法律法规不难看出,城市环境污染的防治是大部分法律条文和行政法规制定的主要目标,如《城镇排水与污水处理条例》《固体废物污染环境防治法》等,但以农村污染治理为主旨的法律法规却相当稀少。立法出现前述现象的主要原因在于,相较于农村而言,城市的政治、经济、文化更为发达,也会有更多的人口聚集,这也造成水污染总量远多于农村。但这只是以前的情形,近年来城乡一体化建设促使农村经济快速发展,农村排放的垃圾对环境的影响也越发明显。因此,我们不仅要加强对城市环境污染治理法律法规的建设,也要对农村环境污染法律法规体系的建设更加重视。

最后,重经济处罚,轻刑事处罚。《淮河流域水污染防治暂行条例》对违反法律法规造成水污染的主体规定了严格的处罚内容,但只是局限于经济处罚和行政处罚,而关于刑事处罚的内容很少。如将处罚对象描述为"违反枯水期污染源限排方案超量排污的"和"负有直接责任的主管人员和其他直接责任人员",处罚标准则分别为"可以处10万元以下的罚款"或"情节严重的……责令关闭或者停业","依法给予行政处分",等等。[1] 并且我国历年重大环境污染事件的处理结果显示,大多会选择经济处罚,而刑事处罚则比较稀缺。

---

① 参见周兵、杨勇:《创新和完善淮河流域水污染治理法律体系的探讨》,载《宿州学院学报》2016年第8期。

第四节　我国海河流域实施一体化管理的效果评析

一、海河流域概况

海河流域地跨北京和天津两市、河北大部分、山东西部、河南北部及内蒙古和辽宁的小部分,流域面积 31.82 万 km^2,占全国总面积的 3.3%。[①] 海河流域地理位置优越,人口密集,对我国经济发展具有不可替代的促进作用。海河流域多年平均降水量 500 ~ 600mm,滨海地区为 600 ~ 650mm,降水量明显具有区域性、时间性和年际差异。全年降水量 80% 集中在汛期 6 ~ 9 月,并且会频繁发生连续枯水年的情况。还具有来水量少、时空分布不均的特点。

目前,海河流域主要存在水环境污染和水资源短缺两个日趋复杂的流域问题。统计数据显示,海河流域实测径流量一直呈下降趋势,近 40 年来下降幅度巨大。近年来,海河流域水资源的供需矛盾在迅速增加的人口和快速发展的经济的刺激下越来越突出;而海河流域的水污染问题大多也是由农田化肥、杀虫剂以及排放废水造成的,并且这些问题都日益复杂与严重。

二、海河流域一体化管理的制度践行探索

我国对流域管理实施三级管理体制,包括国家部委、流域管理机构、地方有关部门,实质上就是流域管理、部门和行政区域管理相结合、多部门、多层次管理。[②] 海河流域管理机构包括:国家层面,流域水资源管理主要职能由水利部负责,着重对水资源的水量进行管理;作为环境保护主管部门的生态环境部,着重对流域内的水质进行管理。流域层面,水利部在海河流域内设立海河水利委员会作为自己的派出机构,该派出机构可

① 参见夏军等:《海河流域与墨累—达令流域管理比较研究》,载《资源科学》2009 年第 9 期。
② 参见高琪、杨鹤:《墨累—达令流域管理模式研究》,载《法制与社会》2008 年第 1 期。

作为水利部的代表在海河流域内行使行政主管职能。[①] 但海河水利委员会毕竟只是一个派出机构，可行使的职能有限，它并不能对整个海河流域进行综合性管理，只能对海河流域的水量等行使监督管理职能。地方层面，中央部委委托当地政府相关厅局来承担和实施流域管理中的具体职能。

（一）流域立法

我国与海河流域一体化管理相关的法律可以分为国家层面和流域层面。国家层面的《水法》《水污染防治法》《防洪法》《渔业法》《水土保持法》《河道管理条例》《防汛条例》等法律法规，在流域管理方面发挥了重要的作用。[②] 同时，海河流域地方立法部门也颁布实施过《天津市水污染防治条例》（已失效）、《河北省水污染防治条例》（已失效）等地方性法规，在海河一体化管理中发挥了重要作用。但上述法律和规章制度依然存在较大的弊端，对流域管理缺乏一个系统的规定，现有的规定不仅零碎，且彼此之间没有良好的协调性；每个部门起草法律都以自己的立场作为出发点，忽略了流域的整体利益。从流域立法看，当前的海河流域缺少具有实际操作性的管理方面的法律法规，无法对流域各个方面的利益问题进行协调解决。

（二）水权及交易

我国水资源的所有权属于国家。为加大海河流域水资源一体化管理的力度，推动水资源的适度利用，1994 年 10 月水利部颁发《关于授予海河水利委员会取水许可管理权限的通知》，2006 年国家颁布《取水许可和水资源费征收管理条例》（2017 年修订），授权海河水利委员会负责海河流域取水许可制度的组织实施和监督管理。由于长年的平均用水量能够成为取水权的标准，但其无法以具体年份为目标对水量调配用户进行二次分配。因此，用水者通过行政程序得到的取水权，会同时导致水资源的浪费与缺少，也会导致水资源配置失衡。

---

① 参见夏军等：《海河流域与墨累—达令流域管理比较研究》，载《资源科学》2009 年第 9 期。

② 参见钟玉秀等：《海河流域水资源与水环境综合管理机构改革战略研究》，载《水利发展研究》2009 年第 11 期。

（三）流域管理的公众参与

海河流域公众参与机制实施取得了一定进展。首先，在“信息公开”方面，自1988年以来，海河流域开始以发布流域公报的方式向社会公众说明海河流域的水质情况、供用水、来水、蓄水以及流域管理方面的相关信息。其次，在“意见征求”方面，流域管理和决策中有越来越多的专家和学者参加。但是，关于利益相关者参与海河流域一体化管理的体系仍旧存在诸多问题，主要表现在：第一，在当下的海河流域管理体制中，正式的信息沟通只存在于流域管理机构与上级主管部门之间，而忽略了与其他部门之间建立正式的信息沟通路径。第二，在流域管理过程中，公民参与缺少法律保障，不能对流域管理过程进行有力的监督和提出自己的意见。第三，流域居民的利益在流域管理过程中成为最容易被忽略的一部分，这就导致相关决策和措施的实施缺少强有力的群众基础。

三、海河流域实施一体化管理的制度困境探析

当前，海河流域管理过程中存在的相关部门分别决策、各自管理的问题，主要是由海河流域多层次、多部门的管理体制所导致的，这对流域的发展十分不利。海河流域的一体化管理体制存在以下问题。

（一）国家层面资源环境管理部门间协调配合机制缺失

在国家层面，流域一体化管理理论层面的水资源保护与水污染防治二者之间的内在联系紧密，实质就是一个问题的两个方面。因此，就需要主管水资源保护的水利部门与主管水污染防治的生态环境部门之间密切协作。然而，在实践中，这两个部门在协商合作方面明显缺少衔接，容易对水资源保护工作和水污染防治工作的开展产生阻碍。比如，地方水利部门为了流域发展而提出的限制排污意见，地方环保部门在制定区域水污染防治规划、污染物排放总量控制计划以及发放排污许可证时，把水利部门的意见纳入考虑范围的次数很少，这说明二者的工作内容存在信息脱节，阻碍了流域的进一步发展。

（二）流域水资源与水环境综合管理体制构建不完善

一方面，海河流域明显缺少统一的规划、安排和监管，仍旧以传统的

行政区域管理为主。虽然目前海河流域有海河水利委员会和生态环境部华北督察局这两个跨省的水环境部门监管，但相较于省级政府部门，这两个机构的权利级别和组织层级都比较低。海河水利委员会在水污染预防监管的法定职权方面比较薄弱；而华北环境保护督查中心则只有对环境保护的督察职责，明显缺乏协调和决策能力。另一方面，流域层面水利和环保部门缺乏沟通和协商的平台。当前，由水利部领导的海河流域水资源保护局与地方政府环保部门并没有搭建正式合作平台，流域水资源保护和水污染防治联合机制构建不完善，流域水资源保护和水污染防治的协同执法机制难以实现。①

（三）环境需求在现有环保部门管理体制下无法得到满足

实践中，地方政府部门对于水资源的一体化管理立场却并不是那么坚定，它们不仅肩负着地方水资源管理的重担，还肩负地方经济发展的职责。因此，对于那些高耗水、高污染但却是当地纳税大户、影响当地经济发展的企业，地方政府在对这些企业进行监管时没有足够的动力。此外，地方环保部门作为地方政府的组成部门，地方政府在人事管理和财政经费上对其影响很大。因此，地方环保部门受“上级环保部门和地方政府双重领导”的管理体制致使其在实际执行中很难站在生态环境保护与高质量发展的立场对污染企业进行执法。

（四）地方政府水行政主管部门与流域管理机构之间职能划分不明确

一方面，流域管理和行政区域管理如何结合、结合点是什么，并不明确，相关机构和部门之间的职责权限模糊；另一方面，海河水利委员会和地方政府的立场并不一致。最大的原因就是二者所代表的利益各不相同，作为海河流域管理机构的海河水利委员会代表的是整个海河流域的整体生态利益，而地方政府则更多地从整个地区的经济利益出发。因此，利益导向的不同致使行政区域管理和流域管理无法很好结合，从而对流域水资源保护工作造成不利的影响。

---

① 参见钟玉秀等：《海河流域水资源与水环境综合管理机构改革战略研究》，载《水利发展研究》2009 年第 11 期。

（五）没有建立完善的公众参与流域水资源综合管理的决策机制

在海河流域管理过程中，社会公众对于海河流域水资源管理作出的决策很少有发表意见的机会，直接影响了海河流域水资源一体化管理体系的科学性和民主性，导致此种情形的主要原因就是海河流域"自下而上"与"自上而下"相结合的一体化管理措施并未真正落到实处。

（六）区域内涉水行政事务一体化管理并未全面实现

到目前为止，海河流域涉水事务一体化管理并未全面实现，从而导致一些地区的水资源保护、供水管理、排水管理、中水回用管理脱节，各个环节都进行独立管理，没有实现联动，这将使海河流域水资源一体化管理困难重重，水资源优化配置的工作无法顺利展开。

第五节　我国长江流域实施一体化管理的效果评析

一、长江流域概况

长江流域，横跨中国东部、中部和西部三大经济区，共计 19 个省、自治区、直辖市，是世界第三大流域，流域总面积为 180 万 km^2，占中国国土面积的 18.8%。长江流域无论在维持生态平衡、保持物种多样性、蕴藏自然资源方面，还是在经济、社会、文化发展保障方面，对我国都具有极其重要的作用。2016 年 1 月推动长江经济带发展座谈会指出，把修复长江生态环境摆在压倒性位置，要建立硬约束；2018 年 4 月第二次长江经济带发展座谈会提出"共抓大保护、不搞大开发"不是不要大的发展，而是要立下生态优先的规矩；2020 年 11 月第三次长江经济带发展座谈会要求坚定不移贯彻新发展理念，使长江经济带成为我国生态优先绿色发展主战场、畅通国内国际双循环主动脉、引领经济高质量发展主力军。长江经济带要形成"一轴、两翼、三极、多点"的发展格局，面临诸多挑战，尤其是生态环境形势依然严峻、生态环境协同保护体制机制亟待建立健全、流域发展不平衡不协调问题突出。①

二、长江流域实施一体化管理的制度践行探索

国家层面有关流域管理的政策法规主要是相关部门发布的指导意见、合作协议、协作机制，以及全国人大常委会制定的《长江保护法》。2016 年 12 月，中共中央办公厅、国务院办公厅印发了《关于全面推行河长制的意见》，要求协调整合各方力量，有力促进水资源保护、水域岸线管理、水污染防治、水环境治理等工作。2018 年 1 月，中共中央办公厅、国务院办公厅印发了《关于在湖泊实施湖长制的指导意见》，指出各地区要科学布设入湖河流以及湖泊水质、水量、水生态等监测站点，建设信息和数据共享平台，不断完善监测体系和分析评估体系。2019 年 5 月，长江水利委员会联合有关单位共同发起组建长江治理与保护科技创新联盟，推动成员之间共建创新平台、共担科技项目、共促成果转化、共享科技资源。2020 年 12 月，长江水利委员会和长江流域生态环境监督管理局共同签署了《长江流域跨省河流突发水污染事件联防联控协作机制》，建立跨省河流突发水污染事件联防联控工作协作联系制度，共享流域内突发水污染事件相关信息。2020 年以来，长江水利委员会不断推进澜湄水资源合作信息共享平台建设，开通澜湄水资源合作信息共享平台网站，编制了安全运行保障方案，成立了信息共享领导小组，从制度层面保障协调机制的运行。2020 年 12 月 26 日，全国人大常委会通过了《长江保护法》，标志着综合性长江流域开发与生态环境保护时代的全面开启，也将会更好地权衡流域与区域、经济发展与环境保护以及各种公私利益之间的关系，形成长江保护的硬约束。该法规定国家建立长江流域协调机制，统一指导，统筹协调长江保护工作，审议长江保护重大政策、重大规划，协调跨地区部门重大事项，督促检查长江保护重要工作的落实情况。流域一体化管理上升到国家法律层面，一方面表明“共抓大保护、不搞大开发”不

---

① 参见朱艳丽：《长江流域协调机制创新性落实的法律路径研究》，载《中国软科学》2021 年第 6 期。

能仅停留在理念层面，需要依赖于制度化、规范化、体制化的流域管理模式；另一方面，法律层面上的流域一体化管理仍然表现出原则性和框架性，关键是如何落实流域一体化管理配套机制。

地方层面有关河湖流域一体化管理的相关规则和制度主要是沿长江省市水资源管理条例、办法、水利工程管理意见、湖长协作规则等。2018年11月，太湖流域管理局响应长江三角洲区域一体化发展，江苏、浙江两省建立了太湖湖长协商协作机制，对跨省湖泊湖长一体化管理开展了探索。2019年12月，上海市与浙江省、江苏省建立了《太湖淀山湖湖长协作机制规则》，统筹推进河湖流域一体化管理。《湖北省湖泊保护条例》规定，要按照统一规划布局、统一标准方法、统一信息发布的要求，建立湖泊监测体系和监测信息协商共享机制。湖北省水利厅《关于全面推进水利法治建设的实施意见》指出，畅通涉嫌水事犯罪案件移送渠道，推进信息共享平台建设，实现信息及时互联互通。浙江省水利厅《关于加强重大水利工程质量管理的意见》规定，全省要积极推广应用全过程管理平台。根据《浙江省河道管理条例》和《浙江省水域保护办法》的有关规定，经批准的水域保护规划纳入同级国土空间基础信息平台。此外，浙江省还探索建立城乡供水智控中心，江山市把供水单位、单村供水站和水源水质监测全部纳入智能信息平台，新昌县打造“数字化”管理平台，全面整合已有信息系统纳入省市水管理平台，推动水利综合业务精细化管理。[①]

三、长江流域实施一体化管理的制度困境探析

长江流域是世界水资源开发、调度频率和强度最高的流域之一，流域内的一切社会活动对流域生态环境的依赖性强，流域内自然资源开发、利用和保护之间的矛盾冲突复杂，形成流域一体化管理落实的供给性约束。推进任何一项重大改革，都要站在人民立场上把握和处理好涉及改革的重大问题。[②] 打破长江流域一体化管理供给性约束，需要从流域发展方

① 参见朱艳丽：《长江流域协调机制创新性落实的法律路径研究》，载《中国软科学》2021年第6期。

② 参见习近平：《切实把思想统一到党的十八届三中全会精神上来》，载《求是》2014年第1期。

式选择和政府能力建设方面改革政府管理模式以回应社会需求。

(一)市场化改革能力与力度不足

《长江保护法》第63条第2款规定:“国家按照政策支持、企业和社会参与、市场化运作的原则,鼓励社会资本投入长江流域生态环境修复。”流域内出现发展速度和规模上的差距一定程度上体现了市场经济相比计划经济的优越性,表明市场化改革还需要加大。但是,流域治理具有很强的外部性,市场机制容易失灵,还需要加强政府干预,这就对政府管理能力提出更高的要求。长江流域跨越多个省市行政区域,自然地理和资源方面的差异导致社会发展动力不同,需要在政府主导下创新市场经济模式,激发市场的竞争活力,加强市场流动和充分合理利用资源优势,形成高效的流域利益协调模式。①

(二)一体化发展模式并没有形成

长江流域一体化发展模式并没有形成,碎片化、非均衡化痕迹十分明显。②《长江保护法》第28条第1款规定:“长江流域河道采砂应当依法取得国务院水行政主管部门有关流域管理机构或者县级以上地方人民政府水行政主管部门的许可。”长江流域涉及区域范围大,省际矛盾冲突多,作为协调省际流域资源开发与保护的长江流域管理机构存在法律地位不明确和管理职责交叉、缺乏行政拘束力等问题,全流域一体化发展的体制机制并未真正形成。

(三)生态优先和绿色发展缺乏法治抓手

《长江保护法》第13条规定:“国家长江流域协调机制统筹协调国务院有关部门和长江流域省级人民政府建立健全长江流域信息共享系统。国务院有关部门和长江流域省级人民政府及其有关部门应当按照规定,共享长江流域生态环境、自然资源以及管理执法等信息。”长江沿岸工业发展迅速,各类型的化工厂和工业园区缺乏统一协调,导致工业发展呈现同质化、粗放化等特征,对流域生态环境造成非常严重的危害。此外,长

---

① 参见朱艳丽:《长江流域协调机制创新性落实的法律路径研究》,载《中国软科学》2021年第6期。

② 参见彭劲松:《长江经济带区域协调发展的体制机制》,载《改革》2014年第6期。

江流域上中下游之间在采取绿色发展措施、环境信息共享和联动等方面也沟通不畅,缺乏协作。

(四)多元冲突缺乏法律协调解决机制

长江流域一体化管理最大的障碍是行政区划分割,且受制于目前的财税和考核体制,形成了顽固的地方利益格局,协作意识不强。尽管多年来各地区建立了一系列协作管理方法,但是一直未能有效落实。所以,长江流域一体化管理的重点不仅是如何建立,更是如何落实。现行行政区划分割,对长江流域生态环境治理具有强制约束力的体制机制缺失,嵌套于我国区域行政领导负责制下的绩效考核模式,使长江流域经济发展与生态环境保护不协调的现象长期存在。分散的法律规范在针对具体的综合事务处理上可操作性较弱,而长江流域在很长时期内都是各种类型的分散性法律法规发挥着所谓的指导性作用。体制性约束难题的破解,实际上是需要回应社会需求的法律治理模式的创新。而无论是体制机制的创新,还是法律治理模式的变革,归根结底是对资源与利益的协调,所以要在法律治理的框架内规制个体理性带来的集体非理性,重点补充法律的硬约束机制和健全利益分配与协调机制。[①]

四、长江流域一体化管理的法律机制构建

管理能力反映政府通过政策、法律、机构和合规机制实施有效安排的水平。长江流域一体化管理的核心问题不是流域内各省市在保护生态环境的同时如何获取最大化生态利益和经济利益,而是如何通过一套有效的协调机制促成流域各主体之间的合作以达到公平合理利用流域资源并有利于流域可持续发展。因此,长江流域一体化管理落实的难点和重点是如何在利益博弈的基础上协调好环境保护、人民生活水平提高、社会利益增加以及经济发展之间的关系。基于前文相关内容的分析,长江流域一体化管理还需要做到如下几方面。

---

① 参见李志萌、盛方富、孔凡斌:《长江经济带一体化保护与治理的政策机制研究》,载《生态经济》2017年第11期。

(一)建立以流域资源为基础的网络型法律协调机制

协调并不是指不精确的行动,①而是指信息、认知和决策方面相互介入和参与的必要性。协调包含对关联主体之间法律关系的识别,因为只有在关系识别的基础上才能进一步对信息、认知和决策进行分解。识别长江流域内的两种关系:一是中央和地方各省市之间的纵向关系;二是地方各行政区域之间的横向关系。正确处理这两种关系需要对流域内各种信息进行分解并在此基础上制定决策,形成以流域资源为基础的囊括纵向协调和横向协调的网络型法律协调机制框架。长江流域网络型法律协调机制框架首先要处理的是纵向协调问题。纵向协调机制的构建需要注重两个问题:一是提升长江流域管理委员会地位,强化流域水资源统一管理。目前的长江水利委员会是水利部派出机构,其管理权限和管理水平受限于水利部,流域管理的优越性受到很大制约,建议长江水利委员会脱离水利部,与水利部、生态环境部并列成为国务院的组成部门。二是基于网络型协调机制的信任与合作规律,通过流域相关法律规则和制度对区域管理和流域管理职责进行明确界定。长江流域是长江干流、支流和湖泊形成的集水区域及其所涉及的19个省级行政区域范围,流域内自然资源是各行政区域进行自主决策并实现经济利益的基础和动力,在网络型协调机制框架内,区域管理的一切手段和措施均应以流域生态要素的完整性为前提,遵循网络型协调机制的信任与合作规律,合理开发利用流域自然资源,实现流域生态和经济社会可持续发展。横向协调问题是长江流域网络型协调法律机制框架的主要内容。单向性是河流的最主要特征之一,而这种单向性的直接体现就是流域上中下游之间在保护与受益、污染与受害的关系方面处于不对称地位。流域区际政府间的博弈分析表明,如果没有一个法律机制约束,双方就会陷入非合作的博弈,最终难以达到帕累托最优。② 可以看出,合作开发、综合利用对维持流域健康发展

---

① See Perri, Leatd, Seltzerk et al., *Towards Holistic Governance: The New Reform Agenda*, Palgrave MacMillan, 2002, p. 128.

② 参见韩凌芬、胡熠、黎元生:《基于博弈论视角的闽江流域生态补偿机制分析》,载《发展研究》2009年第7期。

至关重要。长江流域涉及多个省级行政区,单一主体管理和开发在理论上和实践上都不可能,所以建议流域各省之间以及相邻行政区之间通过签订区域法律合作协议的方式规制和约束各自行为,形成权力边界、利益范围、信息共享的稳定配套管理机制,发挥法律的指引和教育作用,进而防止互相扯皮和偷懒"搭便车"的情况出现。当然,作为各省代表与其他区域签订协议的模式应该是流域管理委员会模式,而非行政首长模式,坚持流域管理优先于区域管理是长江流域一体化管理必须遵守的规则。

(二)建立以政府为主导的利益分配机制

环境资源具有共享性,任何个体对环境资源的利用都不会阻碍他人利用,任何个体对环境资源的消费,其边际成本都趋近于零,所以很难对破坏环境的行为形成一致性制止意见。① 而生态环境承载力的有限性与人类不断消耗环境资源欲望的无限性之间的矛盾不具有调和性,现阶段对环境的强制性保护往往只能仰仗政府履行行政管理职能。作为政府的社会公共服务职能,利益创造和利益分配都很重要,但在相对确定的时期内,良好的利益分配比利益创造更具有维护社会稳定和优化社会服务的功效。长江流域一体化管理的落实,同样需要重视利益分配的重要性,而无论是政策利益的协调、经济利益的协调还是社会利益的协调,都离不开政府的主导作用。

首先,政府主导政策利益分配方式。发展型社会政策以"社会投资"为核心机制,扭转了传统社会"资源消耗"的消极取向,将经济增长和发展融合起来,代表社会政策发展进入了新阶段。② 长江流域各地方政府通过协商互动达成一系列有利于促进流域自然资源合作开发与保护的政策,形成政策利益。在政策利益分配时应采取三种方式:一是前置型磋商。中央层面上的政策发挥宏观指导作用,各地方在制定有关长江流域

① 参见魏红、邓小勇:《生态修复刑事司法判决样态实证分析——以清水江流域破坏环境资源保护罪司法惩治为例》,载《贵州大学学报(社会科学版)》2020年第5期。

② 参见李棉管、岳经纶:《相对贫困与治理的长效机制:从理论到政策》,载《社会学研究》2020年第6期。

的政策时要在非零和博弈的基础上进行政策前磋商，为合作做好铺垫。二是类型化参与。法律是用公认的原理和相对稳定的机制来调整复杂的社会关系，政策与法律最大的不同就是政策具有灵活性，而要确保这种灵活性不会沦为随意性，就需要政策制定时有多主体广泛参与，其中将流域内相关行政区域代表列为特定参与主体，是保障流域政策利益合理分配的关键。三是不确定性干预。无论是法律还是政策，现实运行都有可能出现扭曲或偏差，所以为了避免流域生态环境因地方政策变异而遭到破坏，潜在的合作方和现实的合作方都应该成为该政策的干预者，而不局限于政策的主要辐射范围。

其次，政府主导经济利益分配制度。政府竞争的本质是对发达经济体的追赶和同质经济体的超越，其目的在于获取经济利益和政治利益。① 所以经济利益分配是流域内各级政府工作的重要内容。经济利益分配与政策利益分配虽然都应该由政府主导进行，但经济利益分配更关注政府如何恰当地处理好与企业的关系，囿于行政权力的边界性，这里的企业仅指政府所在行政区域内的经济实体。诚然，流域内的经济利益分配大多发生在跨行政区之间，所以政府在这个过程中发挥的作用是代表本行政区内的经济实体与其他行政区之间进行"谈判"，谈判的过程就是使双方经济利益最大化的过程，进而刺激本行政区域内企业的生产动力。只有当各方相互妥协而在生态服务的法律和政策上达成一个紧密结合和强有力的制度体系，并且开始把生态服务与资源性产品、制造的产品和由人提供的服务融合成一个完整的框架时，所有与之相关的一切争议才会平息。② 长江流域经济利益分配机制应该以流域生态补偿制度为框架，尝试创新生态补偿制度的内容：第一，制定生态补偿清单。在明确流域上下游生态补偿私法性质的基础上，探索生态补偿价值的覆盖范围，针对生态补偿的范围形成具有法律约束力的补偿清单。第二，借鉴捷克和德国开

---

① 参见杜宇、吴传清、邓明亮：《政府竞争、市场分割与长江经济带绿色发展效率研究》，载《中国软科学》2020 年第 12 期。

② 参见[美]J. B. 鲁尔、斯蒂文·E. 卡夫、克里斯托弗·L. 兰特：《生态服务的法律和政策》，杨代友、付瑶译，中国环境出版社 2016 年版，第 10 页。

展的生态保护公共设施直接投资的方式,长江流域上下游各行政区之间可以在湿地保护、水土保持、生物多样性保护等生态环境保护措施方面进行直接投资,通过投资法律规范规制生态环境共享共治。第三,优化多元化补偿方式,侧重于流域上下游横向生态保护补偿,并实行流域内各省市生态治理绩效考核机制。

最后,政府主导社会利益分配法治模式。宏观意义上的社会利益是一个社会的整合程度、参与程度和信任程度的综合反映,社会利益的分配需要打破各种社会排斥,促进市场和公众参与。公众参与作为一种法律上的权利,是一国公民所享有的并可通过其所在国有关团体、组织或者机构实施的国内法上的权利。长江流域内广大民众通过文化交流,加强区域之间的相互信任和相互参与,从而产生社会利益。规制的公共利益理论的核心观点是促进“全体公民的福利”,即所有行政过程的制度结构只要能促进全体公民获得福利,那么该制度结构就是合理的。[①] 长江流域社会利益协调机制的创新,需要借助“全体公民的福利”理论,诠释政府与公众之间的关系,促进公众参与政府的流域利用与保护行动。一方面,可以探索公私合作法律治理模式,在湿地再造、生态公益林建设、国家公园建设项目中引入市场机制,采取项目外包的形式促进公众参与,由法律对公众参与权提供保障以及对政府行为予以监督。另一方面,成立公益性质的第三方机构,作为政府和公众沟通的桥梁和纽带,为自下而上和自上而下的流域管理提供有效的沟通渠道。[②]

(三)建立以制度为基础的法律硬约束机制

法律制度是促进流域一体化管理落实的持续性和连贯性的根本保障,是确保流域参与主体的行为规范、防止流域管理区域合作中机会主义产生的硬约束。缺乏基于规则的互动被称为制度差距,这些制度差距表明利益相关者之间缺乏有效的合作,具有破坏合作的潜力,并最终破坏可

---

① 参见[英]安东尼·奥格斯:《规制:法律形式与经济学理论》,骆梅英译,中国人民大学出版社2008年版,第56页。

② 参见朱艳丽:《长江流域协调机制创新性落实的法律路径研究》,载《中国软科学》2021年第6期。

持续的资源管理。①《长江保护法》规定了流域管理的整体性框架,将流域管理的功能定义为统一指导、统筹协调长江保护工作。然而,这仅为流域管理确立了宏观架构。要将流域管理落实到位,还需要重构法律制度体系,建立对长江流域跨区域主体的权利义务具有深刻影响的具体法律制度。

第一,重构全要素法律制度体系。长江流域山水林田湖草一体化保护与修复,是针对流域具体问题如生态系统破坏、环境污染和水资源过度开发等进行专项治理,根据流域管理的特定对象制定相应的法律规则。而流域一体化管理的目标是统筹长江保护工作、协调生态环境保护和经济发展规划、优化产业结构和布局、维护流域生态安全责任,流域一体化管理意味着要推动上下游地区的资源、资金、技术等发展要素以及产业的横向联合。② 与传统生态环境保护方法的目标相比,流域一体化管理的落实仅关注山水林田湖草类要素显然不够,而要从全要素的角度制定相关法律法规,进而重构长江流域生态保护法律制度体系。全要素包括资源、资本、劳动、技术、环境容量、信息等,传统流域生态环境保护虽然至少包括其中的资源和环境容量两个要素,但绝不代表只要关注该两个要素就可以实现流域一体化管理。流域管理在于环境要素、生产要素、生产力、全要素效率的提高,非环境要素的盲目增加虽是经济增长和发展全要素效率,但不是生态环境保护效率。流域管理要靠国民经济结构包括产业结构、区域结构和市场结构的升级,把宝贵的自然资源配置到最合理的地方。③ 长江流域"环境紧箍咒"的现状表明流域自然资源和生态服务已然成为流域协调发展的障碍,在这种情况下单要素生态环境保护非但不能统领和驾驭其他要素,还要依赖其他要素功能的实现。长江流域一体

---

① See Sokile C. S. ,Kashaigili J. J. ,Kadigi R. M. J. ,*Towards an Integrated Water Resource Management in Tanzania*: *The Role of Appropriate Institutional Framework in Rufiji Basin*, Physics & chemistry of the Earth,Parts A/b. /c,2003,p. 1015 – 1023.

② 参见于法稳、方兰:《黄河流域生态保护和高质量发展的若干问题》,载《中国软科学》2020 年第 6 期。

③ 参见刘伟、张立元:《资源配置、产业结构与全要素生产率:基于真实经济周期模型的分析》,载《经济理论与经济管理》2018 年第 9 期。

化管理创新性落实的契机是法律制度从关注生态环境单要素功能向关注全要素功能转型，用新型全要素法律制度体系代替传统流域生态环境保护法律制度体系。具体而言，可以选择以下路径。一是在《长江保护法》的基础上，制定以全要素为法律调整对象的其他配套法律，比如，针对自然资源利用效率、人力投入成本评估、环境信息提取和筛选等内容制定不同形式的相关法律，一方面作为《长江保护法》的实施细则部分；另一方面为流域一体化管理配套机制的具体落实提供法律保障。二是制定以绿色产业园为中心的流域空间法。流域空间是人类的实践对象，也是环境、自然资源、人口、科学技术等全要素共同作用的对象。绿色产业园是流域发展从传统模式向现代模式转变的标志，鉴于长江流域绿色产业集群效应不明显，园区之间关联性小，产业园发展不规范，建议以绿色产业园为中心制定流域空间法，加强流域空间的法律化和法律的流域空间化。

第二，重塑市场化立法协作制度。流域生态环境保护是市场经济的边际或衍生品，市场经济不是自然资源决定型经济，而是社会资源决定型经济。长江流域各地水事立法不协调是制约长江流域一体化管理落实的根源之一，解决好区域立法协作问题是落实长江流域一体化管理的关键内容。市场经济以无可比拟的优越性存在于多个领域，法律也不可避免地受到影响，所以保障流域一体化管理的立法必然要体现市场经济的自由、流动属性，建立市场化立法协作法律制度。首先，统一立法，资源共享、成本分担。长江流域地方人大及地方政府通过订立联合水事立法协议的方式统一制定水事法律，避免多头立法造成的立法重复、立法矛盾的现象，进而按照市场经济的规律，立法成本按照法律规定的权利义务内容进行合理分担。其次，立法重点有选择性，坚持公开透明。环境信息公开事关政府工作透明度的提升，是我国环境治理的重要因素之一。长江流域跨区域冲突事项多，需要建立水事立法信息交流平台。一方面该平台向社会公开，方便公众参与留言、了解立法进展。另一方面各区域立法主体通过平台收集拟议事项的意见，有利于各地相互学习、借鉴，充分吸收市场经济开放、包容、共享、竞争的优势。

第三，优化全流域一体化管理视角下的行政与司法衔接制度。流域管理不仅要求树立整体性管理的立法理念并开展长江流域综合性立法,而且要求加强流域行政执法和刑事司法联动机制的构建。《长江保护法》规定长江流域协调机制的主要功能是统一指导、协调长江保护工作,涉及流域执法和司法的跨地区跨部门重大事项是不可或缺的协调事项。长江流域生态环境问题日益严重在一定程度上说明环境行政和环境司法并未充分发挥其应有的功效,需要在全流域一体化管理视角下优化行政和司法衔接制度。首先,事前预防,建立流域环保警察监督机制。德国、法国等发达国家都有非常完善的环保警察制度,环保警察的设立、分化和合并都有明确的法律依据,在预防生态犯罪和行政违法方面作用明显。① 长江流域生态违法问题突出,可以借鉴国外经验建立流域环保警察督查机制,机制的运行要能够避开部门权力的限制,确保环保警察执法的独立性和高效性。环保警察督查机制的功能不仅在于预防和制止生态违法行为,更重要的是协助流域管理机构和流域行政部门调查取证,对违法行为快速进行分流,促进行政与司法的有效衔接。其次,事中过滤,建立行政裁决前置处理机制。长江流域法治化程度有待提高,流域环境违法行为仍在逐年增加,涉及范围广、违法情况复杂。如果所有案件都允许直接进入环境司法审判,势必会增加环境司法压力,有碍社会稳定。② 所以,建议建立行政裁决前置处理机制,对于涉及损害赔偿责任及赔偿金额的案件由行政机关先行裁决处理,对处理结果不服的可以再行起诉。充分利用环境行政部门专业、主动、便民的优势,发挥行政裁决对案件的过滤作用,进而加强流域行政与司法的衔接。最后,事后联合,建立环保行政列席审判机制。生态环境案件与传统案件的最大区别是权利义务判断的复杂性,这种复杂性来自环境问题来源的综合性。另外,沿长江流域环境问题的外溢使环境案件的审判难免涉及行政区域之间的利益权衡,因此有必要建立环保行政列席审判机制,环保机构派员参加审判,发表关于

---

① 参见尤婷:《长江流域生态环境治理的法治协同机制研究》,载《湖南行政学院学报》2020年第3期。

② 参见朱艳丽:《长江流域协调机制创新性落实的法律路径研究》,载《中国软科学》2021年第6期。

流域内行政权力冲突、案件技术等方面意见,加强流域行政与流域司法的衔接,促进案件高效、彻底解决。[①]

五、国际水法对长江流域一体化管理立法的启示和意义[②]

(一)生态系统整体性路径及启示

生态系统具有整体性,这种整体性决定于其内部各要素之间的关联性和系统性。人类活动需要尊重它。就流域而言,一体化管理适应了生物与河流生态系统之间存在的联系和互动的客观状态。随着用于确定生态系统服务的方法和工具的不断改进,这种方法能够并且正在提供一种重要的手段,用来调和关于跨国河流、流域或者水道的多种多样的、具有竞争性的复杂利益关系。水资源和流域管理中的生态整体性路径,是指水资源和流域管理活动,除非为了满足人类对水资源的基本需要,必须基于不破坏生态系统特别是水生态系统的整体性、不减损其健康而进行。从许多国际组织和众多国家关于跨界水资源政策、法律和实践做法中可以发现,国际水法的重点正在从纯粹以领土和自然资源利用为重点,转向更注重生态系统的方法。

1992 年《跨界水道和国际湖泊的保护和利用公约》要求合理开发利用水资源,维护或恢复生态系统(第 2 条)。同年《21 世纪议程》进一步明确了水资源特别是流域管理的生态系统整体性路径(第十八章)。1994 年《多瑙河保护与可持续利用合作公约》将生态系统的保育和恢复作为合作目标的重要内容(第 2 条)。保护国际水道及其生态系统正在形成国家的一项义务。

基于"流域""生态完整性""可持续利用"等关键术语,国际法协会 2004 年《关于水资源法的柏林规则》构建了既适用于国际水法也可适用于国内水法的流域基本(riverba-sin-based)水资源法律规则体系。在第 3

---

① 参见朱艳丽:《长江流域协调机制创新性落实的法律路径研究》,载《中国软科学》2021 年第 6 期。

② 参见胡德胜、孙睿恒、许胜晴:《国际水法对长江流域立法的启示和意义》,载《自然资源学报》2020 年第 2 期。

条中它将“生态完整性”定义为“水及其他资源足以保证水生环境的生物、化学和物理完整性的自然条件”。关于水资源管理国际法原则的第二章中,第5条提出联合利用原则,倡导对地表水、地下水以及其他相关水资源以一种统一而综合的方法进行管理;第6条则明确提出综合管理原则。在关于保护水生环境的第五章中,第22条“生态完整性”,建议流域国采取一切适当措施,维护水域生态系统的完整性。

长江流域至今还没有得到根本解决的主要生态环境问题包括饮用水源安全、水环境质量和水生态破坏等。上游部分支流水能资源的开发导致河道断流,严重损害河流生态系统,生态流量无法得到有效保证。由于经济利益驱动,长江中下游干流不时发生非法采砂和岸线占用问题,自然岸线破坏严重。生物多样性因外来物种入侵以及工程建设对栖息地的损害而面临严重威胁。与此同时,城镇化的快速发展对生态系统服务价值造成很大减损。国家2018年审计结果显示:长江评价河长的16.1%全年期劣于Ⅲ类水质,5个重要湖泊的水质2017年仍为Ⅳ类及以下。长江流域立法需要解决好相关问题,破解生态环境资源保护面临的巨大压力和挑战。

生态系统整体性路径已经成为国际水法当代理论和规范体系的基础。例如,保障生态环境用水是国际法规定国家应当采取适当的步骤和措施加以保障的义务之一。从流域水空间管理这一较新的科学视角来看,也要求流域立法立足于流域水生态系统的整体性而进行。对于澳大利亚涉及5个州(地区)、拥有16个国际重要湿地的墨累—达令流域,根据联邦政府与各州(地区)达成的《2004年水资源行动计划》以及与流域各州(地区)所签订《墨累—达令流域协议》的授权,联邦议会于2007年就墨累—达令流域水资源管理作出规定,就涉水国家利益其他事宜和水资料以及有关目的作出规定(以下简称《2007年水法》)。该法以保护墨累—达令流域为主要目标,要求流域内自然资源的开发利用活动必须尊重环境的整体性。而环境的整体性在该法中实质上就是指生态整体性,因为根据该法第4条的定义,“环境财产”(environmental assets)包括依水生态系统(water-dependent ecosystem)、生态服务以及具有生态重要性的区域。为了贯彻生态优先的绿色发展理念,长江流域立法不仅需要借鉴,而且应当根据义务采用国际水法中生态系统整体性路径的相关有益经验或者规定,并将之运用于长江流域管理的立法之中。基于长江流域自然资源可再生能力以及生态环境承载力,考虑开发利用现状,本书认为,长江流域立法应该明确以下内容,从而体现生态系统整体性路径:第一,承认维护长江流域平衡的生态系统及其整体性是长江流域水资源重要而且不可缺少的用途之一。第二,明确可持续水资源管理是保护长江流域生态系统完整性的基本方法。第三,以水为主线,对长江流域内水资源与其他自然资源进行一体化管理。第四,基于可持续发展理念以及对开发利用现状及其影响的科学评估,对长江流域内不同的子流域或者地区采取多样性的生态环境保护措施。

(二)公平合理利用原则及启示

绝对领土主权主义和绝对领土完整主义是早期国际水法中两种对立的、绝对或者过度强调国家主权或领土完整的实践性立场。国际合作的必要性和客观性催生了早期的共同资源/利益理论以及当代仍然占据主流理论地位和国际实践的限制领土主权和领土完整理论。当代的利益共同体理论以流域整体性为依据,以公平合理地分享水资源为内容,将流域视为相关国家的共同资源/利益,其具有鲜明的理想性。在理想和现实之间,国际水法理论推出了公平合理利用原则,并将之不断发展。该原则的程序性和方法性属性,有望让它成为促使利益共同体理论在一定程度上逐步走向现实的桥梁。公平合理利用原则的萌芽可追溯至国际法学会1961年《关于国际非海洋水域利用的决议》。该决议在承认沿岸国享有利用境内跨界河流的权利的同时,要求它们公平合理地行使这种权利。

公平合理利用原则正式诞生的标志,是国际法协会通过1966年《赫尔辛基规则》。之所以作出这一判断,是因为:第一,它建议在确定公平合理的分享份额时考虑所有相关因素,对有关因素进行了非穷尽式的列举,对如何确定每项因素的重要性规定了方法(每一因素的重要性需要在与其他因素进行比较时确定,因而各种因素仅具有相对的而非绝对的重要性)。第二,它承认流域各国享有公平合理分享国际河流惠益的权利。第三,它否认了任一利用的固有优先性,并规定了合理利用、既有利用以及未来利用之间的关系。关于如何衡量或者评价一项利用是否具有公平合理性，《赫尔辛基规则》以非穷尽的方式列举了 11 项应该考虑的因素。公平合理原则一经诞生，就对国际水法的法律文件和非法律文件产生了重大影响。下面以它对当代面向所有国家开放的两大国际水法条约为例进行讨论。

《跨界水道和国际湖泊的保护和利用公约》要求缔约国公平合理地利用跨界水体，并特别注意其跨界特征和跨界影响（第 2 条第 2 款第 3 项）。欧洲经济委员会《公约实施指南》这一解释和实施手册的文件，呼吁在处理对环境的多样组成部分的不利影响时，采取一种综合性的路径，并将公平利用与不造成重大损害规则、合作原则视为该公约的三大同等重要的规范基石。很明显，它在很大程度上采纳了公平合理利用原则。

《国际水道法公约》尽管存在四大严重缺陷，其缔约国不多而且缺少国际水道大国的参与，但是它所发展的公平合理利用原则得到了包括我国在内的绝大多数国家的认可或者赞同。《国际水道法公约》发展了《赫尔辛基规则》的公平合理利用原则。之所以这样说，是因为：第一，它将“合理且公平的使用份额”（reasonable and equitable share in the beneficial uses）表述予以提炼，发展为“公平合理的利用”（equitable and reasonable utilization），并且得到了广泛认同。第二，在水资源管理方式方面，它强调节约与保护相结合。第三，它对影响公平合理利用的因素和情况进行了合理调整。不过，在下列两个方面却是基本相同的：(1) 每项影响因素都不具有绝对的重要性，而仅仅是在与其他因素的相互比较中所具有的相对重要性，并且在比较重要性之后还需要在整体上对水道利用进行评估。(2) 在各种使用者之间的相互关系方面，都排除了任一利用主体具有某种固有的优先地位。

从权利义务相一致的视角看，《关于水资源法的柏林规则》进一步发展了公平合理利用原则。为了实现最佳的以及可持续的利用并从中获益，它要求流域国在开发和利用流域水资源的同时，不仅应该考虑其他流域国的利益，还应该充分保护水资源（第 12 条）。

由于长江流域内和长江经济带内不同自然区域或者行政区域的生态

环境、自然状况以及经济社会发展水平多样：一方面，各地对流域内的自然资源开发利用和保护的诉求既存在不同，也存在竞争；另一方面，出于经济利益的考虑，相同和不同层级的行政区域对生态环境资源保护的政策法律的执行力度和标准之间都存在差异。国家2018年审计结果显示的长江流域无序和乱序开发、利用而导致的破坏性结果表明，利益的多样性和水资源开发利用的外部性，需要长江流域立法协调好中央和地方之间、地方与地方之间、上中下游之间、左右岸之间、干流支流之间、不同支流之间的利益。

跨界流域特别是较大流域和大流域内，上中下游之间、左右岸之间、干流支流之间、不同支流之间的自然状况、水资源所支撑的自然资源可再生能力、经济社会文化的发展水平和特征特色，生态资源环境对经济社会发展的承载能力，往往存在一定的乃至较大、巨大的差异。在跨界水资源管理中如何实现可持续发展是一项巨大挑战，需要科学、全面、正确地理解可持续发展原则。国际水法公平合理利用原则的提出和发展以及判断公平合理利用因素的列举，是应对这项挑战的重大措施。澳大利亚对于涵盖16个国际重要湿地的墨累—达令流域，巴西对国际河流巴拉那河支流的拉普拉塔河流域，波兰对国际水道奥得河支流的瓦尔塔河流域，西班牙对国际河流瓜迪亚纳河流域在其境内的部分，在实施流域一体化管理的过程中，注重让来自上中下游、左右岸、干流支流、不同支流的诸多利益相关者罗列其认为影响公平合理利用的各种事实和因素，进而通过权力下放、磋商和平衡，来实现流域内包括水资源在内的各种自然资源的公平合理利用。有学者认为，研究我国流域一体化管理体制机制，也需要从实现可持续发展目标、建立和谐社会的视角出发。本书认为，对于长江流域这一我国最大流域、世界第三大流域管理的立法，也应该确保基于水资源可再生能力的、包括水资源在内的生态环境资源的公平合理利用。因此，在长江流域立法中确立并在一定程度上移植公平合理利用原则或者将其精髓予以采纳，结合长江流域的实际情况，非穷尽地列举影响公平合理利用的有关因素，为各层级、各领域的决策和参与提供方法论上的法律根据，对于实现长江流域人与自然之间、上中下游之间、左右岸之间、干流支流之间、不同支流之间的和谐、协调以及可持续发展，意义重大。

（三）国际流域管理机构及启示

跨界流域内利益主体的多元、利益种类的多样、利益内容的复杂关联、相同或者不同利益之间的冲突，要求实现流域的善治。以组织机构作为核心的体制机制是实现流域善治的必要基础和重要保障。因国际或者跨界河流、流域的某一（些）事项而建立有关国际机构管理的历史非常悠久。当代，世界上比较普遍采用的水资源管理路径是流域管理，流域管理机构有数百个之多。由于流域的自然整体性和资源的自然关联性与人为划定的国家边界、行政区域边界往往并不一致，生态化的整体性流域管理更需要建立有效的组织机构来协调各方的利益和行动。

目前，跨行政区域的流域范围的长江管理机构，管理职能较为单一，在调整全流域开发利用管理方面的权限有限，既难以发挥类似于国外由专家组成的流域决策机构或者咨询机构的长处，也不能体现当代善治理念下流域委员会应该由各利益相关方代表作为委员组成的流域决策或者咨询机构的要求。相关研究表明，长江流域管理权不仅事权重叠问题相当严重，而且存在事权脱节、导致推诿的现象和问题。这种状况对于跨行政区域的长江流域一体化管理来说：一方面，过多的分部门管理带来的行政效率降低和职能冲突进一步加剧；另一方面，不同行政区域的流域开发利用和管理使流域管理更加复杂化，不能反映不同地方在具体管理措施和监管要求上的巨大差异，因为不同行政区域的协调需要更为切实有效的流域管理机构的设置。对于涉及事项广泛、影响区域和人口众多的长江流域管理而言，部门式立法模式难以承担统筹流域开发、利用和保护的任务，理顺管理体制机制、克服“九龙治水”的弊端是长江流域立法迫切需要解决的问题。为此，学者们提出了一些不同的建议。

作为国际水法学术研究集大成的《关于水资源法的柏林规则》告诉我们：第一，在追求可持续发展的前提下，经由生态整体性路径，实现公平合理利用，需要综合性的、全流域范围的联合管理机构。第二，全流域的一体化管理，既需要统一标准下的综合科学考察和调查、统一的宏观规划、统一的平台和机制、统一的基本决策和审查，更需要利益相关各方的参与、分权。第三，全流域范围的联合管理机构需要拥有基本的权力，它既是流域自然资源各种基础资料数据的提供者,又是产生科学决策的平台,还是全流域实施各项决策、规则和标准情况、效果的审查者和监督者。从国外流域管理的典型案例来看,莱茵河流域有三个领域的国际流域管理机构,其运行实践表明:流域管理需要分工,需要专业领域的工作机构和咨询专家工作机构;不过,尽管它们各自运行良好,有许多做法值得借鉴,但是它们并不能有效地从全流域的高度在所有领域内实施一体化管理。与莱茵河流域不同,澳大利亚在墨累—达令流域管理方面不断探索和改革,取得了很大成功。根据澳大利亚2007年《水法》建立的墨累—达令流域管理局是具体负责该流域水资源规划和统一监督的唯一机构,基本上拥有《关于水资源法的柏林规则》所建议的流域管理机构职能,在该流域管理中处于核心和主导性的地位,至今运转非常成功。长江流域管理体制机制很不合理的状况以及导致的诸多问题,要求在制定长江流域法律的过程中重构流域一体化管理体制机制。为了科学地扬"九龙治水"之长、避"九龙治水"之短,我们不仅需要总结自己的经验教训,还需要借鉴他人的经验、吸取他人的教训。服务于全流域的一体化管理,在健全的流域治理体制机制中,未来的"长江流域管理机构"应做到:地位上应该具有基础性、核心性和主导性;性质上应该以服务性、协调性、平台性为主;基本权力上需包括全流域性规划、决策、规则和标准的组织拟定权、实施监督权。

文明因生态而兴衰,生态基于水而生存。长江流域的可持续开发利用和生态环境保护不仅事关长江流域内经济社会的发展,而且事关我国的经济安全、资源安全以及生态文明建设。然而,长江流域和长江经济带地域范围广阔,经济、社会和生态环境状况具有多样性,社会关系涉及事项复杂,进行综合性流域立法面临着诸多巨大挑战;尤其表现在利益主体多元、生态环境和资源保护任务艰巨、管理体制机制很不合理等三个方面。围绕以水资源为中心的各种资源的协调开发和管理,实现长江流域或者长江经济带的高质量发展,需要高质量的法律予以保驾护航。综合性的长江流域立法是实现长江流域一体化管理的法治基础和保障。健全的流域治理体制机制应该是管理、参与、市场、合作、协商、补偿、保障、责任、监督、考核、纠纷解决等多个机制构成的严密逻辑体系,并且是体制合理和运转协调的有机整体。

落实建设全球生态文明以及人类命运共同体的宏伟战略，要求“法治中国”具有世界意义。一方面，这要求中国法律体系具有能够与国际法律体系相兼容的基础，即二者“能够在和谐或者协调一致的状态中共存或者运行，彼此的核心规则或者制度之间不存在冲突”；另一方面，这要求中国法律体系在某一（些）方面或者领域在兼容性基础上相较于已有的国际法更具科学性、先进性、合理性以及广泛可接受性，进而能够引领或者发展国际法。由于长江流域所处背景的特殊性，虽然相关立法在相应制度的确立和实施方面与国际水法之间必然存在某些差异，但是国际水法在跨界流域管理方面具有重要的方法论价值，其理论、原则、方法和机制设计为长江流域立法提供了可资借鉴的经验。学习并根据或者借鉴国际水法的有关规定，在长江流域立法中明确规定有关内容和措施，体现生态系统整体性路径；借鉴国际水法的公平合理利用原则，在长江流域立法中予以确立并在一定程度上移植公平合理利用原则或者将其精髓予以采纳，结合长江流域的实际情况非穷尽地列举影响公平合理利用的有关因素；学习国际水法建立和运行国际流域管理机构的要求，在长江流域立法中重构长江流域管理体制机制，让未来的“长江流域管理机构”在健全的流域一体化管理体制机制中居于基础性、核心性和主导性的地位，最大限度地减少或者消除“九龙治水”的弊端。长江流域立法和国际水法之间具有辩证关系。从国际水法对长江流域立法启示的角度来说，这些对于实现长江流域人类与自然之间、上中下游之间、左右岸之间、干流支流之间、不同支流之间的和谐、协调以及可持续发展，实现长江流域一体化管理的法治化具有重大的促进作用，有利于实现中国流域立法与国际水法之间的兼容性。就与国际法兼容的长江流域立法的国际意义而言，这些对于中国通过实践来科学地验证和发展国际水法的生态系统整体性路径、公平合理利用原则以及流域一体化管理体制机制，具有巨大的推动作用。①

---

① 参见胡德胜、孙睿恒、许胜晴：《国际水法对长江流域立法的启示和意义》，载《自然资源学报》2020年第2期。

第六节　我国黄河流域实施一体化管理的政府生态责任立法效果评析

一、黄河流域概况

黄河流域是黄河干流和支流所流经的区域，其作为中华民族的“母亲河”整体呈“几”字形跨越我国三大区域，拥有特殊的自然生态系统，是我国北方重要的供水水源和生态屏障。从上游到下游横跨了多种地形地貌，涉及青海、四川、甘肃、宁夏、内蒙古、陕西、山西、河南、山东等九个省（自治区），面积约为 79.5 万 km^2。① 黄河流域长期以来保护不足，生态功能退化，生态系统严重失衡。黄河流域上游土地荒漠化、中游水土流失、下游河水污染与河床不断抬高等风险严重，生态环境十分脆弱，尤其在流域水资源、土地资源、森林资源和能源资源方面的问题较为集中和典型。②

（一）黄河流域水资源概况

作为我国西北、华北地区的重要水源，黄河承担着流域供水和下游引水灌溉的重要任务，灌溉区面积占全国耕地面积的 15%，灌溉区内人口数量占全国总人口的 12% 以上，供水任务十分繁重。20 世纪后期，黄河流域人口的增长、经济的快速发展对自然资源需求量迅猛增长，过度开发利用水资源，引起水量锐减、水质持续下降、污染日益加剧的水问题。③调查研究显示，1997 年黄河累积断流的时间已经高达 226 多天，频繁的断流不仅使水环境不断恶化，还破坏了黄河流域整体的水生态平衡。2020 年中国万元 GDP 用水量比 2015 年下降 28%，黄河流域水资源形势仍然十分严峻，不仅水资源总量不足、水质安全得不到保障，而且用水效

---

① 参见倪君：《黄河流域政府生态责任立法问题研究》，西北大学 2021 年硕士学位论文，第 6 页。

② 参见沈彦俊：《黄河流域生态环境保护与水资源可持续利用》，载《民主与科学》2018 年第 6 期。

③ See Mostert E., *Conflict and Cooperation in International Freshwater Management: A Global Review*, International Journal of River Basin Management, 2003, 1(1), p. 267 – 278.

率低下，供水需求和水资源短缺之间的矛盾突出。① 黄河水资源利用现状仍不容乐观，存在开发利用程度大、水资源浪费严重、用水效率低等问题。根据水利部发布的《2020 年中国水资源公报》，2020 年黄河总用水量 392.7 亿 m^3。水利部黄河水利委员会发布的《黄河水资源公报（2019 年）》对黄河流域水资源利用情况进行了统计，流域内水资源的使用主要涉及农田灌溉用水、林木渔畜用水、工业用水、城镇用水、居民生活用水和生态环境用水六个方面。2019 年黄河流域水资源各用途取水量和耗水量对比情况见图 1－1。

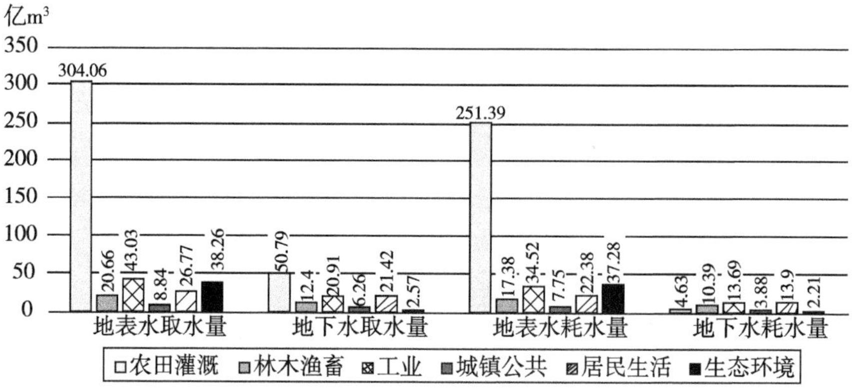

图 1－1　2019 年黄河流域水资源利用概况

从图 1－1 可知，2019 年黄河供水区地表水取水总量和地下水取水量分别为 441.62 亿 m^3 和 114.35 亿 m^3，分别占流域总取水量的 79.4% 和 20.6%。地表水耗水量和地下水耗水量分别为 370.70 亿 m^3 和 48.7 亿 m^3，分别占总耗水量的 88.4% 和 11.6%。无论是地表水取水量还是地下水取水量，农田灌溉取水量、林木渔畜用水量、工业用水量、城镇公共用水量、居民生活用水量、生态环境用水量六大类型用水中，农业灌溉用水量较大，所占比例为一半以上或接近一半，生态环境用水取水量则较小。在水资源利用方面，取水量与耗水量之间总有不小的差额，表明

① 参见赵莺燕、于法稳：《黄河流域水资源可持续利用：核心、路径及对策》，载《中国特色社会主义研究》2020 年第 1 期。

水资源消耗大，重复利用率低。这种用水结构和用水效率情况，反映了水资源浪费严重，极大地阻碍了黄河水资源的可持续利用。

（二）黄河流域土地资源概况

黄河中游流经的黄土高原地带，土质疏松，植被稀少，暴雨集中并且强度大，水土流失及其危害十分严重。黄土高原水土流失具有面积广、强度大、产沙集中、类型多样等特点，严重的水土流失切割地形，阻断交通，破坏生物多样性，造成生态环境恶化，进而严重阻碍经济与社会发展。全国遥感普查资料显示，黄土高原地区水土流失面积达45.4万km^2，占黄土高原总面积的70.9%，占整个黄河流域水土流失面积的97.6%。[①] 严重的水土流失，一方面造成土壤肥力降低，加剧自然灾害的发生，破坏地面完整性，制约当地经济的发展，对西部大开发战略的实施构成巨大威胁；另一方面，大量泥沙淤积河道和水库，降低水利工程效益，并且平均每年泄入黄河下游的16亿吨泥沙中有4亿吨淤积在下游河道，使河床不断抬高，防洪形势日益严峻，直接危及黄河下游黄淮海平原25万km^2土地上数以亿计人民的生命和财产安全，[②]成为我国的重大安全隐患。长期以来，由于地质灾害频发，特别是水害严重，给沿岸百姓带来深重灾难。

黄河流域的地质灾害多发生于四川、甘肃、陕西等地区，黄河流经四川省、陕西省的山地、盆地和高原地区，由于土质疏松，垂直节理发育，植被稀疏，在长期暴雨径流的水力侵蚀和重力作用下，滑坡、崩塌、泥石流极为频繁，并成为黄河泥沙的主要来源之一。此外，青海、河南等地也有滑坡、崩塌等灾害发生，产生人员伤亡和经济损失。

（三）黄河流域森林资源概况

2019年7月，中共中央办公厅、国务院办公厅印发《天然林保护修复制度方案》，标志着天然林保护进入发展新时期。黄河流域内，青海省、四川省、山西省相继出台天然林保护方案，层层签订森林管护责任书，践行

---

① 参见苏娅雯、沈秀珍、张淑兰：《从黄河流域水土保持的特殊性看制定黄河法的必要性》，载《中国水土保持》2001年第2期。

② 参见张宁宁等：《黄河流域水资源承载力评价》，载《自然资源学报》2019年第8期。

森林管护责任制。根据第九次全国森林资源连续清查数据,黄河流域森林面积为 16.3km^2,森林覆盖率为 19.4%,[①]是我国森林资源最少的区域之一。较低的森林覆盖率,加剧了黄河中游黄土高原地区(山西、陕西、甘肃、青海、宁夏以及河南等部分地区)水土流失、土地退化以及水旱灾害等生态问题的发生。全流域森林资源不足,中上游地区气候干旱,降水减少,使部分原有森林变成草原、草原变为沙漠或沙化土地,加速了生态环境恶化。

(四)黄河流域能源概况

作为中国的"能源流域",黄河流域拥有多个国家公园和国家重点生态功能区,煤炭、石油、天然气和有色金属资源丰富,是中国重要的能源、化工、原材料和基础工业生产基地。[②] 有关资料分析,黄河流域矿产资源拥有量占全国 61% 左右;铁与铁合金金属矿产、有色金属矿产、贵金属矿产、稀土、稀有金属等重要矿产种类齐全,部分矿产储量大,在全国占有重要地位。长期以来,国家投入大量建设资金,围绕矿产资源的开发和初加工,在该地区建设了大批以资源、原材料、石化、机械、纺织、电力、电子等工业为核心的大中型企业和部分军工企业。[③] 正因如此,近年来黄河流域矿产资源的开采造成了黄河流域的水土流失。比如,列入全国重点监督区的晋陕蒙接壤地区,蕴藏着丰富的煤炭、石油、天然气等矿产资源,煤炭储量占全国已探明储量的 1/3 以上,该区作为我国特大型能源重化工基地,矿产资源开发以煤炭露天开采为主,对生态环境存在一定的破坏。此外,能源基地开发、西气东输、西电东送等重大战略工程建设,也不同程度地加速了黄河流域资源耗竭、环境污染、生态破坏与区域发展衰退。[④]

---

① 参见蔡茂等:《黄河流域天然林保护建设成效与存在问题研究》,载《华东森林经理》2020 年第 S1 期。

② 参见高玉玲等:《流域能源化工有色金属工业与黄河水质研究》,载《人民黄河》2002 年第 7 期。

③ 参见马丽等:《黄河流域矿产资源开发的生态环境影响与空间管控路径》,载《资源科学》2020 年第 1 期。

④ 参见陈军、成金华:《中国矿产资源开发利用的环境影响》,载《中国人口·资源与环境》2015 年第 3 期。

二、黄河流域实施一体化管理的政府生态责任立法践行探索

立法是推动黄河流域一体化管理和高质量发展的重要抓手和核心步骤。随着社会主义法治的发展进程,我国涉水立法体系不断完善。本书按照立法主体的不同进行划分,将涉及黄河流域政府生态责任的立法基本状况划分为全国性、流域性、地方性三类。全国性政府生态责任立法主要包括全国人民代表大会及其常委会制定的涉水法律、国务院制定的涉水行政法规、国务院水行政部门制定的部门规章以及国务院涉及黄河流域的相关部门制定的其他规范性文件;流域性政府生态责任立法主要包括水利部和黄河水利委员会针对黄河流域具体事项制定的部门规章及规范性文件;地方性政府生态责任立法主要包括黄河支流和干流流经的九个省区的省级人大及其常委会制定的涉水地方性法规、地方政府规章、其他规范性文件以及地方工作文件等。法治是推动生态文明建设的重要抓手和核心步骤,政府责任是法治措施得以贯彻践行的关键内容。黄河流域生态环境保护和经济高质量发展,要立足法治、依靠政府,深入推进法律层面上政府管理责任的规定与践行。随着社会主义法治进程的加快,全国层面上政府生态环境保护法律体系不断完善,针对黄河流域的政府生态环境保护责任的相关法律,从以下三个层面展开。

(一)全国性法律对黄河流域政府生态环境责任的明确

《宪法》第 26 条对政府生态环境责任作出了概括性规定,这是我国政府承担环境责任最根本的法律依据,同时也是其他环境相关法律针对政府职权、义务和责任进行规定的基础。保护生态环境是国家的基本职责之一,地方人民政府作为国家及中央人民政府各项方针、政策的具体执行者,理应承担生态环境保护的具体责任。

根据《水法》的规定,我国大型流域实行的是"流域 + 区域"相结合的体制。水利部黄河水利委员会主要是在黄河流域内依法行使水行政管理职责。其中,流域水资源的保护是它的工作职能之一。水利部黄河水利委员会共下设 5 个正局级流域管理局,6 个副局级流域管理局,26 个正处级流域管理局。这些流域管理局在黄河水利委员会的统筹安排下对于黄

河流域水资源的保护主要涉及水功能区划定、水域纳污能力、排污总量控制、入河排污口设置审查许可、水质状况监测、饮用水水源保护、地下水开发利用和保护等工作。①

《黄河保护法》是我国黄河流域一体化管理的重要依据，其中多项法律条款对流域管理中政府生态环境责任进行了明确规定。《黄河保护法》第 39 条指出政府对黄河流域数量急剧下降或者极度濒危的野生动植物和受到严重破坏的栖息地、天然集中分布区、破碎化的典型生态系统开展保护修复；第 51 条提出了水资源临界超载地区县级以上地方人民政府应当采取限制性措施，防止水资源超载；第 66 条规定政府依据流域防洪规划对黄河滩区进行生态环境保护。这些条文对黄河流域政府生态环境责任的翔实规定体现和阐释的是以科学合理的《黄河流域生态环境保护和高质量发展纲要》为前提，以全过程统一管控为方法，以区域管理与流域管理相结合为路径，以明确政府是生态环境责任的践行主体为抓手，以实现流域的一体化管理为目标。

其他法律、行政法规中有大量涉及政府生态环境责任的相关规定。2005 年，国务院《关于落实科学发展观加强环境保护的决定》明确提出按照区域生态系统管理方式，地方人民政府对区域环境质量负责。2013 年，国务院办公厅发布《实行最严格水资源管理制度考核办法》，提出人民政府是实行最严格的水资源管理制度的责任主体，对区域水资源管理和保护工作负总责。2014 年《环境保护法》进一步明确了政府的环境保护责任，要求地方政府在平衡区域经济和生态环境关系的基础上，对本行政区域内部的生态环境质量负责，针对违法准许行政许可、包庇环境违法、不及时查处生态破坏以及未按规定进行信息公开等行为，要追究政府相关负责人的责任。2015 年 4 月，《中共中央、国务院关于加快推进生态文明建设的意见》《水污染防治行动计划》等明确了流域、区域的水资源环境保护与地方政府的责任考核挂钩，实行“一岗双责”制度。2015 年，中

① 参见《水利部黄河水利委员会机构职能》，载黄河网，http://www.yrcc.gov.cn/zwzc/zjhw/znjg/201108/t20110810_26215.html。

共中央办公厅、国务院办公厅发布《党政领导干部生态环境损害责任追究办法（试行）》，进一步明确了地方各级党委和政府对本地区生态环境和资源保护负总责，进一步强调在生态环境保护领域的党委和地方政府共同承担责任的“党政同责”机制。2016 年，中共中央办公厅、国务院办公厅印发《生态文明建设目标评价考核办法》，标志着我国首次建立生态文明建设目标评价考核制度，采取“评价 + 考核”相结合的方式进行生态环境保护，明确了追究政府环境责任的具体考核办法。2019 年 3 月，中央深化改革小组审议通过了《环境保护督察方案（试行）》，提出建立环保督察工作机制，严格落实环境保护主体责任等有力措施。

作为国务院水行政主管部门的水利部，先后以部门规章和其他水资源保护政策的形式对水资源管理作出了许多规定，为加强水生态环境一体化管理、促进各级地方人民政府履行政府生态环境管理职责起到了较好的指导作用。2014 年，水利部印发的《关于加强河湖管理工作的指导意见》明确指出，按照“谁监管，谁负责”的原则严格责任落实和责任追究，对河湖管理混乱、问题突出以及执法严重不到位的要追究相关单位和人员的责任，进一步强化检查督导。2018 年，水利部发布的《水利部关于做好跨省江河流域水量调度管理工作的意见》，将人民政府及其水行政主管部门列为跨省江河流域水量调度的主体，强调要加强组织领导，严格考核问责。水利部黄河水利委员会针对黄河流域的具体问题颁布的相关办法主要涉及流域管理的相关问题。第一，明确通过共建共管实验室，逐步构建“流域 + 区域”模式的水环境监测体系，进一步提高黄河流域水环境跨区域的治理与监测。① 第二，明确了由相关地方人民政府负责实施，例如，在部分黄河干流实行地方人民政府行政首长负责制。② 同时，《黄委水利监督管理办法（试行）》明确了黄河水利委员会水利监督的范围和事项，主要涉及水旱灾害防御，水资源管理和调度，河湖管理，水土保持，水利工程建设与安全运行，水利资金使用，水利政务和水利重大政策、决策

① 参见《黄河流域水环境监测共建共管实验室管理办法》第 4 条。

② 参见《黑河干流水量调度管理办法》第 5 条。

部署的贯彻落实等范围，以及 17 项具体监督事项，进一步强化了黄河水利委员会的水利行业监管，为规范水利监督行为提供了重要的制度保障。可以看出，水利部黄河水利委员会针对黄河流域颁布的具体办法主要是对既有立法文件的进一步细化，也在一定程度上加强了黄河流经区域地方人民政府履行流域政府生态责任的力度。① 同时，水利部针对黄河流域部分事项也颁布了一些部门规章，主要是针对黄河流域横向生态补偿机制、水量调度、黄河河口、黄河支流、水文站网等配套机制的规定。

（二）地方性立法对黄河流域政府生态环境责任的细化

黄河流域九省（区）通过地方性立法及政策的形式对政府生态环境责任作出了进一步细化，成为各自区域督促政府履行生态环境保护责任的重要依据。基于 2015 年发布的《党政领导干部生态环境损害责任追究办法（试行）》，黄河流域各省（区）积极响应国家号召，结合地方生态环境特色相继出台了各省（区）的党政领导干部生态环境损害责任追究办法。比如，《四川省党政领导干部生态环境损害责任追究实施细则（试行）》《山东省党政领导干部生态环境损害责任追究实施细则（试行）》《陕西省党政领导干部生态环境损害责任追究实施细则（试行）》《河南省党政领导干部生态环境损害责任追究实施细则（试行）》等。其中，《四川省党政领导干部生态环境损害责任追究实施细则（试行）》不仅规定了地方政府承担环境责任的情形和方式，还细化了责任追究的具体程序，针对县级以上相关地方党委和政府主要领导成员、政府有关工作部门领导成员、乡镇（街道）党政领导班子成员等分别列举出了责任追究程序。对于政府环境责任的承担方式，该文件对党政领导干部生态环境损害责任追究形式进行了列举，具体有诫勉、责令公开道歉，组织处理包括调离岗位、引咎辞职、责令辞职、免职、降职等，党纪政纪处分等。同时，还规定了党政领导干部终身追责机制和严格追责机制，即通过终身追责机制来加大领导干部对区域生态环境的保护力度。

---

① 参见倪君：《黄河流域政府生态责任立法问题研究》，西北大学 2021 年硕士学位论文，第 16 页。

(三)黄河流域性立法对政府生态环境责任的补缺

黄河水利委员会针对黄河流域的具体管理问题出台了相关办法,重点是应对流域治理中出现的特定问题。2011 年,水利部发布《水文站网管理办法》,规定省、自治区、直辖市人民政府水行政主管部门负责本行政区域内水文站网规划、建设与管理工作,其直属的水文机构具体负责组织实施。2019 年 10 月,黄河水利委员会印发《黄委水利监督管理办法(试行)》和《黄委督查队伍管理办法(试行)》,标志着黄河水利委员会在流域内加强监管制度化建设方面迈出了重要一步。可以看出,水利部黄河水利委员会针对黄河流域一体化管理出台的具体办法主要是对既有立法文件的进一步补充。

除了水利部黄河水利委员会对黄河流域一体化管理进行了立法规制,黄河流域各支流流域管理机构也对该区域的政府提出了相关要求。例如,处于渭河流域的陕西省人民政府发布的《陕西省渭河流域生态环境保护办法》(已失效),规定省人民政府全面负责渭河流域生态环境保护工作。①

三、黄河流域实施一体化管理的政府生态责任立法困境探析

对涉及黄河流域事项方面的法律文件进行详细解构,可以发现,我国涉及黄河流域生态环境保护、一体化管理等立法已经基本具备体系,但针对黄河流域生态环境保护、治理和发展的规定存在一些问题。这在一定程度上导致了地方政府在履行黄河流域一体化管理生态责任时缺乏统筹规划,系统性不强。笔者将黄河流域政府生态责任立法方面的问题分为立法理念问题、立法内容问题、立法技术问题三类,以期通过对相关立法问题的详细分析,提出具体的应对之策。

立法者通过明确立法理念指引社会大众明晰法律的立法目的并通过良好的法律实施来指引法律的良性发展。任何一部"良法"都需要在内容、体例、结构中将明确的立法理念融入其中,并使之得到良好的贯彻。

---

① 参见刘志仁、王嘉奇:《黄河流域政府生态环境保护责任的立法规定与践行研究》,载《中国软科学》2022 年第 3 期。

通常来说，立法理念主要涉及立法者在制定法律时的立法思维、立法价值、立法意识导向等内容。通过对立法思维、立法价值以及立法意识导向等因素进行考察，可以全面、系统地把握立法者的立法目的及初衷，并对社会大众产生正确的行为指引。不同的环境立法理念会产生不同的环境定位，也会对各项环境制度的运行产生影响。因而，黄河流域政府生态责任的良好实施离不开立法理念的指引。通过对黄河流域政府生态责任立法情况的分析，并对立法思维、立法价值以及立法意识导向进行分析，发现生态优先的立法思维不全面、生态责任的独立价值不突出以及事前预防式生态责任意识导向不强烈。①

（一）生态优先的立法思维不全面

黄河流域上、中游大部分处于我国西部地区，这些地区在转型发展过程中历经了西方工业化发展的老路。长期以来，我国地方各级人民政府受以区域 GDP 为核心的官员考核制度的影响，注重区域经济发展，而在一定程度上忽视了生态环境的保护。但是，在我国已经逐步摆脱贫困状态的情况下，我国生态立法对地方政府生态责任的规定也逐渐作出相应调整，即针对过去在经济与生态协调发展中，往往以经济建设为中心，对环境保护和污染防治逐渐弱化的此种现象作出进一步的调整，将以经济发展为第一要务转变为以生态经济平衡发展为第一要务，这也是对“美丽中国”的充分回应。因此，只有积极转变生态思维，让“生态指标”与“经济指标”平衡发展，才能进一步推动黄河流域经济可持续发展。目前，在许多生态立法的总则中都出现了“地方人民政府对区域环境质量负责、实行地方首长负责制”等字眼，但生态责任立法理念不强，致使生态立法工作长期以来形成了“固定模式”，即当生态环境发展出现重大问题时，政府开始加大对该领域的关注，并且颁布了有针对性的举措，再通过“试点—总结”的方式，探讨其可行性，最终完成有针对性的立法活动，在一定程度上导致了积极式的生态立法理念不强。② 从规制政府生态责任的上

① 参见倪君：《黄河流域政府生态责任立法问题研究》，西北大学 2021 年硕士学位论文，第 22 页。

② 参见倪君：《黄河流域政府生态责任立法问题研究》，西北大学 2021 年硕士学位论文，第 23 页。

位法来看,法律条文大多仅仅在总则将区域环境质量责任赋予地方各级人民政府,要求各级人民政府积极履行区域环境责任,不仅对区域环境的治理、保护、教育担负相应的责任,还对区域环境法律、政策提供制度供给。但是,从已有法律规定来看,条文尚未明确政府生态责任立法理念,上位法也从未明确指引下位法和规章制度在政府生态立法时应当树立生态优先的立法思维。例如,《环境保护法》第6条分别针对政府、企业、公民对于环境应该履行的义务进行了规定,对"政府"生态责任仅仅作了简要规定,但是政府该如何负责?地方各级人民政府对区域生态环境在哪些方面负什么样的责任?尚未说清且条文规定较为笼统,一定程度上弱化了地方各级人民政府对于区域环境的生态责任。同时,作为环境保护立法方面的上位法,《环境保护法》第1条表明保护环境、防止污染、促进经济社会可持续发展的立法目的,第5条规定了"保护优先、预防为主"的立法意图,但没有在条文中明确指引地方各级人民政府在制定地方性法规规章时,应当坚持生态优先的思维原则,缺乏一定的"生态优先"的立法理念指引。

(二)生态责任的独立价值不突出

健全黄河流域政府生态责任,需要在法律法规层面上明确地方政府在黄河流域一体化管理中的生态责任。但是,现有的政府生态责任的立法规定分散在各类环境立法文件中,使政府生态责任的独立价值未能凸显。例如《环境保护法》《水法》《水污染防治法》《水土保持法》,都明确了地方各级人民政府对区域内的环境生态资源负责。但是,对于生态优先并没有作为独立的条文进行规定,而是散见于各种生态环境立法的总则当中,导致生态责任的独立价值不突出。具体而言,我国的环境立法在一些条文中确实蕴含着生态优先原则,例如,规定保护优先、[1]生态保护红线制度[2]等,但环境立法中依然有条文表述为"经济社会发展与环境保护相协调"[3],没有明确地突出生态优先原则的独立立法价值。政府面对

---

① 参见《环境保护法》第5条。
② 参见《环境保护法》第29条。
③ 《环境保护法》第4条。

经济社会与生态环境的双重发展时,会在一定程度上优先发展经济,怠于履行生态责任。在实践中,地方人民政府确实存在根据上位法的要求,制定实施细则,通过列举的方式将党委、政府及其工作部门在流域环境保护中的职责进行明确,但因地方性规章的效力、等级偏低,无法统一适用于整个流域之内,且流域内不同地域政府都制定细则时,会出现标准不统一的情况。作为黄河流域水资源保护机构,水利部黄河水利委员会也没能进一步将党委、政府及其工作部门的生态责任明确在我国黄河流域一体化管理更高阶的法律法规当中,未能统一黄河流域的政府环境责任追究情形、方式以及职责,在一定程度上削弱了地方政府的流域生态环境保护的责任,政府生态责任的独立价值被搁置。①

(三)事前预防式生态责任意识不强烈

生态环境保护与治理在经历了西方国家“治疗式生态治理”②后,人们对于西方工业化“先污染,后治理”的环境理念进行了反思,明确在发展国家经济时避免走西方工业化发展的弯路,而是要走可持续型的生态文明之路,逐渐形成了“事前预防式”的生态治理意识,即对区域内生态环境进行整治的全过程进行保护。具体而言就是在区域内生态环境问题形成之前,通过各种手段降低生态风险,减少生态环境损害发生概率。例如,通过防灾减灾、预防生态风险、进行生态监督管理中贯穿生态治理理念,积极主动地防止生态环境污染、损害的发生,以生态根源为首要抓手,保护域内的生态环境安全。再来看我国《民法典》第9条,被称为著名的“绿色原则”,该原则将“保护生态环境”树立为各民事主体从事民事活动必须遵守的基本义务,一定程度上体现了生态优先的现代环境价值观,③既对建设社会主义生态文明提供了法治保障,也向各民事主体敲响了“生态警钟”,成为推动民事主体进行民事活动时积极主动考虑“生态价值”

---

① 参见倪君:《黄河流域政府生态责任立法问题研究》,西北大学2021年硕士学位论文,第24页。

② 参见陈涛、鲁长安:《中国特色社会主义生态治理之路》,载《学习月刊》2013年第5期。

③ 参见孙佑海:《民法典:绿色理念护航生态文明建设》,载《中国财经报》2020年7月23日,第2版。

的重要法律影响因素。反观我国黄河流域生态立法相关文件，从上位法到下位法的环境立法基本原则的规定来看，基本原则都包括五个方面，[①]但是对于如何在生态环境损害形成之前对生态环境进行事前预防式治理，尚未明确规定。以《环境保护法》为例，对于区域环境保护的指引，虽然在第32条中规定的建立对大气、水、土壤的调查和监测等内容与"事前预防式"生态意识存在一定的相似度，但尚未在总则当中树立政府在从事区域工作时要以"生态优先"作为政府工作的基本理念，导致实践中会出现地方人民政府对于区域生态环境监督、管理不力，造成生态环境损害问题。而这一问题的解决常常依靠区域人民检察院将涉事地方人民政府诉诸法院。通过对环境司法的现实状况进行反思，可以得出，地方政府对于所辖区域内黄河支流生态环境的保护、管理与发展在一定程度上还存在滞后性，政府生态责任中缺乏全面的事前预防式生态意识，致使在区域环境保护中政府不积极甚至漠视，造成了黄河流域生态环境损害的相关后果。从另一个角度看，"事前预防式"生态责任意识的不全面还体现在水资源单项立法活跃的层面上。具体而言，针对黄河流域的水资源单项立法主要是在生态环境产生问题之后，为解决所出现的问题而进行的立法活动，具有一定的滞后性。例如，《黄河河口管理办法》《河南省黄河河道管理办法》等一系列文件的产生，都表现出了"头痛医头，脚痛医脚"的特点，没有将黄河流域生态环境作为一个整体，从"预防"的角度进行流域生态环境保护和管理。

(四)政府生态责任立法缺乏流域特色

全国性生态立法因其要适用于全国生态环境保护、管理与发展当中，无法根据各个地方、各个生态资源的特性进行详细规定，大多为原则性规定。因此，全国性生态立法对于各类生态环境的保护、管理与发展总体起到指导作用，故而不能够全面涉及各类生态环境的具体特性。同时，环境地方立法是推进生态省建设的制度支撑之一，但目前沿黄地方人民政府

---

① 参见《环境保护法》第5条。

的地方性法规及规章难以满足黄河流域保护、管理和发展的流域特殊性要求。黄河流域是一个由河流水系连接的整体性生态系统，流域水资源及其他各种生态资源都是这个整体性生态系统中的一部分，它们之间相互联系、相互制约。从全国性立法状况来看，我国现有的涉水法律基本上是面对全国各类流域，尚未颁布根据黄河流域特点的专门性立法。同时，在现行立法的规定中，存在原则性“强”的问题，对于黄河流域的调控功能存在一定的欠缺。从地方性立法状况来看，沿黄九省（区）人民政府也未颁布针对黄河流域特点的法规或者其他规范性文件，现有的环境立法中涉及地方特色、黄河流域特色的条文数量占比较低。对于黄河流域生态环境的保护、管理与发展主要由《黄河保护法》或者各省（区）制定的环境保护条例和实施《水法》《水土保持法》的相关办法进行规制，虽然法律条文偶有涉及黄河流域，但流域特色不突出，流域独特的生态环境问题解决能力不强。由于黄河流域所处的地理位置、流域范围、生态环境问题、生态资源开发利用要求、社会经济发展等因素不同，目前最缺乏的是根据黄河流域生态环境特点和保护重点制定专门性的流域地方性法规。①

（五）政府生态责任遭受立法体制限制

我国流域立法经历了较长时间的实践，从我国第一大流域——长江流域来看，《长江保护法》的讨论从10多年前开始到2020年年底才正式颁布，成为我国真正意义上的第一部流域统一立法。归根结底，我国流域立法的主要问题是受到管理体制限制。我国《水法》已经明确了我国的水资源管理体制。② 但是，流域管理机构的地位与地方水行政管理机构的关系问题尚未厘清。这在一定程度上导致在具体实践中我国水资源管理体制大多为政府行政管理占据主导地位。具体来讲，面对黄河流域这类大型跨区域流域，沿黄九省（区）的地方人民政府在对所辖区域的黄河支流进行管理时，不同政府、不同职能部门之间存在利益纷争，导致黄河

---

① 参见倪君：《黄河流域政府生态责任立法问题研究》，西北大学2021年硕士学位论文，第26页。

② 参见《水法》第12条。

流域生态环境管理在一定程度上出现了各自为政的现象，阻碍了地方政府生态责任的履行。尤其是出现跨行政区域、跨部门的黄河流域生态问题时，政府行政管理的片面性就显露出来。因此，政府生态责任与流域管理机构责任存在混淆是流域一体化管理落实难的根本所在，法律定位不清晰，亟待厘清地方政府与流域管理机构对于黄河流域生态环境的各项职责，倒逼地方人民政府履行自身的流域政府生态责任。从另一角度来看，地方人民政府水行政主管部门作为法律规定的水资源保护主体，相较于黄河水利委员会的管理职能较为宽泛。作为派出部门的黄河水利委员会在对地方水行政事务进行干预时以及针对黄河流域相关事项颁布相关规章、政策时都存在一定的阻碍和困难。因而，当前立法体制使黄河流域政府生态责任难以有效、全面地履行。①

（六）多层级法律文件之间协调不够

黄河流域生态环境高质量发展，目前面临的最大问题是协调问题。从上位法来看，《宪法》《立法法》规定的地方立法权与地方立法方式，以及《环境保护法》第 20 条、《水污染防治法》第 28 条都规定了重要流域生态环境保护联合协调机制。但在实践中，依然没有打破各行政区域“各自为政”的现状，各地方人民政府只对各自所辖区域的黄河支流生态环境负责，没有形成“联合协调、统一负责”的协同保护状态。从针对黄河流域生态环境保护的立法文件来看，就存在多层级法律文件之间的协调性问题。具体来讲，第一，中央人民政府部委派出机构与地方人民政府水行政主管部门之间的立法协调问题。黄河水利委员会是国务院水利部的下设部门，针对黄河流域具体事项颁布的规定大多属于规章或规范性文件；而沿黄各级人民政府部门颁布的规定属于地方性法规或规章、规范性文件。从法律效力来看，水利部颁发的规范性文件与地方性法规、水利部规章与地方性法规之间，如果对同一黄河流域具体事项都作出规定时，就产生了相应的冲突。例如，当黄河水利委员会发布的规范性文件与地方性法规

① 参见倪君：《黄河流域政府生态责任立法问题研究》，西北大学 2021 年硕士学位论文，第 27 页。

发生冲突时，根据上位法的指引只能适用于地方性法规。因而地方人民政府水行政主管部门依照地方性法规拒绝配合黄河水利委员会的工作时，就会使黄河水利委员会的具体工作无法展开。第二，国家级和地方级生态环境法律文件之间的协调问题。我国之前针对生态环境颁布的立法文件主要包括国家级和地方级两个层级，随着《立法法》的修订，地方立法权扩大、地方立法体系也不断完善，针对黄河流域具体事项的立法文件从之前的两级立法扩展到目前的三级立法。但是其中存在的主要问题就是，如何厘清三级生态立法的功能问题？如何通过协调这三级立法的适用，进一步对黄河流域生态环境进行"补差治理"。例如，从"国家法律—省人大条例—设区的市人大条例"这一立法体系来看，省级人大颁布的条例对于上位法的细化部分较多，留给设区的市人大继续细化上位法的空间不大，没有足够的新内容支撑一部新的综合性立法。在一定程度上导致设区的市级人大在针对具体环境资源创建新的条例时，这三级法律法规当中的一级法律存在被替代、被架空的情况。在面临目前这种多层级之间的法律文件时，三者如何进行协调，法律尚未明确。故而，我们应当考虑如何通过立法对已有的规定进行协调式的"补差运算"，使涉及流域保护的相关政府生态责任的规定都能真正发挥作用，而不是无法协调、相互掣肘。①

（七）政府生态责任立法不够精细

其他规范性文件中对于黄河流域一体化管理政府生态责任的规定较为宽泛，沿黄九省（区）地方环境立法中的多数内容与上位法大同小异，难以针对所辖区域内黄河支流的流域生态特色进行规定。具体表现为：其一，尚未明确地方各级人民政府采取何种方式进行环境质量提升，②需要地方人民政府在地方性法规中加以明确。但地方人民政府如果不据此制定环境保护细则，就会因为法律没有明确规定等问题，导致法律操作性不强。其二，在"大气污染防治十条措施""水污染防治行动计划""土壤

---

① 参见倪君：《黄河流域政府生态责任立法问题研究》，西北大学2021年硕士学位论文，第28页。

② 参见《环境保护法》第28条。

污染防治行动计划”中，仅笼统地规定区域大气、水、土壤等生态资源由地方人民政府负总责，对于通过何种方式、何种手段负责却没有详细规定。这在一定程度上就要求地方人民政府根据地方生态环境特色进行适当的地方性立法，补齐全国性立法漏洞。其三，沿黄九省（区）对于各省（区）实施《黄河保护法》《水法》的办法中，大多将区域内的水资源管理分为“省—市—县”三级，但对这三级人民政府对域内水资源管理的具体负责事项尚未明确，仅规定省市人民政府进行水资源的统一领导，县级人民政府具体负责水资源的管理与监督。但是从司法实践来看，区域内的水生态资源在遭受破坏时，人民检察院都是以县级人民政府作为起诉的对象，要求他们履行对水资源监督和管理的职责，一定程度上忽略了省市两级人民政府对区域内水资源整体的领导和监督职责。其四，法律条文多规定跨流域生态环境管理、保护工作由涉及的地方人民政府进行协商治理。[①] 但对于黄河流域生态环境问题如何协调或者协商以及具体协调或协商程序均未加以明确，一定程度上导致了地方人民政府在具体的生态执法中出现互相推诿的现象。

（八）政府生态责任立法位阶较低

我国黄河流域立法的体系基本分为《黄河保护法》和水资源单项立法两个部分。从现行流域立法状况来看，针对黄河流域具体情况的高位阶立法较少，低位阶立法较多。其一，从全国性立法来看，《黄河保护法》及水资源立法的规定概括性较强，对于黄河流域生态环境保护、一体化管理具有高位性和统筹性，但缺乏地域性与实践性。例如，《宪法》尚未规定对黄河流域甚至是对国家重要流域的宏观规定；《黄河保护法》从流域整体性的视角对政府生态责任进行了部门化处理，但并未明确流域管理机构与地方政府部门生态责任的履行方式；《环境保护法》从整体生态环境的角度进行立法，没有真切、实际地考虑到黄河流域生态环境保护的问题；《水法》虽然规定了流域体制模式，但却缺乏具体的实施细则，导致在流域管理中，地方人民政府所拥有的区域行政管理权扩大，而流域管理机

① 参见《环境保护法》第20条、《水法》第56条、《水污染防治法》第31条。

构的作用无法有效发挥;《水土保持法》《防洪法》《渔业法》等法律也都是从各自生态资源角度进行立法;沿黄九省(区)的各级人民政府也是从所辖区域水资源、水土保持等角度进行立法。其二,从流域性和地方性立法来看,针对黄河流域生态环境保护、管理的立法文件位阶较低。针对黄河流域事项的立法文件大多为地方级立法文件。这些文件的颁布在一定程度上解决了黄河流域一体化管理中的具体事项,但其立法位阶远远低于基本法律。同时,由于部门立法和地方立法受到自身权限的限制,针对跨行政区域、跨部门的流域生态问题无法提供相应的制度支撑。实践中发生跨行政区域、跨部门的流域生态问题时,大多上报上级部门或者国务院裁决。但是,此种办法在上报、等待裁决的过程中,流域生态环境无法得到及时的治理会引发更大的损害。因此,黄河流域生态环境保护、一体化管理急需上位法或者统一的流域性立法加以明确,否则流域立法在实践中难以贯彻执行。①

(九)政府生态责任立法用语含糊

立法活动的成功开展离不开良好的立法技术支撑。一部良法,上至立法结构的布局,下至法律内容的文字都与立法技术息息相关。在依法治国和社会主义法治发展的大背景下,要想通过法律系统对流域生态环境进行良好治理,必须从立法质量入手。而在对立法质量进行改善时,立法技术是这项活动中的重要抓手。综观黄河流域地方性环境立法文件,其功能主要是细化上位法,使上位法在地方环境实践中能够更加具体,具有更强的可操作性。但实际情况却与预想大相径庭。目前,由于地方性环境法律对上位法的重复,在原则、法律表述上较为含糊,成为地方性环境法律文件立法技术方面存在的最突出问题。例如,《环境保护法》第三章(保护和改善环境)多项法律条文包含了“采取措施”“限期达标”“合理开发”等表述,但对于采取何种措施、期限限制为多久、合理程度界定等都尚未明确。又如,法律规定跨行政区域的水污染纠纷通过协商解决,但

① 参见倪君:《黄河流域政府生态责任立法问题研究》,西北大学2021年硕士学位论文,第29页。

尚未明确协商的原则、程序等内容，以致在环境执法实践中，出现“不认账”“互相推卸责任”的现象。[①]

（十）政府生态责任立法体例重复

《立法法》对立法技术的规定具有较强的规则性，法工委颁布的《立法技术规范（试行）（一）》和《立法技术规范（试行）（二）》对地方性立法也只有一定的指导性，同时部分省份针对自己所辖区域的立法状况提出了相应的技术规范。但是自《立法法》实施以来，随着地方立法权的扩大，对于黄河流域具体事项的规定集中在大量的地方立法文件之中，对地方性立法技术提出了一定的挑战。通过对黄河流域生态环境立法文件的整体检视，笔者发现，黄河流域一些地方立法在体例方面都存在大量重复问题。立法重复又有广义和狭义之分，广义的立法重复指下位法对上位法内容、体例、结构的重复以及同位阶立法之间的重复（立法抄袭），狭义的立法重复仅指下位法对上位法的内容、体例、结构的重复。黄河流域政府生态责任立法重复问题主要包括：第一，从同位阶立法内容来看，沿黄地方人民政府的地方立法相互之间大量重复，“相互借鉴”过多，相似性极高。例如，《青海省实施〈中华人民共和国水法〉办法》第 6 条与《甘肃省实施〈中华人民共和国水法〉办法》第 4 条之间存在明显的重复，并未针对青海省和甘肃省各级人民政府对于黄河干流管理的实际情况进行具体规定。第二，从不同立法位阶的立法内容来看，有些地方立法文件重复上位法立法文件，立法结构近乎一致。比如，《甘肃省水土保持条例》第 9 条与《水土保持法》第 10 条几乎一致；《兰州市大气污染防治条例》与《大气污染防治法》在立法体例上大致相同，没有明显的创新之处。综观黄河流域生态地理分布，黄河流域跨越我国东、中、西三个板块，不同地域的黄河支流所存在的生态问题也因所处自然条件、社会经济发展、文化习惯的不同，产生了不同的生态环境问题。但是在地方性立法当中，对于这些具有特色的生态环境问题尚未有明确的规定。黄河流域生态立法重复问题危害严重。一方面，削弱了地方环境立法的价值，导致在解决流域生态事

---

① 参见《水污染防治法》第 31 条。

项时,可以“跳过”地方环境立法,直接使用效力更高的上位法;另一方面,破坏上位法的“威信”。在二者趋同的情况下,地方环境行政机关优先选择使用地方性立法,这在一定程度上影响上位法的适用。地方人民政府对于本区域生态环境的实际情况调查研究和分析论证不足,既不能切实解决地方环境具体问题,又影响当地乃至全国环境法治状况。[①]

四、黄河流域政府生态责任立法构建

(一)深化科学的生态立法思维

“思想决定行动”,人的行为总是受到思维的影响。针对黄河流域政府生态责任而言,立法主体的立法理念对于黄河流域生态立法至关重要,即采用何种立法理念,就会产生何种立法内容。对于政府生态责任的规制,“制度供给”是作为一种刚性的引导在发挥作用。要解决黄河流域生态环境这一难题,相关立法主体必须转变以往固有的立法思维,以法治思维对黄河流域一体化管理提供制度保障。因此,将科学的生态立法理念贯穿到制度的“刚性引导”当中迫在眉睫。换句话说,如果没有这种科学生态理念的“刚性引导”,而仅仅通过笼统的法律条文进行“软约束”,那么政府生态责任的落实之日将遥不可及。因此,坚持科学的生态立法思维要做到以下两个方面。一方面,在规制政府生态责任的上位法中树立生态价值优先的立法理念,有助于地方人民政府在根据上位法要求、区域特色等制定下位法、政策等文件时,受到上位法的指引,在下位法的立法理念中树立生态优先的立法理念,同时将生态优先的观点纳入本级政府的各项方针政策当中,在面对区域经济、区域文化、区域生态环境的建设中,确立科学的、合理的经济、社会、生态发展目标,在履行流域政府责任时也能以生态优先作为政府工作的根本价值取向。同时,建议修订《环境保护法》第6条,明确政府生态责任的具体内容:地方人民政府对区域环境质量、环境立法、环境治理、保护和发展负责。另一方面,针对黄河流域

① 参见倪君:《黄河流域政府生态责任立法问题研究》,西北大学2021年硕士学位论文,第31页。

的地方人民政府在进行流域生态环境保护时应当摒弃“经济发展是区域发展的第一位”的理念，在地方立法中明确生态优先的原则。简单来说，流域政府要以生态环境保护优先，在解决好黄河流域生态环境问题的前提下，发展地方生态经济，这也是黄河流域的相关地方政府对更好地践行“建设美丽中国”愿景的重要响应。

(二)突出生态立法的独立价值

目前，我国生态环境保护立法已经具备基本的体系，但是这些相关环境法律文件大多从宏观的角度对环境进行保护和管理，虽然说能够解决一般性的环境问题，但从其立法原则来看，没有突出生态立法的独立价值。在依法治国和社会主义法治大发展的背景下，推动黄河流域生态环境高质量发展，突出生态立法的独立价值必不可少。何为生态立法的价值？笔者认为，从“社会—生态”双重角度出发，以实现人与自然、人与环境、人与生态的和谐发展为目标，注重经济社会对生态的影响以及生态对经济社会的“反哺”，重视生态保护责任的践行是生态立法的重要价值。在现有的黄河流域环境立法当中突出生态立法的独立价值，要做到如下两个方面：首先要在立法原则中明确以“生态优先”作为环境立法的首要原则。“生态优先”具体是指面对“经济—生态”二者之间的发展时，将生态环境的完整性、生态功能的全面性、生态系统的健康性作为优先考虑的因素。同时，将“生态优先”作为环境立法的首要原则，是将这一原则贯穿于黄河流域一体化管理的价值体系当中，促进生态环境管理主体将“生态优先”作为日常工作的价值追求与工作基准，体现了国家法律对于生态环境保护的决心和目标。例如，《俄罗斯联邦环境保护法》就直接规定自然资源是人民可持续发展的基础，①将生态优先原则贯彻到底。因此，我国想要明确地突出生态优先原则的独立立法价值，激发黄河流域地方人民政府及其环境主管部门积极履行生态责任，就要在上位法中，明确“生态优先”原则。其次，将“生态优先”原则规定在全国性效力等级的法律当中。我国生态环境保护的龙头立法文件当属《环境保护法》。应当在生态环境

① 参见于文轩：《生态法基本原则体系之建构》，载《吉首大学学报(社会科学版)》2019年第5期。

保护的龙头立法文件中明确“生态优先原则”,扬弃现有的“协调发展方式”,将生态环境作为区域发展的第一要素,让生态环境与经济社会两方面的发展齐头并进。

(三)侧重事前预防式生态立法思路

对于这种脆弱且复杂的黄河流域生态系统在采取事先预防和事后救济相结合的立法模式之上,应该进一步侧重事前预防式的生态立法思路。事前综合预防的规定主要包括对黄河流域生态环境的管理、调研、监督等内容,要求沿黄九省(区)地方人民政府及其环境主管部门对所辖区域的黄河支流进行日常评估、积极调研、加强监督,对于黄河流域生态环境将要出现的损害,在预防阶段就积极采取环境技术手段,阻止生态环境损害后果进一步扩大。同时,倡导沿黄九省(区)地方人民政府建立地方性黄河流域生态环境损害发生的日常性预防机制。日常性预防机制就是政府要求相关单位或经营者及时提交生态损害威胁的相关信息,并要求或指导他们采取有效的预防措施。[①] 通过在地方性环境立法中,明确日常性预防机制的主管部门、时间节点、预防手段等事项,推动黄河流域生态环境“预防性”的保护和管理。具体而言,要求地方人民政府环境主管部门对黄河流域沿岸企业或经营者进行前期调研、终身监督,建立“日常汇报机制”,要求沿岸企业或经营者按日、按月、按季、按年上报排污情况、环境污染物处理情况,等等,及时提供有关黄河流域生态环境损害信息,有关环境部门在收到信息后,及时予以指导或要求相关人员采取必要的预防措施,有效阻止黄河流域生态环境损害的发生或扩大。[②]

(四)增加生态立法特色

生态特色是黄河流域环境立法的重中之重,同时也是检验沿黄地方人民政府立法能力的关键指标。黄河流域环境立法的亮点在于突出流域生态环境特色,彰显流域立法特点和立法技术水平。因此,完善黄河流域

---

① 参见竺效:《论生态(环境)损害的日常性预防》,载《中国地质大学学报(社会科学版)》2018 年第 2 期。

② 参见倪君:《黄河流域政府生态责任立法问题研究》,西北大学 2021 年硕士学位论文,第 34 页。

政府生态责任要做到提升生态立法的黄河流域特色。具体要做到以下三点：第一，紧抓黄河流域生态特点。要做到这一点，就要求在《黄河保护法》高位指导的前提下，地方人民政府要对黄河流域进行一体化管理，可以通过对所辖区域内流经的黄河支流进行调查分析，研究所辖区域黄河支流的生态立法需求，结合该区域的流域生态环境实际情况，有针对性地进行立法。黄河流域生态环境特色与流经区域的自然环境情况、经济发展状况、文化习惯、历史背景等都息息相关。沿黄各地方人民政府在不违反上位法的情况下，坚持以区域黄河支流存在的环境问题为导向，在地方环境立法中，对所辖区域黄河支流的生态环境问题进行制度回应，既能实现地方环境管理的特色，又能激发黄河流域生态环境高质量发展。第二，针对黄河流域整体生态环境进行专门性立法。对流域进行有针对性的专门立法，不仅在国际流域管理中取得了良好的成效，在我国也有良好先例。以淮河流域一体化管理为例，中央人民政府针对淮河流域污染情况，颁布了《淮河流域水污染防治暂行条例》，该条例站在淮河流域的整体性上，统筹淮河流域各项发展和管理，涵盖淮河流域水资源保护和水污染防控的各类事项，明确了淮河流域管理机构，并要求沿淮四省人民政府按照统一规划，对本区域内的淮河流域生态环境负责，在签订目标责任书的基础上，将这项工作纳入干部政绩考核当中，这一举措成功地把淮河流域管理纳入法治体系，取得了良好的效果。第三，完善现有的立法论证机制。目前，涉及黄河流域生态环境保护、管理的法律文件大多为地方性立法文件，这些文件的质量相较于国家法律文件而言具有一定的不足之处。通过完善现有立法论证机制的方式，推动地方性环境立法文件的质量提升，并且在论证的每一个环节中，积极把握沿黄地方性立法文件对于黄河流域生态环境的特色保护与管理，因地制宜地突出黄河流域生态环境特色，找出黄河流域生态环境立法的关键症结所在，进一步完善相关的地方环境立法，是提升黄河流域生态特色立法的重要抓手之一。

（五）理顺黄河流域环境立法体制

第一，明确地方人民政府对于黄河流域一体化管理的生态责任。地方人民政府作为对区域环境负总责的责任主体，对所辖区域内的一切生态环境要素都负有义不容辞的责任。所辖区域内的流域作为生态环境中的重要一环,对区域生态环境的发展、建设都有非常重要的平衡作用。《黄河保护法》第6条明确了黄河流域地方人民政府的生态责任的相关内容。笔者认为,根据黄河流域生态环境现状,地方人民政府对于黄河流域生态责任在“生态环境、资源、产业、生态安全”这四方面具有责任外,还对所辖区域内的黄河支流现存生态环境问题的管理和恢复负有一定的责任。第二,厘清黄河流域管理机构与沿黄地方水行政管理机构的关系。黄河水利委员会主要对黄河流域水资源保护的相关事项负责,而沿黄地方人民政府作为国务院政策、命令的具体执行者、落实者,应当对国务院及其部委有关黄河流域的各项规定进行落实。例如,沿黄地方水行政主管机构应当具体负责黄河流域河道、湖泊的管理,严格实行河湖保护。第三,提升黄河流域管理机构在黄河流域生态环境保护和管理中的地位。此处所说的“提升地位”,并不是将黄河水利委员会营造成一个拥有无限大权力的机构,而是提升其在黄河流域生态环境保护、管理和发展中的协调作用。换句话说,是作为一个协调、组织、牵头的机构,对沿黄九省(区)的黄河支流生态环境予以事务协调,统筹发展。国际上对于流域综合管理机构的模式适用,已经取得了良好的成效。例如,美国田纳西河流域管理局就成功解决了田纳西河流域水土流失、生态环境退化等问题。① 这一成功案例就是在制定美国《田纳西河流域管理局法》的基础上,将田纳西河流域管理局设立为专门流域管理机构,使其对田纳西河流域进行生态环境协调管理。因此,要解决黄河流域生态环境问题,应进一步提升黄河水利委员会的地位,使其上升为流域专门性协调机构,统筹规划流域各类资源,协调各方管理与保护利益,具体对沿黄九省(区)地方人民政府所辖区域内的黄河支流的保护与管理提供指导。

(六)加强黄河流域环境立法协调

黄河流域生态环境的复杂性和跨区域性要求我们在对黄河流域生态

---

① 参见张艳芳、石琰子:《国外治理经验对长江流域立法的启示——以美国田纳西流域为例》,载《人民论坛》2011年第5期。

环境进行保护、管理时采取系统化保护模式,即对涉及黄河流域生态环境保护、管理的法律、规范性文件进行全面整合,统一沿黄九省(区)的生态立法理念、流域环境规划、流域环境质量标准等,加强黄河流域环境立法协调性,构建统一的黄河流域环境保护法律体系。首先,黄河流域环境立法的协调性可以通过沿黄九省(区)的协同立法进行改善。目前,黄河流域生态环境高质量发展的关键症结在"协同问题"之上。"如何协同"成为推动政府生态责任建设亟待解决的立法问题。要解决这一问题,可以从两方面入手。一方面,沿黄九省(区)进行协同立法。从我国法律基础来看,《宪法》《立法法》《环境保护法》已经明确了环境保护协同立法,同时也将环境标准制定权赋予省级人民政府。从外国环境立法来看,州际协定(美国)、跨区域政府联合制度(日本)都为我们提供了成功的跨区域的生态环境保护经验。另一方面,黄河流域生态环境的整体性和系统性决定了沿黄九省(区)必须进行流域一体化管理,对黄河流域生态环境的各类问题进行联合治理。这在我们国家也有一定的先例。例如,《长江保护法》规定建立长江流域协调机制。① 其次,明确黄河流域管理机构的法律地位。从美国密西西比河管理的成功经验来看,密西西比河流域管理机构在流域一体化管理中发挥着巨大作用,其中,独立的流域管理权与构建流域跨区域之间协调机制为密西西比河的开发和管理提供了巨大效率。因此,提高黄河水利委员会的法律地位,使其对黄河流域水环境发挥跨区域之间的协调作用。沿黄九省(区)地方人民政府在黄河水利委员会的组织、牵头下,尽快对所辖区域内的黄河支流生态环境问题进行梳理、整合,上下游、左右岸、干支流的人民政府进行集中讨论、统筹规划,黄河水利委员会对黄河流域问题进行协调,推动沿黄九省(区)针对黄河流域生态环境存在不同问题进行协同立法。②

(七)提高生态立法的可操作性

在依法治国的大背景下,中国特色社会主义法律体系基本建成,《中

---

① 参见《长江保护法》第4条。

② 参见倪君:《黄河流域政府生态责任立法问题研究》,西北大学2021年硕士学位论文,第36页。

共中央关于全面推进依法治国若干重大问题的决定》明确了我国未来法治发展方向是“推进立法精细化”。目前，我国黄河流域生态立法存在流域立法质量、立法可操作性的问题。因而，加强“生态立法”的可操作性是推进立法精细化在流域生态环境保护、管理中对依法治国的具体回应，同时也是解决黄河流域生态立法质量问题的抓手之一。具体而言：第一，关键条款责任明确。确保关键的责任条款具有明确的责任主体、行为模式指向以及可操作性，在《黄河保护法》高位指导下，通过颁布地方性法规对黄河流域生态环境保护、管理不同层级的相关政府生态责任进行逐项配置，防止政府生态责任的缺位、错位，避免在“共抓大保护”中出现政府间、部门间的“推诿扯皮”。第二，关键条款内容细实，具有较强的可操作性。对于全国性环境立法来说，因其所调整的环境法律关系多样，条款原则性强是其立法特征之一。沿黄九省（区）的地方人大在制定本区域环境规范时，应当针对黄河流域生态环境现状、产生的问题等，细化上位法中的原则性规定，明确政府生态责任的内容、范围、权力及义务，明确地方人民政府及相关部门的生态职责，让政府生态责任真正地“落地生根”。例如，《苏州市阳澄湖水源水质保护条例》第 12 条至第 19 条就明确列举了保委会、保委办、相关政府、市环境保护行政主管部门以及其他多个部门的流域生态职责。

（八）统筹政府生态立法位阶

黄河流域生态系统以流动的水为主要承载内容，要对其进行保护必然要站在全流域的立场进行控制，它的整体性就要求立法者在对黄河流域相关事项进行立法时，必须将黄河流域整体作为完整、独立的立法客体进行统筹规范和调整。但是，实践中沿黄流域立法在主体、内容上存在一定的多元性，沿黄九省（区）地方人民政府处在黄河流域不同的上下游、左右岸、干支流的位置之上，其颁布的地方性立法文件大多是针对所辖区域内容的黄河支流，无法适用于黄河流域整体。同时，也出现了一些黄河流域管理机构与沿黄地方人民政府对同一事项规定相互冲突的问题。究其根本，是由于立法位阶不清晰造成的。要解决这一问题，可以通过以下两种方式。首先，制定统一的黄河流域保护立法。国外对此已经有了成功案例,如美国《田纳西河流域管理局法》、英国《水环境(水框架指令)(诺森比亚和索尔威特威德河流域区)(修订)规例》等。统一立法在一定程度上既能解决黄河流域政府生态责任位阶冲突问题,也能着眼于黄河流域生态环境整体进行保护。其次,及时将生态政策的成熟做法上升为地方性法规,形成高位阶立法。国家赋予地方对于环境保护进行立法的目的是进一步下放权力,丰富地方管理手段,扩大地方立法权。因此,在国家尚未制定黄河流域专项法律时,沿黄九省(区)地方人大可以对所辖区域黄河生态环境问题通过地方生态政策先行的方式进行保护和管理。根据地方生态政策的试行,将成熟的做法及规定上升为地方性法规,既能对黄河流域生态立法进行相应补充,也能在一定程度上提高黄河流域生态立法位阶。

(九)加强生态立法的规范性

地方环境立法一般是为了解决某一环境事项,不需要盲目地“求大求全”,对照上位法的所有条文款项,照抄照搬的方式是不可取的。解决黄河流域政府生态责任立法技术问题,具体要做到以下两点:第一,从立法结构层面而言,要从名称、目录、结构三个方面的技术上加以调整。首先,立法名称应该简洁明了,准确表达出该环境立法的适用范围、调整的法律关系、效力等级等。例如,《陕西省河道管理条例》,以“陕西省”表明其具体适用范围,以“河道管理”表明调整的法律关系,以“条例”表明由陕西省人大或其常委会通过的地方性法规的等级。其次,立法目录应该详略得当,将内容大致概括,使人一目了然,能够迅速精准定位。最后,在立法结构方面,要根据“章、节、条、项”进行编撰,同时,要将上位法中已经明确的事项进行地方性特色细化,尚未明确的事项进行地方性特点明确。尽量在遵循上位法内容的前提下,融入地方环境问题特点并细化出责任主体、解决办法等事项。第二,从立法语言层面而言,要准确、简练、全面地表达环境法律条文的内容。准确,就是要求立法者在对环境问题进行立法时,选择合适的字、词、句表达自己的意图,要能够让普通公民在了解法律时一目了然,快速理解法律指引的方向、警示的内容、预测的后果等。简练,就是要求法律条文的语言不能出现重复赘余,同一部法律当中的同一内容保持前后一致。如此而言,不仅有助于普通公民理解法律,也有助于环境立法的进一步实施,提高环境立法的权威性。全面,就是要求立法者在进行环境立法时能够做到严谨周全,在进行环境问题立法时,能够站在全局的立场,统筹单个环境法律问题的全面性。[①]

(十)避免立法体例重复现象

从国家现代化管理模式层面来看,立法先行是法治化的重要抓手。如何进行立法?“立好法,立有质量的法”是我国当前法治化的重要趋势,这在一定程度上也对地方立法技术提出一定的挑战。国家上位法对地方性立法提供原则和指导,地方立法则是对国家上位法的细化适用,这样也是我国法治体系精细化发展的路径之一。坚持“问题导向”原则是国家对地方性环境立法的重要要求,即不能完全依赖上位法,照抄上位法的结构、框架,重复其他省份的相似立法内容,坚持以所辖区域内容生态环境实际问题为立法导向。突出“流域特色”的地方性,流域性环境生态立法才能使国家现代化治理有效地深入流域管理当中。避免重复的生态立法就是要求沿黄地方立法要具有“地方特色”,对于黄河流域生态立法而言,就是要具有“流域特色”。黄河流域上下游、干支流、左右岸面临的生态环境的差异性,决定了沿黄九省(区)不同地区人民政府要解决的生态问题不同。要避免重复的生态立法现象,沿黄九省(区)地方人民政府在遵循上位法原则的基础上,要对所辖区域内的黄河支流进行深入调研,“流域性”是激发地方人民政府对黄河流域生态立法活力的源泉之一,同时也是沿黄九省(区)地方人民政府履行政府生态立法责任的重要指引。沿黄九省(区)在流域条件、经济基础上的差异导致了各区域在流域发展的重点上也存在一定差异。因此,地方立法作为现代化地方管理的重要手段,可以对流域发展方向作出针对性规定,突出地方管理对黄河支流的“流域性特征”,减少一定的生态立法重复现象。具体而言,沿黄地方人民政府作为生态环境的“责任人”,对于黄河流域生态环境有着重要的责

---

① 参见倪君:《黄河流域政府生态责任立法问题研究》,西北大学2021年硕士学位论文,第39页。

任，在对所辖区域的黄河支流进行保护、管理和发展时，可以将地方特点和流域特点相结合，对黄河支流重点生态资源进行保护，确保黄河支流的可持续发展。例如，我国苏州市严格限制阳澄湖水产的规模养殖，[①]保证了阳澄湖流域的可持续发展。对于黄河流域而言，要严格规制上游水源破坏行为、黄河沿岸破坏河道堤坝行为和水资源开发利用问题。

① 参见《苏州市阳澄湖水源水质保护条例》第23条。

第二章 立足本国：中国流域一体化管理的相关法律梳理及评析

从我国目前的流域管理法律状况来看，我国流域一体化管理内容主要集中于《长江保护法》《黄河保护法》，其他江河流域还没有专门、统一的流域性管理法，其管理内容散见于《水法》《水污染防治法》《防洪法》等涉水法律、法规中。另外，我国立法体制分为中央和地方两个层次，每个层次又有不同的级别，所以对流域管理的相关法律梳理和评价按照国家层面和地方层面分级别进行。

第一节 国家层面流域管理的法律、行政法规梳理及评析

一、法律中关于流域管理的规定及评析

中国现行主要的水法律包括《水法》《防洪法》《水土保持法》《水污染防治法》，流域性法律包括《黄河保护法》《长江保护法》，主要水法规包括《防汛条例》《河道管理条例》《城市供水条例》《取水许可和水资源费征收管理条例》《蓄滞洪区运用补偿暂行办法》等。

其他领域的涉水法律有《环境保护法》《土地管理法》《农业法》《城乡规划法》《矿产资源法》《电力法》《可再生能源法》《草原法》等。[①]

（一）《水法》有关流域管理的规定

《水法》自1988年7月1日起实施，先后于2002年、2009年、2016年修订，现行《水法》共8章82条。《水法》有26条是关于流域管理或者流域管理机构职能方面的规定。《水法》第12条规定："国家对水资源实行流域管理与行政区域管理相结合的管理体制。国务院水行政主管部门负责全国水资源的统一管理和监督工作。国务院水行政主管部门在国家确定的重要江河、湖泊设立的流域管理机构（以下简称流域管理机构），在所管辖的范围内行使法律、行政法规规定的和国务院水行政主管部门授予的水资源管理和监督职责。县级以上地方人民政府水行政主管部门按照规定的权限，负责本行政区域内水资源的统一管理和监督工作。"《水法》首次为流域管理机构进行水资源开发利用、水事纠纷统筹监管、水污染防治提供了基本的法律依据，这对我国流域水资源一体化管理具有举足轻重的影响。然而，流域管理机构在我国仍然处于比较尴尬的地位，虽然近些年来各大流域管理机构在流域管理过程中发挥了重要的作用，推动流域一体化管理和规划的工作取得较大进展，但其法律地位一直未被相关法律正式明确承认。《水法》还进一步明确了有关流域管理的6项基本制度，包括取水许可制度、水资源有偿使用制度、饮用水水源保护区制度、河道采砂许可制度、用水实行计量收费和超定额累进加价制度、用水总量控制与定额管理相结合制度，使流域管理机构在流域一体化管理方面的各种职责更加清晰，且各项具体措施也更加容易实施。所以，《水法》是对流域管理机构职能规定较系统、对流域治理法律地位规定较确切的一部法律。

虽然前述重点论述了《水法》关于流域管理的规定，但是依然存在一些不足。例如，《水法》专门用第二章规定了"水资源规划"，更加体现了

---

① 参见王璐璐：《论我国流域治理规划法律制度的完善》，西北大学2019年硕士学位论文，第11页。

全面规划、统筹兼顾的政策,并具体规定规划的分类和从属关系。规划分为流域规划和区域规划,“流域规划包括流域综合规划和流域专业规划;区域规划包括区域综合规划和区域专业规划”,“流域范围内的区域规划应当服从流域规划,专业规划应当服从综合规划”。可以很明确地看出,我国《水法》只是简单地规定了规划的主体,但是对于规划任务的下达、规划的编制程序、规划编制的资质管理、规划的协调和审批、规划的批准和执行、规划的实施与监督管理、规划的滚动等方面的管理制度不完善、机制不健全、管理责权不明确,规划工作存在无序无章问题。许多规划已经时隔多年,流域的资源环境形势发生了很大变化,也没有更新,缺乏对流域水事行为的指导;许多规划缺乏对规划人员资质的管理,规划质量不高;许多规划编制完成以后,规划审批主体不明,等等。《水法》规定:“专业规划由县级以上人民政府有关部门编制,征求同级其他有关部门意见后,报本级人民政府批准。其中,防洪规划、水土保持规划的编制、批准,依照防洪法、水土保持法的有关规定执行。”①

综上可知,对于流域规划与区域规划、综合规划与专业规划之间的相互关系以及各类规划编制进行的程序,《水法》进行了初步界定。但无论是《水法》,还是其他相关涉水法律,对涉水行业的规划如何与水规划进行衔接协调,如何履行法定程序规定并不严格和完善。因此,存在许多涉水行业的规划和区域水规划脱节或不协调的问题。

对于流域规划较为明确的规定是1997年颁布的《江河流域规划编制规范》和2015年颁布的《江河流域规划编制规程》。前述规范和规程都较具体地规定了流域综合规划和流域专业规划,但其只是水利部发布的规范,法律效力较低、规定较为简略,更主要的是它们是一种技术规范,对于规划的衔接、实施程序、制定主体、监督和追责也没有相关规定。②

---

① 王璐璐:《论我国流域治理规划法律制度的完善》,西北大学2019年硕士学位论文,第11页。

② 参见王璐璐:《论我国流域治理规划法律制度的完善》,西北大学2019年硕士学位论文,第12页。

（二）《黄河保护法》有关流域管理的规定

《黄河保护法》关于流域管理的规定从流域整体性的立场对流域立法和执法进行了地域化和部门化处理。《黄河保护法》第 5 条第 2 款规定："国务院水行政主管部门黄河水利委员会及其所属管理机构，依法行使流域水行政监督管理职责，为黄河流域统筹协调机制相关工作提供支撑保障。"指出黄河水利委员会对黄河流域生态环境保护与高质量发展具有监督管理职责。第 35 条第 2 款规定："生产建设单位应当依法编制并严格执行经批准的水土保持方案。"指出生产建设单位作为流域管理的重要参与主体，其生产建设的合法性与合理性对于黄河流域管理效果具有重要影响。《黄河保护法》吸纳现行水资源管理法律、法规和规章的规定及其实施经验，针对黄河流域生态系统的特殊性，对流域一体化管理进行了具体规制。但是，仍然存在一些不足之处。

第一，《黄河保护法》规定黄河水利委员会职权分配的条款虽然很多，但更多是基于黄河流域一体化管理理念，从生态环境治理、社会经济发展等立场推进黄河流域的生态文明建设。因此，它并没有对黄河流域水土保持、水污染防治等专项治理的理念原则、机构设置、配套机制、法律责任等方面进行专门性法律规定，也缺乏对黄河水利委员会及其下属流域管理机构在流域一体化管理体系中的法律地位和职能权限的明确规定。

第二，《黄河保护法》第 33 条第 2 款规定："黄河流域县级以上地方人民政府应当组织推进小流域综合治理、坡耕地综合整治、黄土高原塬面治理保护、适地植被建设等水土保持重点工程，采取塬面、沟头、沟坡、沟道防护等措施，加强多沙粗沙区治理，开展生态清洁流域建设。"事实上，黄河水利委员会自 1946 年设立开始，一直在黄河流域生态环境保护与水土流失治理工作中承担着重要职责：测定黄河流域水土流失实时数据，指导与实施黄河流域水土保持标准设计，以及对治理主体进行环保督察等。但是，《黄河保护法》的这一规定体现了其对于黄河水利委员会法律定位规定的忽视，不利于克服黄河流域一体化管理的缺陷和弊端。

第三，《黄河保护法》第 70 条规定："国务院有关部门会同黄河流域省级人民政府加强对龙羊峡、刘家峡、三门峡、小浪底、故县、陆浑、河口村等干支流骨干水库库区的管理,科学调控水库水位,加强库区水土保持、生态保护和地质灾害防治工作。”这一规定将黄河水利委员会排除在黄河流域骨干水库库区的管理之外,在理论和现实上都不合理。[①]

(三)《长江保护法》有关流域管理的规定

2020 年 12 月 26 日,全国人大常委会发布了《长江保护法》,为长江流域一体化管理体系的建立运转与统筹提供了权威指导。《长江保护法》第 78 条规定:“国家实行长江流域生态环境保护责任制和考核评价制度。上级人民政府应当对下级人民政府生态环境保护和修复目标完成情况等进行考核。”将生态环境保护责任纳入政绩考核,建立一体化管理目标既有利于政府部门对长江流域生态环境保护工作统筹监管,又能够保证政府执法体系的高效运转。《长江保护法》第 17 条规定:“国家建立以国家发展规划为统领,以空间规划为基础,以专项规划、区域规划为支撑的长江流域规划体系,充分发挥规划对推进长江流域生态环境保护和绿色发展的引领、指导和约束作用。”自然资源法治需要与科学进行良性互动,[②]流域管理法律制度也是如此。科学合理的规划是长江流域一体化管理体系高效运转的重要前提,做好流域综合规划与专项规划的衔接,实现公众对流域规划全流程的高度参与,是生态文明在流域一体化管理领域的重要实践。

我国法律体系中,长江流域管理主体责任分配的规定并不完善,体现在以下两个方面。第一,长江流域一体化管理主体权责划分不清。《长江保护法》第 28 条第 1 款规定:“国家建立长江流域河道采砂规划和许可制度。长江流域河道采砂应当依法取得国务院水行政主管部门有关流域管理机构或者县级以上地方人民政府水行政主管部门的许可。”该法条明确了流域管理机构对于长江流域采砂规划和许可制度的监督管理职责。但

---

① 参见刘志仁、王嘉奇:《黄河流域中上游水土保持法律制度研究》,载《干旱区资源与环境》2022 年第 11 期。

② 参见许胜晴、胡德胜:《基于生命共同体理念的自然资源法治建设——关联的视角》,载《长江流域资源与环境》2020 年第 11 期。

法律规定对于长江流域采砂规划和许可制度中流域管理机构规定不完善、职权划分不清,致使流域管理机构与水行政主管部门职权冲突矛盾、出现争抢或推诿治理权责的问题,严重阻碍了流域一体化管理目标的实现。第二,长江流域一体化管理主体的法律定位模糊不清,尤其是对长江水利委员会及其下属流域管理机构在流域一体化管理体系中的职责没有确切规定。《长江保护法》第30条第2款规定:“国务院水行政主管部门有关流域管理机构或者长江流域县级以上地方人民政府水行政主管部门依据批准的水量分配方案,编制年度水量分配方案和调度计划,明确相关河段和控制断面流量水量、水位管控要求。”水量分配作为水资源管理的重要环节,流域管理机构在其中的法律地位未被明确失之偏颇。

(四)其他涉水法律有关流域管理的规定

第一,《水污染防治法》的相关规定。现行《水污染防治法》1984年通过,并在1996年、2008年、2017年分别进行了修正或修订。《水污染防治法》第16条指出防治水污染应按照流域或者区域进行统一规划。第13条规定:“国务院环境保护主管部门会同国务院水行政主管部门和有关省、自治区、直辖市人民政府,可以根据国家确定的重要江河、湖泊流域水体的使用功能以及有关地区的经济、技术条件,确定该重要江河、湖泊流域的省界水体适用的水环境质量标准,报国务院批准后施行。”该条文对我国水污染防治的方向转化进行了明确阐释,即由以分散治理为主转为以统一协商与分散治理相结合为主,以最后阶段治理为主转为全过程统一管控为主,以只注重浓度控制转为浓度控制与总量控制并重,以行政区域管理为主转为区域管理与流域管理相结合。

第二,《防洪法》的相关规定。《防洪法》于1997年8月29日正式颁布,并在2009年、2015年、2016年进行了三次修正。其中,关于流域管理的条款共有15个,有12个条款对流域管理机构在河道治理和预防洪水方面的职能进行了规定。该法明确了在防洪治理中应以行政区域或者流域为单位进行标准一致的规划,且对规划分级实施。第9条第2款规定:“防洪规划应当服从所在流域、区域的综合规划;区域防洪规划应当服从所在流域的流域防洪规划。”第39条确定了流域管理机构在防洪工作中的法律地位,规定了流域管理机构在所管辖的范围内行使法律、行政法规规定和国务院水行政主管部门授权的防洪协调和监督管理职责。值得关注的是,《防洪法》第42条、第45条等条文对流域管理机构在流域管理过程中作为执法主体的法律地位进行了明确,流域管理机构对其所辖防洪工程、行洪河道和湖泊、洪泛区和蓄洪区、水文和通信设施以及防汛备用器材、物料等拥有行政管理权,并有权对危害上述范围内防洪安全的违法行为行使行政处罚权和行政强制措施权。这将进一步推动我国水资源管理体制的发展。①

二、行政法规中关于流域管理的规定及评析

(一)行政法规中关于水资源管理的规定及评析

在针对跨行政区流域的水资源管理过程中出现的问题,国务院对此进行了大量的要求和规定。其中,主要的法规有《河道管理条例》《防汛条例》《淮河流域水污染防治暂行条例》《水土保持法实施条例》《水库大坝安全管理条例》《长江河道采砂管理条例》等。

《淮河流域水污染防治暂行条例》是我国正式颁布的第一个关于跨行政区流域水污染防治方面的行政法规。通过协商等方式处理关于淮河流域水资源保护和水污染防治过程中出现的问题,对淮河流域水污染防治过程进行监督,成立专门的淮河流域管理领导小组。并以流域为出发点,协调管理关于跨行政区的水资源。自20世纪60年代以来,淮河流域的水污染情况越发不可控制,不仅水污染面积越来越大,而且水污染程度也持续加重,导致淮河流域内的水污染事件频发。国务院以遏制淮河流域水污染为目的,于1995年8月制定了该条例,2011年进行了修订。该条例的制定与修订,意味着我国的流域水污染防治已不再是过去单一的行政区域管理模式,而是以流域为单元,行政区域与流域管理相结合的全新治理模式。《河道管理条例》第5条规定,由国家授权的流域管理机构

---

① 参见徐军:《我国流域管理立法现状及反思》,载《河海大学学报(哲学社会科学版)》2004年第4期。

实施管理，或者由流域所在的省、自治区、直辖市的河道主管部门根据流域统一规划管理。在《防洪条例》中，诸多条文都对跨行政区的水管埋问题进行了规定，而且还对流域内不同区域在洪水治理和预防过程中出现的关系问题进行了处理。

（二）行政法规中关于流域管理机构的规定及评析

我国政府及其部门的职能分配、设置机构和人员编制大多通过“三定”方案规定。所谓“三定”方案即是指行政部门的职能配置、机构设置和人员编制方案。

1988 年《水法》没有涉及流域管理机构的管理职能和法律地位。同年，国务院在对水利部的“三定”方案进行批准时，明确了七大江河流域管理机构的性质和职能，认为它们是水利部的派出机构，并可以根据国家的授权以所在流域为单位行使《水法》规定的水行政主管部门的部分职责。1994 年在对长江水利委员会的“三定”方案进行批准时，水利部对长江水利委员会的法律地位和职责进行了更为具体的规定，认为长江水利委员会是水利部在长江流域和西南地区其他河流的派出机构，可以依据国家授权以上述范围为单位行使流域行政管理职责。1998 年国务院在对水利部的“三定”方案进行批准时，对长江水利委员会作为水利部的派出机构的法律地位以及作为水利部的代表在相应流域内行使水行政主管职能又进一步进行了明确。2002 年，在中编办批复流域管理机构的“三定”方案过程中，对流域机构作为具有行政职能的事业单位，可代表水利部对流域管理机构所在流域及相关授权区域行使水行政主管职能进行了进一步确定。[①]

截至 2023 年，以历次“三定”方案的规定为依据，全国有黄河水利委员会、珠江水利委员会、长江水利委员会、淮河水利委员会、太湖流域管理局、松辽水利委员会和海河水利委员会共 7 个流域管理机构。依据国务院有关规定，这七大流域管理机构作为水利部的派出机构，是具有行政职

---

① 参见张志文、李希昆：《流域管理机构水行政管理职权初探》，载《水资源、水环境与水法制建设问题研究——2003 年中国环境资源法学研讨会（年会）论文集》（上册），第 239～241页。

能的事业单位,可代表水利部在所在流域及相关区域内行使水行政主管职能。当前,国家财政是我国流域管理机构运行经费的主要来源,但国家财政并不能完全支撑流域管理机构运作所需的全部经费,使流域管理机构因经费不足而缺少良性运行机制。

我国具有中国特色的流域一体化管理体制是在学习国际流域管理模式的基础上,结合我国实际国情和流域实际情况而实行的流域管理与行政区域管理相结合的管理体制。就流域管理的发展前景而言,我国流域管理发展呈现逐步强化的趋势,其发展方向和选择更加清楚,特别是2002 年《水法》关于流域管理制度相关规定的改变,极大地促进了我国流域管理制度的发展。

三、我国现行流域管理法律制度评析

(一)流域管理的一般性规定散乱、内容不全面

根据前述对流域管理方面的法律法规的阐述和说明不难发现,虽然在实践中流域管理已实施了几十年,但我国实施流域管理与行政区域管理相结合的水资源管理体制是 2002 年《水法》修改施行后才被确认的。当前,在《长江保护法》《黄河保护法》《水法》《水污染防治法》《防洪法》《水土保持法》《河道管理条例》中都有流域管理的相关规定。这些法律法规对流域管理的原则均进行了明确,《水法》第 12 条对流域管理机构及相关职能进行了规定。此外,在《水法》的其他条款中也可发现一些有关流域规划的分散规定。

虽然目前涉及流域管理的法律法规数量众多,但除《长江保护法》《黄河保护法》外,其他法律法规大多是以某一行政区域为对象且针对流域管理的某个方面作出的规定,并没有一部对其他江河湖泊流域管理的基本原则、基本法律制度和运行机制进行系统规定的法律。例如,《防洪法》针对流域管理的条款虽然很多,但其毕竟是关于如何对江河、湖泊和河道进行防洪治理的法律,目的是减少流域的水患灾害问题。因此,它并没有对水资源的开发利用、治理保护等方面的问题进行全面规定,也没有对流域管理机构的法律地位和其在整个流域管理体系中的作用进行明确

规定。其他水资源管理法律法规对流域管理的规定也没有从整个流域出发，而是在特定范围内对有关流域管理的问题作出相关规定。流域是一个包含不同生态要素的地理区域，具有很强的整体性。因此，在流域一体化管理过程中进行水污染防治、水资源开发利用、生态保护或者水土保持等工作时都需要对流域整体的状况进行思考。而且，流域范围内的生态环境状况、经济发展条件等也都存在很大的差别，其对水资源的需求以及管理工作的重心也有所不同，但我国目前相关法律法规缺少对长江黄河外其他江河湖泊流域管理的一般性规定，也没有可以反映流域水资源特性的规定。

流域一体化管理与以往的行政区域管理存在很大的区别，它以经济、行政、法律、技术等为手段，为解决流域内的防洪、发电、灌溉、供水、航运、渔业、旅游、水土保持、环境污染等问题，以跨区域和跨部门的一体化管理为手段，对流域水资源进行适度开发利用，使流域水生态系统功能得到真正发挥，把流域内的环境、经济、社会可持续发展作为目标，相关法律法规应对前述所有内容明确规定，使每个环节和步骤都能按照相关法律法规的规定进行。但是当前的法律法规中流域管理相关规定仍然缺乏中小流域跨区域跨部门的流域协作管理、流域财务管理、流域生态补偿等制度性安排，不能满足我国流域管理对于法律资源的高度需求。

（二）流域管理的法律法规之间缺乏协调性

目前，我国与流域管理有关的法律法规之间缺少协调性，彼此间界限模糊。例如，根据长期以来的理论和实践所累积的经验，流域管理的主要内容有水污染防治、水土保持、流域防洪等方面。而作为我国水法规体系龙头的《水法》，有关流域管理与行政区域管理相结合的管理体制在水污染防治、流域防洪和水土保持等方面也应同样适用。但在实践中，《水法》《水污染防治法》《防洪法》《水土保持法》是由不同部门负责起草的，其中，除了《水污染防治法》由环境保护主管部门负责草拟外，其余三部法律皆由水行政主管部门负责草拟，由于最后它们都需要全国人大常委会通过，因此这四部法律的法律效力是相等的。毫无疑问，各部门从自身利益出发进行流域管理规范性文件起草工作，会把排水、用水、取水等工作根据本部门的不同需求进行不同管理。此外,各部门的工作安排不同也导致立法时间必然不一致,立法内容无法做到统一规划,导致实践中对法律的执行出现重复和冲突。而且当前流域管理立法程序处于空白,这就使《水法》的有关条款在《水污染防治法》《防洪法》《水土保持法》修改未完成前无法在实践中真正落实。总之,此种情况不仅导致我国《水法》无法对流域内各种水事活动发挥真正的协调作用,也会导致法律无法确保流域管理实践中配套措施的有效实施。

地方性流域管理立法中也存在法律冲突,主要原因是我国长时间存在以分段管理为主的流域管理问题,使地方政府规章和地方性法规存在对同一流域分段立法的情况。但是,如果分段管理和分段立法缺少统一的立法规划和目标指导,将会造成地方在立法时过分注重地方管理从而忽略了流域管理机构,这对于流域立法来说是极为不利的。在取水许可管理和河道管理范围内建设项目审查这两方面则格外明显,有的规定不认可流域管理,有的规定和流域管理相矛盾,有的规定又要求流域管理不能与区域管理不一致,但流域管理机构又缺乏法律依据应对这种情况。

(三)流域管理机构的职责和设置规定模糊

虽然当前流域管理的内容已在《水法》《长江保护法》《黄河保护法》中进行了一定程度的规定,但《水法》对流域管理机构的职责和设置部分依旧模糊不清,对流域管理机构如何更好地适应行政区域管理也并未确切规定,主要表现在流域管理机构的职责模糊和设置错误两个方面。

作为水利部派出机构的流域管理机构,其在行政级别上与各部委处于不同层级。例如,生态环境部在水污染防治工作中是作为最高级别的主管部门,而流域管理机构则是负责协作管理,这就导致在水污染事件发生时,流域管理机构只能以水利部作为沟通桥梁与生态环境部进行协商,但没有权利和生态环境部直接沟通,极大地降低了流域管理机构的工作效率。

《水法》在设置流域管理机构的层级中也存在诸多不恰当。流域在《水法》中被分为三类:一类流域是国家确定的重要江河、湖泊流域;二类流域是跨省、自治区、直辖市的其他江河、湖泊流域;三类流域是其他江河、湖泊流域。依据历次“三定”方案和《水法》的规定，在一类流域上国务院水行政主管部门设立了我国现有的七大流域管理机构，但并未具体规定是否在二类、三类流域上设立流域管理机构。这种不合理的规定对流域管理极为不利，主要有两个弊端：一是在一类流域水资源的开发利用与节约保护的过程中，流域管理机构可以对全程进行监管并可着手处理违法行为，而该类流域内的区域、组织与居民可得到流域管理机构在对流域管理过程中所产生的生态利益，而二类流域、三类流域地区却依然存在水资源分割管理的问题，该类流域内的区域、组织和居民都无法得到流域管理机构对流域一体化管理所带来的利益，主要原因是二类、三类流域目前依然是“水资源统一管理和分级、分部门管理相结合”的管理体制。因此，这种差异化的管理模式会使一类流域与二类、三类流域的水资源权利行使存在不公平现象，这将会对我国生态文明建设产生极为不利的影响。二是我国江河众多，比如，设置流域管理机构的七大流域，跨省、自治区、直辖市的各大河流支流以及部分地方性河流。[①] 因此，现有七大流域管理机构无法完成全国众多河流的流域一体化管理工作，使我们对流域管理预期设想无法完成。

同时，《水法》《长江保护法》《黄河保护法》对于流域管理的规定大多较为原则，这些规定虽然也对流域管理机构的职责进行了相应的阐述，但它并未清楚区分行政管理部门、各级人民政府以及环保部门与流域管理机构之间的职责界限，也未对这些部门之间的沟通协商机制进行具体规定。并且从当前有关流域管理的法律条文来看，就水资源管理权而言，流域管理机构相较于水行政主管部门、生态环境主管部门、各地人民政府及其他相关部门，在流域管理方面不仅权力小，而且管理范围还很狭窄，只能通过与地方人民政府、有关部门进行协商的方式进行流域管理。并且流域管理机构职责模糊会使流域管理法律法规无法更好地实施。例如，《水法》第45条规定流域水资源分配方案依赖流域管理机构监督实施，

---

① 参见田其云：《对我国〈水法〉关于水资源流域管理规定的思考》，载《现代法学》2004年第2期。

但与此同时,法律却没有赋予流域管理机构相应的职权,一个仅具有部分行政职能的事业单位在实践中很难作为。

又如,在水污染防治工作中,根据《水法》确定的原则,国务院水行政主管部门负责全国水资源的统一管理和监督工作,其所管辖的流域管理机构在所管辖的范围内行使法律、行政法规规定的和国务院水行政主管部门授予的水资源管理和监督职责。流域管理机构和水行政主管部门应该是流域水污染防治工作的主管部门。但《长江保护法》第 43 条又指出:"国务院生态环境主管部门和长江流域地方各级人民政府应当采取有效措施,加大对长江流域的水污染防治、监管力度,预防、控制和减少水环境污染。"该条明显表明,生态环境主管部门在水污染一体化管理中处于主导地位,拥有众多权力,而作为水行政主管部门派出机构的流域管理机构,却处于法律定位空置的尴尬地位。流域水资源的整体质量并未引起各区域内的水污染防治管理部门的重视,根本原因是各地水污染防治管理部门对水资源污染的防治工作只着眼于自己辖区内的水资源状况,而对其他区域内的水资源管理状况并不关注。这种只着眼于自己辖区而忽略流域水资源整体质量的情况已经极大地阻碍了流域水资源一体化管理工作的进展,并且导致流域水资源突发事件的频繁发生,进一步加重了流域水污染。

(四)流域管理机构与水行政主管部门的法律关系不清

首先,目前《水法》《长江保护法》《黄河保护法》相关规定并未厘清流域管理机构与水行政主管部门的法律关系。从《水法》第 12 条可以看出,流域管理机构是国务院水行政主管部门的派出机构,而《地方各级人民代表大会和地方各级人民政府组织法》第 83 条第 1 款规定:"省、自治区、直辖市的人民政府的各工作部门受人民政府统一领导,并且依照法律或者行政法规的规定受国务院主管部门的业务指导或者领导。"可见,国务院主管部门领导省级水行政主管部门并对后者进行业务指导。但矛盾在于,相关法律法规并未明确规定省级水行政主管部门与流域管理机构间的关系,我们只能确定二者之间并非服从关系。在流域管理与区域管理相结合的体制下,应如何对权力进行分配?当二者之间的权力产生冲突时，该采取何种手段来化解这种冲突？是否会造成比单纯的区域管理更混乱的局面？

其次，虽然《水法》第32条规定了在流域或区域综合规划以及水功能区划拟定的过程中，地方水行政主管部门和流域管理机构拥有各自的分工，但对于二者如何行使执法监督权没有明确的规定。第34条第2款规定："在江河、湖泊新建、改建或者扩大排污口，应当经过有管辖权的水行政主管部门或者流域管理机构同意，由环境保护行政主管部门负责对该建设项目的环境影响报告书进行审批。"该条只是笼统概括了改扩建排污口需要经过有管辖权的生态环境主管部门或者流域生态环境监督管理机构同意，但并未明确二者的职权差别，不利于实现流域水资源的一体化管理。

（五）流域规划的内容不尽科学①

中国流域管理相关的基础信息和资料条件不足，对水资源、水环境以及开发利用等有关的监测站网建设滞后，覆盖面不够，基础资料的动态监测少，另外许多涉水部门之间交流少，导致相互之间信息闭塞，各自的数据资料之间没有协调统一，在制定规划时，相互之间标准不一致，制定的规划可行性不高，规划的权威性降低，规划之间不协调。例如，某省水利厅的官员说："水利部门是对水量的控制，生态环境部门是对污染源的控制，二者应当共同应对。但是实际上两家存在着不协调、各自为政的情况，如自己设置自己的检测系统，自己信息自己用，有时候监测地点相同，浪费行政资源。"②

中国的经济体制和政治体制处在一个变革的过程中，社会对资源的获取进一步增强，由此对于流域规划提出了更高的要求，流域规划不但要确保对资源的高效利用，满足社会经济发展的需要，还要求保障流域的生态平衡。而目前的许多流域规划还不能适应这种变化的要求，

---

① 参见王璐璐：《论我国流域治理规划法律制度的完善》，西北大学2019年硕士学位论文，第13页。

② 任敏：《流域公共治理的政府间协调机制研究——以珠江流域为个案》，社会科学文献出版社2017年版，第60~65页。

许多规划功能定位不准、职责界定不清。反映在流域规划中往往以工程规划为主线,规划的生态内容少,对社会与公共服务的内容少。例如,长江水污染问题,在1986年、2000年、2009年、2018年四次编制完成长江干流水资源保护规划,并把该规划归入长江流域综合规划利用,但是沿江城市在编制涉及长江的规划时,因为二者之间没有协调,编制标准也不一样,且往往低于综合规划标准,导致污染往往出现在城市的下游。①

《水法》第17条、《水污染防治法》第16条、《黄河保护法》第6条等法律规定都较明确地规定了相关地方政府主管部门参与规划的编制,但对于其他利益相关方,特别是企业和公众是否参与规划编制、如何参与,没有作出相应的规定,使规划难以全面、均衡地反映流域内各相关利益方的利益。《环境影响评价法》第二章规定,编制规划时,应当进行环境影响评价,有的还应该举行听证会,编制完成后还应该由专家等人士进行审查,审查小组应当提出书面审查意见。② 然而,在进行流域环境影响评价时没有公众参加,有的流域治理规划在制定时都把环境问题放在次要位置。

(六)流域水污染防治缺乏政府责任机制

水污染防治属于大规模的公益性事业,政府在综合性的水污染防治过程中扮演了极为重要的角色,它在水污染一体化管理体系中起到的核心作用是不可替代的。因此,政府在水污染防治过程中必须有强大的决心、坚定的态度、强有力的干预和有效的强制措施。理论和实践都证明,无论是发达国家还是发展中国家,无论是国内的发达地区还是欠发达地区,也无论经济体制为计划经济还是市场经济,更无论处于哪个历史时期,政府在水污染防治中的重要角色永不会改变。因此,政府的生态责任在水污染防治工作的过程中依旧需要坚持并强化,而其对于环境质量的

---

① 参见台会选:《甘肃省长江流域主要水环境问题与对策研究》,载《甘肃水利水电技术》2009年第6期。

② 参见左其亭、胡德胜、窦明等:《最严格水资源管理制度研究——基于人水和谐视角》,科学出版社2016年版,第410~417页。

指导思想和基本原则也需要继续深化。

(七)公众参与流域管理机制的规定不具体

流域的居民是受流域生态环境变化影响最大的群体,其自身利益与流域管理成效息息相关,若他们无法参与流域管理,也是对其利益的一种侵犯。

我国法律目前对公众参与机制的规定不完善且在实践中执行困难。《水污染防治法》在水污染防治的监督管理方面规定了公众参与。该法第11条规定:“任何单位和个人都有义务保护水环境,并有权对污染损害水环境的行为进行检举。”但该法关于公众参与的规定较为笼统,其并未明确规定公众参与的具体方式、组织程序以及相关主管部门对于公众提出的意见该如何处理等,因此,只凭借上述条文,《水污染防治法》关于公众参与的规定很难落到实处。《长江保护法》第79条第3款规定:“国务院有关部门和长江流域地方各级人民政府及其有关部门应当依法公开长江流域生态环境保护相关信息,完善公众参与程序,为公民、法人和非法人组织参与和监督长江流域生态环境保护提供便利。”《长江保护法》并未对长江水利委员会在公众参与机制运行中的法律地位进行规定。无论是流域公众参与机制的设立,还是具体事务的执行,目前都更偏重于由水行政主管部门和相关部门进行。此外,我国当前在流域管理信息及流域环境保护数据方面并未建立对公众公开的法律制度,公众参与机制没有相应的程序性法律规定支撑,使实践中公众参与难以落实。

(八)流域水资源管理未充分体现流域间的差异性

我国流域众多,面积广阔,因此当前流域管理机构管理范围内的流域面积广、差异大。就长江水利委员会而言,其负责的长江流域面积180万km^2以上,其同时还承担着对西南诸多国际河流的管理;还有太湖流域管理局,其管辖范围内流域面积最小的太湖流域也有36,900km^2,而它还负责对东南沿海相关河流的治理。所以,广阔的流域面积以及不同流域间地理条件和人文条件的不同就使每个流域都有不一样的水资源问题,而水资源开发利用程度也存在差异。如在水资源开发利用程度方面,珠江和长江流域的水资源利用率都不足,海河流域已经超标,而黄河流域则趋于平均。由于我国南北地理环境和生态情况差异较大，我国南北方流域所要解决的主要问题并不相同。南方流域面临的主要问题是流域污染，而北方流域面临的则是流域水资源的缺乏及所引起的相关生态环境问题。此外，我国属于统一体制的国家，不同流域间经济和社会发展水平的差异也会在很大程度上影响流域管理机构的实践效率。

（九）流域规划执行存在困难

在我国，流域管理机构作为水利部的派出机构，主要侧重于学术性的调查研究，同时由于流域管理机构的权限过小，只有一部分监控权和执行权，在流域规划执行过程中，难以确保流域规划能够在地方执行下去。大部分地方政府按照自己的区域规划去执行，觉得流域规划能够符合自己利益的时候就去遵循该规划，对自己不利的时候，由于没有制约和责任追究机制，就不去遵守，导致流域规划的执行力大打折扣。如《黑河流域近期治理规划》明确建立水政监察执法队伍，维持正常的水利秩序，确保规划的实施。① 但是在执法过程中，黑河流域水行政执法机构不统一等，使流域管理机构水行政执法的权威和力度受到影响，进而导致在流域规划很难保质保量地施行。更为严重的是，流域管理机构不是地方立法规定的执法主体，地方立法难以设立其权限，而我国法律、行政法规和部门规章对于规划的执行存在立法空白，流域管理机构作出水行政处罚时，还需要当地的法院强制执行，当流域执法与地方利益冲突时，往往难以执行。②

第二节　地方层面流域管理相关规定梳理及评析

一、《陕西省渭河流域管理条例》相关规定及评析③

渭河是黄河的第一大支流，是陕西省内最大河流，自甘肃省天水市流

---

① 参见李大鹏等：《黑河流域水资源综合管理研究》，甘肃文化出版社2016年版，第101～102页。

② 参见王璐璐：《论我国流域治理规划法律制度的完善》，西北大学2019年硕士学位论文，第15页。

③ 参见张雯：《渭河流域生态保护补偿机制法律问题研究》，西北大学2020年硕士学位论文，第16页。

入陕西省,最终于渭南市潼关县汇入黄河,被誉为陕西的母亲河。近年来,由于陕西省工农业的快速发展,渭河流域开始出现水污染严重、水资源短缺等问题,严重影响渭河流域经济水平的发展和生态文明的建设进程。为充分解决渭河水资源短缺、水污染严重的问题,2010 年陕西省政府开始全面进行渭河流域全线综合整治,渭河流域的一体化管理迎来了新的起点。2012 年 11 月,陕西省人大常委会正式公布《陕西省渭河流域管理条例》,进一步推动渭河流域一体化管理的进程。2022 年 12 月 1 日,为适应新时代生态文明建设情况,陕西省人大及其常委会颁布《陕西省渭河保护条例》。该法于 2023 年 4 月开始施行,渭河流域一体化管理工作迎来了新的里程碑。但是,在渭河流域一体化管理实践中仍存在一系列问题。

第一,上游省份地方性法规缺失。通过梳理可以发现,陕西省内渭河流域的生态保护补偿工作相对较为完善,不仅有省政府制定的地方性法规,各市还陆续发布《渭河咸阳段水污染补偿实施方案(试行)》《西安市渭河流域水污染防治考核办法(试行)》《宝鸡市水体污染补偿考核办法》等,但是渭河上游甘肃省内却缺乏相关配套法律,相关规定只是出现在地方文件中,缺乏省政府和地区市政府的水污染补偿实施规范。虽然渭河流域内两省签订协议进行横向生态保护补偿,但是仅限于政策方面的协议,具有期限性,缺乏长期依据,两省之间缺乏协同立法,不利于渭河流域一体化管理体系的建设。

第二,一体化管理体系存在内在冲突。陕西省已经设立江河水库管理中心,管理渭河流域生态环境保护及水资源管理等各项工作。但是在实践中,往往涉及各种不同的政府部门,甚至各部门间出现职责重合,即在流域管理与区域管理相结合的管理模式下,如果没有良好的一体化管理体系支撑,可能会导致各管理部门之间权责不明,出现相互推诿的现象,这种情况不利于渭河流域内生态保护项目建设、资金征收使用等各种工作的开展,无法从宏观角度对流域进行一体化管理。尤其是渭河流域具有跨多个行政区域的特殊性,更容易出现跨省、跨市、跨部门的权力义务纠纷和职责冲突。

二、《新疆维吾尔自治区塔里木河流域水资源管理条例》相关规定及评析

《新疆维吾尔自治区塔里木河流域水资源管理条例》作为我国第一部关于流域管理方面的地方性法规,于 1997 年 12 月 11 日新疆维吾尔自治区第八届人民代表大会常务委员会第三十次会议通过。新疆维吾尔自治区于 2005 年 3 月 25 日在第十届人大常委会第十五次会议上修改了该条例的部分规定,且于 2005 年 5 月 1 日实施。2014 年 9 月 25 日新疆维吾尔自治区第十二届人民代表大会常务委员会第十次会议对该条例进行了第二次修订。其中,对于流域水资源管理体制的修改是一个巨大的进步,该条例第 4 条规定,"流域内水资源实行流域管理与行政区域管理相结合的管理体制",并明确规定"行政区域管理应当服从流域管理"。该条例还对流域管理机构的法律地位和职责予以明确规定,不仅增加了关于塔里木河流域管理局的具体规定,而且出于对流域水资源一体化管理的强化,在法律中对流域管理机构的职能明确授权,使流域水资源一体化管理进一步加强,流域管理与行政区域管理相结合的管理体制在实践中更彻底地落实。因此,上述条例的修改对于塔里木河流域水资源持续开发利用、推动塔里木河流域经济发展与生态环境保护的"双赢"都具有十分重要的进步意义。

三、《浙江省水资源条例》相关规定及评析

《浙江省水资源条例》作为浙江省规范水资源管理的重要地方性法规,在水资源一体化管理的体制机制安排方面进行了重点强调。《浙江省水资源条例》第 6 条规定:"流域综合规划和区域综合规划应当统筹落实生态、防洪、治涝、灌溉、航运、供水、水资源保护、水土保持、节约用水等要求,按照下列规定进行编制:(一)钱塘江、瓯江、东西苕溪流域的综合规划,杭嘉湖地区、萧绍宁地区的综合规划,由省人民政府组织编制;(二)甬江、飞云江、椒江、鳌江流域的综合规划,舟山本岛的综合规划,由所在地设区的市人民政府组织编制;(三)其他江河流域或者区域的综合

规划，需要编制的，由所在地县级人民政府组织编制；跨两个以上县级行政区域的江河流域的综合规划，由共同的上一级人民政府组织编制。"为了解决跨区域引供水所产生的冲突，实现流域上下游水资源的一体化管理，《浙江省水资源条例》对跨区域引供水规划方案进行完善。

该法规使浙江省流域水资源在开发利用过程中遇到的水资源问题以及水污染事件得到了相应的解决，一定程度上确保了浙江省流域水生态环境以及流域调度工作的实施。但就目前浙江省流域管理现状及发展趋势而言，该省薄弱的流域管理立法明显无法与快速发展的社会相契合，导致后续一系列的具体执行措施无法在实践中落到实处。

四、《太湖流域管理条例》相关规定及评析

《太湖流域管理条例》自 2011 年 11 月 1 日起正式施行。该条例共 9 章 70 条，主要在流域保护、水污染治理、用水安全、水岸线防护和防汛抗旱、保障机制和监督措施等方面进行了规定。一是对流域管理体制和协调机制进行完善。《太湖流域管理条例》对于国务院水行政主管部门和环境保护部门、太湖流域管理机构及县级以上地方人民政府相关部门的在太湖流域水资源管理工作中的职能进行了权衡与明确，并通过设立协调小组等路径完善了不同管理主体间的协调机制。二是建立了饮用水安全保障制度。其明确要求地方人民政府要更加重视对水源地的保护，进一步加强政府在关于饮用水水源保护方面的相关职责，并要求实践中对水源地的日常监督和巡察制度要落实到位。该条例进一步完善了供水安全应急保障制度，要求建设应急备用水源和跨行政区域联合供水项目；编制供水安全应急预案，为了预防供水安全事故的发生，确保居民生活用水的安全，要求对供水质量实施监测以及水质不达标时及时启动急救方案。三是规范了流域水资源配置和保护。对水资源开发利用的基本准则和界限进行了明确规定，在重点区域实施用水总量限制机制，若出现用水量达到或者超过所规定的限额，则不能在该流域开发新的水资源项目；增强对水功能区的管理和监督，使实践中的相关措施真正落实到位，从而推动太湖流域的开发利用活动进一步完善。四是强化了水污染防治措施。集中

体现了我国水污染防治以区域管理为主转向区域管理与流域管理相结合的管理方式。五是对防汛抗旱和水域岸线保护进行强化,进一步明确政府部门和流域管理机构有关防汛抗旱的具体职责和权限。相关单位在流域上开发建设项目时应严格遵守流域综合规划和岸线利用管理规划的要求,禁止缩小水域范围,禁止损害流域自动调解能力,禁止改变水域、滩地的原本性质;要对那些临时占用的水域、滩地及时恢复原状以防止损害结果发生,且太湖流域岸线内不允许围湖造地。六是完善保障机制和监督措施,进一步明确太湖流域水资源管理中的政府生态责任。地方人民政府在关于太湖流域水资源保护和水污染防治方面应实行考核评价制度,对排污量逐年减少的企业和居民应进行政策支持,并建立太湖流域数据监测机制和信息共享平台。另外,对各类严重伤害流域生态环境的行为,应通过行政执法与司法路径要求其承担相应的法律责任。

五、《湖南省湘江保护条例》相关规定及评析

当前,湖南省以湘江流域水污染治理为目标出台的地方性法规主要有《湖南省湘江保护条例》等。虽然我们不可否认前述地方性法规有着诸多不足,需要立法者依据实际情况不断完善,但其有效实施依然为湘江流域水污染治理作出了巨大贡献。

作为我国地方性水污染治理法规的先锋军,《湖南省湘江保护条例》于2013年4月1日开始正式施行,并于2023年5月31日进行了修改。《湖南省湘江保护条例》以保护优先、适度开发、统一规划与协作治理作为基本原则,规定了湘江流域政府主导、公众参与的水污染治理机制。但是,在多元主体参与过程中向来存在“合作主体越多,合作的难度就越大”的偏见,因此我国在流域水污染治理方面的立法中向来以属地管理作为基本原则,而几乎没有关于流域内不同区域相关部门间合作的规定。同样《湖南省湘江保护条例》也没有涉及省级政府与地方政府合作中职权划分的规定。虽然《湖南省湘江保护条例》对流域保护的规定对全国其他流域保护具有十分重要的借鉴意义,但有待真正落到实处。

《湖南省湘江保护条例》关于法律制度的规定存在诸多不足，例如其对生态补偿机制规定得并不完整。所谓的流域生态补偿，就是指流域下游的人所得到的良好生态环境及经济基础都是流域上游的人放弃相关经济生产保护流域水资源所带来的，因此，下游有关部门及居民应对上游居民保护流域生态环境及水资源的行为作出一定的经济补偿，以此来促使流域上游居民对流域环境的持续保护，从而达到流域生态环境高质量发展的目标。

六、地方层面流域管理立法总体评析

（一）部分流域立法冲突

不同地区地方性立法存在一定的冲突，致使部分流域立法对流域环境质量改善的贡献并不明显。流域内各行政区域分段进行立法，缺少统一的立法规划和目标指导，造成部分地区在立法时过分注重本地区环境经济利益忽视了流域的系统性与一体性，不利于推进流域一体化管理。流域内各地区地方性法规缺少协调性，彼此界限模糊、缺少协同。例如，水土流失治理开始较早的青海省、陕西省，其理论积累和实践经验较为丰富，所制定的地方性法规也较为完善，但两地地方性法规的对于法律术语的定义却存在差异。《青海省实施〈中华人民共和国水土保持法〉办法》第 9 条第 2 款规定："下列水土流失潜在危险较大的区域，应当划定为水土流失重点预防区：（一）自然保护区、风景名胜区、地质公园、森林公园；（二）江河源头区、水源涵养区、饮用水水源保护区；（三）水库库区，湖泊、湿地保护区；（四）潜在退化的草原地区、沙化土地封禁保护区；（五）其他水土流失潜在危险较大，对区域防洪安全、水资源安全、生态安全或者人类生产生活等有重大影响的区域。"同样是对于"水土流失重点预防区"概念的定义，《陕西省水土保持条例》第 12 条规定："林草覆盖率百分之四十以上、土壤侵蚀轻度以下以及江河源头区、水源涵养区、饮用水水源区、基本农田保护区等水土流失潜在危险较大的区域，划定为水土流失重点预防区。"（第 12 条已于 2024 年修正时删除）从以上两个规定能够看出，对于"水土流失重点预防区"这一概念，青海省出台的办法对该定义更加宽泛，而陕西省的条例则倾向于将其量化。对于相同概念的定义差异化不仅体现了不同地区立法技术的差异，也会导致潜在地域交界处的执法纠纷。从本地区流域治理实践出发进行地方性法规起草工作，会把水土流失防治、植树造林、水利工程建造等流域治理环节根据本地区的需求有所偏重，但地方立法概念的不协同则会导致执法行为的重复和冲突，无法发挥法律法规指导与协调作用。① 由此可以证明，流域立法的开展并不会必然带来流域环境质量的改善。例如，虽然《云南省滇池保护条例》于 1988 年就由云南省人大及其常委会正式颁布实施，但滇池流域的水质在 20 年内没有较为明显的改善，直至 2016 年，滇池流域的水质状况才开始好转。

（二）部分流域立法条款缺乏可操作性

大多数流域地方立法的内容与上位法几乎没有什么区别。从理论上来说，下位法不能违背上位法，这是“法制统一原则”的体现。但就实践而言，流域地方立法的内容大多与上位法一致会导致下位法流于形式，缺少与流域实际情况相符合的、具有可操作性的规定。若对地方流域立法的条款进行检索就不难看出，其对上位法的主要制度所作出的原则性规定占大多数，而展开性的规定则很少，更别说进行体系性规定，导致地方立法在实践中无法落实。

中央第七环境保护督察组在第一轮中央环境保护督察过程中就发现了云南省一些流域立法中的规定存在不具有实际可操作性的问题。例如，在对云南省进行环境保护督察时发现：《云南省滇池保护条例》第 45 条对二级保护区内允许建设的生态旅游、文化建设项目，禁止建设的其他项目也没有明确界定；而《云南省阳宗海保护条例》虽然对不能建设在一级、二级保护区内的项目种类进行了明确规定，但忽略了以往项目该如何退出的问题，导致条例的实际执行遭受到很大的阻碍。

（三）部分流域立法未严格执行

在“中国裁判文书网”输入《安徽省淮河流域水污染防治条例》《太湖

---

① 参见刘志仁、王嘉奇：《黄河流域中上游水土保持法律制度研究》，载《干旱区资源与环境》2022 年第 11 期。

流域管理条例》进行检索，并没有相对应的案件结果，同理输入其他地方性流域立法也无法得到有关反馈。由此可知，地方性流域立法在实践中较少适用，无法保证流域立法得到真正的严格执行。

第一轮中央生态环境保护督察也发现了一些关于地方流域立法没有得到执行的案例。例如，虽然《江苏省通榆河水污染防治条例》规定，畜禽养殖场的粪便和污水不能直接排入一级保护区、二级保护区的水体中，但依然有70家畜禽养殖场在条例正式颁布实施后陆续在泰州、扬州、连云港、南通、盐城五市的一级保护区内建立起来，甚至有些都不具备污染处理设施。而1997年出台的《山西省泉域水资源保护条例》中有大量的禁止性条款没有落到实处，由于长时间对煤炭资源不间断地开发利用导致郭庄泉、洪山泉等6个岩溶大泉出现断流或者流量锐减的情况，使山西省近1/3岩溶大泉遭受损害，大量水资源遭受破坏。2022年，山西省人大及其常委会对《山西省泉域资源保护条例》进行了修订，着重强化了对泉域保护范围内的管控。第一，在泉域保护范围内，将原条例规定的“合理开发孔隙裂隙地下水”修改为“控制利用孔隙裂隙地下水”，增强了对泉域孔隙裂隙地下水的节约和保护。第二，在泉域重点保护区内，将禁止采煤、开矿、开山采石等行为由原规定的“泉水出露带”区域扩展到“泉域重点保护区”，进一步强化了泉域生态环境保护。

第三章　他山之石：国外一体化流域管理的理论与实践

第一节　澳大利亚墨累—达令流域一体化管理理论与实践

墨累—达令流域地处澳大利亚东南部，是澳大利亚发育最完整和水资源利用率最高的流域，墨累河为主干，包含十几条支流，而达令河就是支流中最大的一支，全长3750km，流域面积高达106.1km^2，约占澳大利亚国土面积的1/7。墨累—达令流域流经了新南威尔士州、南澳大利亚州、昆士兰州、维多利亚州以及首都直辖区等多个行政区域，解决了200多万人口的用水问题，同时也为农场、牧场、果园甚至是诸如墨尔本、悉尼等大城市的用水提供支撑。但实际上该流域水量非常小，东部湿润西部干旱，降水量由东向西递减，与我国的情况较为类似。同样，在经济迅速发展的同时，墨累—达令流域也逐渐显现出一些环境问题。①

首先，流域环境日益恶化。墨累—达令流域降水

---

① 参见刘莹：《我国流域水资源治理体制法治化完善建议》，西北大学2019年硕士学位论文，第17页。

量不足，导致流域干旱问题加剧，加之上游大肆兴修水库堤坝，使水量匮乏。祸不单行，水土流失和农林业的发展又将许多磷、氮等营养物质带入其中，致使水质富营养化问题更甚。1990 年开始在墨累—达令流域爆发藻类，持续泛滥，长达 1000 多公里，创造了世界之最。2010 年暴发了一场洪水，虽对干旱现象有一定缓解作用，却引发了黑水灾难，蔓延 900 多公里，殃及诸多流域生物，使许多动物数量减少甚至绝迹，严重威胁到生物多样性。其次，水资源利用不均。具体体现在产业利用、州际分配和自然降水三点之上。在产业利用上，工业、畜牧业、林业、种植业等诸多产业的用水矛盾越发突出，哪怕是同一产业内也存在水资源不均衡利用的现象。譬如，经济效益高（如蔬菜等）的农作物用水量少；反之，经济效益低（如谷物、大米等）的反而用水量较多。在州际分配上，早在 19 世纪，流域上下游的各州之间就针对流域的水量如何划分的问题产生过矛盾，现今社会进步、人口增多，此类冲突依旧只增不减，如何开发利用和分配好水资源成为州际必须解决的问题。在自然降水上，前文已经提到过，澳大利亚同我国一样，降水量呈现由东向西递减的趋势，东部湿润西部干旱，降水分布严重不均。再次，水资源短缺。这也是当前世界各国普遍面临的一大问题，但各国产生这一环境问题的原因各有不同，澳大利亚的水资源短缺问题主要是降水量减少引起的。因为澳大利亚的雨季与旱季交替，气候较极端，降水量严重不足致使墨累—达令流域径流量逐渐递减，现今径流总量仅有 56.8 亿 m^3，只占全国的 6%。从 1996 年开始持续 15 年的干旱，已经开始威胁到澳大利亚居民的日常生存和社会的发展进步。最后，土地盐碱化加剧。由于降水量减少，干旱问题凸显使地下水及土壤中盐分增加，而且滥砍滥伐现象也使生态系统失去了自我调节和修复功能，无疑是对流域的生态环境有百害而无一利的，亦会使土地盐碱化问题更甚。此外，墨累—达令流域也有湿地退化、土壤酸化等环境问题。

一、墨累—达令流域一体化管理制度的法律依据

澳大利亚《墨累—达令河流域协定》是 1992 年 6 月 24 日由澳大利亚联邦、南澳大利亚州、维多利亚州和新南威尔士州联合签订，它的签订使

1982年、1987年、1990年各协定被成功取代。而在1993年11月的维多利亚州议会上，澳大利亚《墨累—达令河流域法》被正式颁布实施，其目的在于对新南威尔士州、澳大利亚联邦及南澳大利亚州之间签订的以墨累—达令流域生态环境保护与资源开发为主要内容的协定进行批准，并且还规定了该协定的相关执行内容，而《墨累—达令河流域协定》其实就是一个被纳入其中的附件。国会于2003年5月13日通过了澳大利亚《墨累—达令河流域法》的修正案以及在2002年6月3日签订的澳大利亚《墨累—达令河流域法修正协定》。基于上述法令及修正案，墨累—达令流域一体化管理制度框架基本形成。

二、墨累—达令流域一体化管理机构

澳大利亚人从18世纪末就开始对墨累—达令流域环境问题进行治理，这与其悠久的发展历史、特殊的地理位置密不可分。墨累—达令流域是澳大利亚最大的流域，流域面积约占澳大利亚陆地面积的1/7。墨累—达令流域内大多为平原，河水流动缓慢，加之流域内大部分地区降雨量偏少，全流域入海口年平均流量715m^3，年平均径流总量25,488m^3，约为中国最大的干旱半干旱区内陆河塔里木河流域年径流总量的59.7%，不足长江流域的2.5%，①河流中下游常会出现断流现象，流域内供水不足，水资源严重短缺，从而极大阻碍了农业生产的发展。

因此，澳大利亚为了墨累—达令流域可以得到更好发展，通过对相关法律和协议的修改，规定了负责墨累—达令流域管理的机构，共有三个：墨累—达令流域部长级理事会、墨累—达令流域委员会和社会咨询委员会。其中，一般由来自联邦政府和流域内四个州负责土地、水和环境的部长共12名成员组成的墨累—达令流域部长级理事会，作为墨累—达令流域管理最高决议机构，主要负责对流域管理的基本方向进行确定并制定相关政策。而作为部长级理事会执行机构的墨累—达令流域委员会的主

---

① 参见宁理科等：《澳大利亚墨累—达令河流域水文气候变化的影响与适应对策》，载《自然杂志》2019年第2期。

席是由部长级理事会指派著名的大学学者担任。[①] 该机构作为一个独立机构,主要职能有:负责对部长级理事会作出的决策进行执行,就流域管理问题对部长级理事会提出询问意见,对流域水资源进行分配。而作为部长级理事会咨询机构的社区咨询委员会,通常是由来自 4 个州 12 个地方流域管理机构和 4 个特殊利益群体的 21 名成员组成。该机构所具有的群众基础对它收集各方面的建议、协调总结一些争议极大的问题具有很大的帮助作用。因此,该机构的主要职责就是作为流域委员会与社区之间交流的一座桥梁,让流域委员会及时知道社区的意见,让社区及时明白关于流域管理的最新进展,以此来确保双方信息对称,社区可以真正参与流域水资源一体化管理过程中,为流域管理建言献策。

随着墨累—达令流域水资源困境日益凸显,澳大利亚对流域一体化管理工作也开始更加重视起来。早在 1949 年,澳大利亚就设立了联邦水土保持常委会,且在各州也都下设了委员会。该常委会将联邦农业部设为秘书处,而且每年按时召开会议,来给各州分配各自的任务以便于相互合作。除此之外,还会研究和审批一些专门的项目和经费开销等工作。各州负责本地区的管理,即重大问题的商议、审批或者协调项目计划等。各流域也陆续设置了专门的流域管理机构,实际上属于执行机构,对国家颁布的法律法规、政策等予以具体落实,同时也执行流域规划以及部长会议的决定。1963 年,澳大利亚设置了水资源理事会,这是一个由州和联邦一起构建的具有权威性的涉水组织,主要负责发布国内流域管理办法、探索国内涉水重大计划和商议评价规划等。它下设许多个专业委员会,委员由政府机构和水管理局中抽选的代表担任。为了解决墨累—达令流域水资源州际分配不均困境,澳大利亚采取了签订联合协议的方式解决,具体表现在新南威尔士州、南澳大利亚州、维多利亚州三方签订相关协议,约定彼此的权利义务、对水权予以合理分配,这就是澳大利亚 1914 年《墨累—达令河流域协议》的产生背景。此外,澳大利亚的各州在流域管理方面,以立法的形式明确了水资源分配的方式,确定了水价、明确了取

---

① 参见闫晓春:《澳大利亚的流域管理机构》,载《东北水利水电》2004 年第 12 期。

水权、扩大了水市场，将流域管理问题法治化，以法律途径减少了水资源纠纷。①

综上所述，墨累—达令流域的一体化管理经验告诉我们：流域中各相关方要彼此关联，它们都是不可分的，在管理过程中，切勿将其割裂开来，要从全局性角度去看待问题，运用合理的手段来解决流域问题；政府和各涉水机构之间的相互协作也是必要的，流域是一个整体，不能因为其跨行政区域、归属不同地区管理，产生各自为政、上游污染全然不顾下游环境的现象。只有各地区、各流域管理机构达成协议，方能改善区块分割的现状。全民参与的重要性也不可忽视，澳大利亚的社区委员会就代表了广大的社会公众，每一个愿意参与流域管理的人加入，就可以做到信息互通，形成比较完备的共同参与机制，和政府的管理相互辅助，一同治理流域中出现的问题，才更能看到它的效果。② 也就是说，只要有足够的决心和策略，这些在流域管理中出现的问题都会有办法解决。虽然墨累—达令流域的管理经验后来被多个国家学习和借鉴，但就实际而言，其一体化管理模式并不是无可挑剔的。目前，墨累—达令流域管理中存在的问题已经在实践中逐步突显。比如，虽然实践中大量与流域管理有关的决策都需要让地方政府执行，但地方政府没有任何法律依据可以参与到有关流域管理决策的制定过程中。此外，有关墨累—达令流域的协议体系之内并没有其他专门协议，这会给墨累—达令流域一体化管理带来一定的阻碍。

第二节　欧洲大陆莱茵河流域一体化管理理论与实践

《法国水法》规定，全国水资源根据流域分为塞纳河—诺曼底流域、罗讷河—地中海流域、莱茵河—莫斯流域、阿尔图瓦—皮卡底流域、卢瓦

① 参见刘莹：《我国流域水资源治理体制法治化完善建议》，西北大学 2019 年硕士学位论文，第 18 页。

② 参见刘莹：《我国流域水资源治理体制法治化完善建议》，西北大学 2019 年硕士学位论文，第 18 页。

河—布列塔尼流域和阿杜尔加龙河流域六大流域区。[①]

在每个流域区由流域委员会、流域水管局组成，即全国有六个流域委员会和六个流域水管局。流域委员会是议事决策层，主要负责流域内的水利问题的立法；流域水管局是管理执行层，主要负责参与制定流域水资源开发利用的总体规划、流域管理的五年规划，以及进行涉水纠纷之间的调解、提出水费的征收、水资源的开发利用、污水项目的投资分配意见等。[②] 此外，在每个流域区设立一个流域总协调省长，负责本流域的治理开发和协调工作。[③] 在中央层面还有一个国家水委员会，负责流域水政策的制定，对流域水资源问题进行审议和咨询。[④]

一、莱茵河流域管理的新思路

莱茵河流域水资源保护和水污染治理的重大转折点发生在1998年，这场洪水让莱茵河国家委员会认识到，如果想要确保洪水区居民的人身与经济安全，就必须有新的流域管理方法出现。因此，莱茵河国家委员会针对这场洪水制定了一个有关莱茵河管理的“洪水行动计划”，该计划列举了很多可以促进莱茵河流域可持续发展和修复莱茵河流域水环境的方法。接下来阐述与以往传统的流域水资源管理办法完全不同的3个战略方法：(1)为了阻止大雨水的快速增长，必须尽快提高流域相关区域尤其是农业地区的蓄洪能力。(2)名为“河流空间”(room for the river)的法规在荷兰建立，其主要内容就是禁止在泛洪区内构筑没有必要的建筑物这一行为，以此来防止莱茵河流域范围因城市化进一步减少。(3)通过清除河床的阻碍物、构建临时蓄洪区以及有持久力的低地等方法来实现莱茵河流域可利用空间增加这一目标。

① 参见韩瑞光等：《法国的水资源管理体系及其经验借鉴》，载《中国水利》2012年第11期。

② 参见周迪：《法国流域治理规划制度述评》，载《世界环境》2014年第4期。

③ 参见《完善水治理体制研究》课题组：《国外流域管理在水治理体制中的地位和作用》，载《水利发展研究》2015年第8期。

④ 参见寇怀忠：《法国流域水资源管理的模式及启示》，载《水利信息化》2015年第2期。

二、莱茵河流域管理中的规划实施

莱茵河流域的规划因地制宜,根据不同区域的特点制定不同区域的规划。例如,阿尔卑斯—莱茵河阶段主要进行水电开发,上莱茵河阶段主要进行防洪和河道整治,中莱茵河阶段主要进行通航,下莱茵河阶段主要作用是防洪、渠化和河道整治。莱茵河流域规划时注重数据和现代科技的运用,莱茵河流域的洪水预警机制有了很大的提升。其十分注重水质监测和保护规划,建立了先进的流域检测系统和流动监测站,监测的数据是公开的,公众可以随时查询。① 具体而言如下:

第一,编制并实施分阶段流域规划。各国均在莱茵河保护国际委员会成立后陆续开始了对莱茵河流域的一体化管理工作,大致经历了水污染最初治理、修复水环境质量、改善流域生态以及进一步促进流域环境发展这四个阶段。水污染最初治理阶段为1970—1985年,其通过制定具有法律约束力的《防治热污染公约》《控制化学污染公约》对污水进行治理。在1986年"桑多斯"(Sandos)事件发生后,各国以保护莱茵河为目的,制定了"莱茵河2000行动计划",该计划以恢复莱茵河流域的水环境质量和生态环境质量为主要目标,提出应该减少对莱茵河流域河流的污染,逐步改善莱茵河流域动植物的生存环境,力争在2000年年底前使莱茵河重新成为饮用水水源地。"Rhine 2020——莱茵河流域可持续发展计划"在2001年的莱茵河国家部长会议上被批准实施,该计划主要针对莱茵河流域未来该制定怎样的治理保护措施及该如何实施这些措施,提出要进一步加强对莱茵河流域生态体系的恢复工作,彻底改善莱茵河流域的水生态环境和提高莱茵河流域的水环境质量,这一计划意味着莱茵河流域的一体化管理进入了提高补充阶段。

第二,建立完善的监测预警体系。莱茵河流域上建立了57个水质监测站,这些由莱茵河保护国际委员会建立的水质监测站可对各个时

---

① 参见王璐璐:《论我国流域治理规划法律制度的完善》,西北大学2019年硕士学位论文,第20页。

段的莱茵河流域进行实时监测,形成一个完整的监测体系。并且,每个监测站都有能够对紧急性的水环境事故进行预警的监测系统。

第三,莱茵河流域对流域规划的可操作性和时效性都十分注重,流域规划平均每5年制定一次,规划的内容涵盖很多方面,而且在规划执行过程中,不仅有流域管理机构负责执行,还有辅助的经济手段,确保财政的支持,同时规划中的企业都按照规划执行,因为企业一旦列入超标名录,会影响企业的经营情况。莱茵河沿岸的各国都十分注重合作,都从流域整体出发,确保流域开发治理过程中的生态环境保护。例如,德国对于水污染排放有着十分严格的要求,瑞士等国也十分注重莱茵河流域一体化管理过程中的责任,确保莱茵河流域规划能够完美执行。①

三、莱茵河流域管理中的权威司法鉴定②

德国为治理流经国内的莱茵河,在司法鉴定程序方面给予保障。20世纪50年代,参与成立了保护莱茵河国际委员会(ICPR)。德国参与制定并签署了一系列的莱茵河环保协议,以确保莱茵河的可持续发展。后期,德国内部会召开莱茵国家级会议,广泛讨论域内水资源的司法保障机制,积极加强与莱茵河流域其他国家水资源管理的交流与合作,并通过谈判、调节、仲裁和审判手段解决流域水资源纠纷。同时为了保障司法程序的顺利进行,能够确定合理的赔/补偿金额,恢复流域水资源的原貌。德国在司法鉴定层面作出具体规定,建立专门的流域司法鉴定机构,服务于流域水资源损害鉴定,加强司法权威,促使流域水资源诉讼程序更加完善。

四、莱茵河流域管理中的公众参与③

莱茵河流域规划的有效实施离不开公众参与,无论是规划的制定还

---

① 参见王璐璐:《论我国流域治理规划法律制度的完善》,西北大学2019年硕士学位论文,第20页。

② 参见张旭琴:《我国流域水资源一体化管理司法保障研究》,长安大学2019年硕士学位论文,第34页。

③ 参见王璐璐:《论我国流域治理规划法律制度的完善》,西北大学2019年硕士学位论文,第20页。

是执行,公众都能够作为流域规划的主体。莱茵河流域本身虽是一条国际河流,但是流域各国能够从全流域角度出发,互相协商,能够共同制定让全流域认同并遵循的规划。例如,莱茵河上下游共同完善流域监测体系、防洪规划,使洪水危害逐年下降。

由于公众的广泛参与,特别是投资集体主动参与流域规划的实施过程中,对莱茵河良好水质的保护和维护生态环境的平衡发挥了重要作用。[①] 流域委员会的组成人员中除了公职人员之外,还有用水户、专家学者等,流域委员会每年会召开 1 ~ 2 次会议的目的是使莱茵河流域一体化管理过程增加民主性,为流域规划提供建设性意见。此外,在流域的重大规划决策中,各类理事会、行业协会也会参加。

第三节　美国田纳西河流域一体化管理理论与实践[②]

美国的田纳西河流域流经美国 7 个州,属于密西西比河的二级支流。1933 年田纳西河流域管理局(Tennessee Valley Authority,TVA)成立及同年《田纳西河流域管理局法》(以下简称《TVA 法》)的颁布开创了美国流域管理的先河,是公认的流域一体化管理实践的开端。该法案隶属于美国宪法,直接针对全面开发田纳西河流域而制定,为整个流域的一体化管理提供了法律保证,使田纳西河流域的开发和治理都取得了显著成效,这一法案的很多内容也被许多国家借鉴。迄今为止,美国已经有 20 多个配套法规对流域一体化管理的有关问题作了进一步的规范。以下为田纳西河流域一体化管理法律制度的主要经验。

一、田纳西河流域高阶位的法律保障

首先,《TVA 法》第 1 条便规定该法由美国议会和参议院通过,是联

① 参见王新才:《国外流域综合规划综述》,长江出版社 2009 年版,第 90 ~ 100 页。

② 参见李渊:《我国流域一体化管理法律制度研究——水资源管理的视角》,长安大学 2018 年硕士学位论文,第 24 页。

邦政府一级。这点非常重要,美国是一个联邦制国家,每个州都有自己独立的法律,而田纳西河流域流经美国 7 个州,若《TVA 法》没有一定的级别,TVA 的权力便难以得到保障。其次,《TVA 法》第 2 条对 TVA 的人事任免进行了相当详细的规定。如 TVA 董事会的 3 名成员由美国总统提名,参议院和众议院推荐和通过任命,保证了 TVA 董事的专业和权威。还对 TVA 董事局任期、经理等成员的招聘任命、从业禁止等作出了细致规定,以保证 TVA 的人事独立。最后,《TVA 法》第 3 条对 TVA 成员的薪资报酬标准作出了具体规定,特别说明无须遵守行政事务法关于政府官员和雇员的规定,可以根据具体情况灵活处理,保证了 TVA 财政的独立。通过高位阶、独立的人事财政权保证,确保了 TVA 对于田纳西河流域一体化管理权力的行使。

二、田纳西河流域权威的管理主体

《TVA 法》第 1 条便明确说明 TVA 是为了管理改善田纳西河流域水资源及环境特意成立的,在之后的第 4 条更是用 10 款罗列了 TVA 作为法人所拥有的权力。其中,最能反映 TVA 权威的便是第 4 条 e 款规定的 TVA 有权通过、修改乃至撤销地方法以及 h 款、i 款对于征用权的规定,如 i 款规定 TVA 因公共利益在流域内修建大坝、发电站等公共设施时,有权获得规划地的不动产,若该不动产产权所有人拒绝 TVA 的公平合理出价,TVA 有权征用。第 5 条对 TVA 董事会的权利、职责和义务进行了规定。到了第 7 条 b 款,关于 TVA 权威的规定达到了一个顶峰,该款规定特殊情况下总统可以授权 TVA 对特定不动产或私有财产进行使用、控制乃至占有。有了这些关于 TVA 权力集中的规定,保障了 TVA 对于田纳西河全流域的综合规划、一体化管理的顺利实施。

三、田纳西河流域严格的机构设置

严格而独立的 TVA 机构设置是田纳西河流域一体化管理实践的一大特色。实际上,《TVA 法》确立的 TVA 既不是政府机构,也不是事业单位,其实质是企业实体法人。TVA 内部由 TVA 董事会以及地区资源管理理事会共同组成。关于 TVA 董事会,前面已提到由 3 名成员组成(《TVA 法》修订后已变成 9 名),每名成员经总统提名,两院推介并通过任命。董事会掌管所有权力包括人事任免和薪酬发放,只对总统和国会负责,并于每年 12 月提交综合管理和财务等报告以供审计。TVA 董事会下设有“执行委员会”,该委员会由 15 名高级管理人员组成,每个委员主管一定业务。

TVA 下设的“地区资源管理理事会”属于咨询性质的机构,但这并不意味着其地位低下。《TVA 法》第 5 条 i 款规定 TVA 可以要求政府部门及其代理人、雇员提供建议以及帮助。且从其成员的构成来看,多是水利、电力、能源等各行业的专家,保证了建议的专业性。理事会这种多元构成为流域内多元主体意见的表达和利益的平衡提供了有效的交流协商渠道,同时也对 TVA 的流域管理决策和决定提供了重要参考,为美国田纳西河流域一体化管理实践奠定了公众参与基础和制度支撑。

第四节　非洲奥卡万戈河流域一体化管理理论与实践[①]

奥卡万戈河是非洲南部第四长河,发源于非洲南部安哥拉比耶高原,流经纳米比亚、博茨瓦纳,最后汇入奥卡万戈三角洲。奥卡万戈河在当地和国家层面上都扮演重要的角色,为非洲西南原本干旱地区提供至关重要的水资源。纳米比亚和博茨瓦纳是非洲南部两个最干旱的国家,水旅游业是博茨瓦纳的第二大外汇来源,河水维持着超过 100 万人的使用需求。同时在纳米比亚,奥卡万戈河提供并支持了多样化的生态系统产品和服务。如果没有很好的规划,对奥卡万戈河流域水的需求和使用,会导致安哥拉、纳米比亚和博茨瓦纳这三个沿岸国家之间的冲突。在将奥卡万戈河流域作为一个单一的实体管理对象的精神指导

① 参见李渊:《我国流域一体化管理法律制度研究——水资源管理的视角》,长安大学 2018 年硕士学位论文,第 25 页。

下,1994 年在纳米比亚温得和克,安哥拉、博茨瓦纳和纳米比亚三个主权国家同意签署奥卡万戈河流域水资源管理协议(以下简称 OKACOM 协议)。根据 OKACOM 协议,三国成立了奥卡万戈河流域水资源委员会(OKACOM),其目标是:"作为缔约方(三国政府)的技术顾问,保护、开发和利用缔约方(流域成员国)共同感兴趣的资源,并应履行与开发和利用这些资源有关的其他缔约方授予的职能。"OKACOM 是一个相对年轻的机构,并且将发展成奥卡万戈河流域可持续发展的主要推动力。OKACOM 的作用是预测和减少由于不协调的资源开发而产生的意外,以及不可接受和不必要的影响。为此,OKACOM 通过流域一体化管理方法来管理流域,这种方法基于公平分配、可持续利用、良好的环境管理和惠益分享。1994 年 OKACOM 协议赋予各国法律责任:确定流域长期安全产量;估计消费者的合理需求;准备保护、公平分配和可持续利用水的标准;进行与水基础设施相关的调查;推荐污染防治措施;制定缓解短期困难的措施,如暂时性干旱;解决委员会决定的其他事项。① 非洲奥卡万戈河流域水资源一体化管理法律制度经验可以归结为以下几条。

一、奥卡万戈河流域稳定的流域法律协议合作机制

国际合作可以在奥卡万戈河流域国家之间乃至在全球层面创造可持续的水资源利用与和平建设的机会。除 1994 年签订的 OKACOM 协议外,博茨瓦纳、纳米比亚于 1995 年签署加入南部非洲发展共同体(SADC)水资源共享协议,该议定书旨在使该区域的水资源开发与使用符合 1997 年《国际水道非航行使用法公约》。议定书的一些关键规定明确了共同水道系统内的成员国在所有可能对水道系统产生影响的项目中承担的义务。该议定书还规定,成员国应协调开发,共享水道系统,以实现最佳利用与利益最大化。关于奥卡万戈河流域,主要规定每个国家负有告知其邻国流域计划的义务,以共同开发或修改共享河流系统,确保每个国家分

---

① 参见 OKACOM,载 https://www.okacom.org/okacom-commission,最后访问日期:2021 年 7 月 4 日。

享流域计划的益处，并避免或最小化环境退化。该议定书促进了成员国之间的合作，并为沿岸国使用水资源提供了和平的替代办法。此外，为了促进奥卡万戈三角洲的保护，博茨瓦纳批准了1997年《拉姆萨尔国际重要湿地公约》（以下简称《拉姆萨尔公约》）。《拉姆萨尔公约》是一项旨在促进保护受威胁湿地方面的认识和合作的国际协定。《拉姆萨尔公约》对支持广泛多样性物种的生态系统特别重要。奥卡万戈三角洲根据《拉姆萨尔公约》第2条被列为国际重要湿地。通过该公约第3条，博茨瓦纳有义务确保保护湿地及其中的所有自然资源。为遵守《拉姆萨尔公约》的原则，博茨瓦纳自2000年起制定了"国家湿地政策和战略"，并开展了关于奥卡万戈三角洲综合管理计划的研究。纳米比亚同样加入该公约。另一个重要的国际公约是联合国《生物多样性公约》。博茨瓦纳、安哥拉和纳米比亚是联合国《生物多样性公约》的签署国。该公约指出，个别国家保留根据其环境政策在其各自国家使用资源的主权权利。还指出，在共享资源的情况下，个别国家的活动不应对其他国家受到影响的边界以外的环境造成损害。联合国《生物多样性公约》对安哥拉、纳米比亚和博茨瓦纳十分重要，因为它确保任何成员国都不能进行对生物多样性和生态功能产生不利影响的活动。① 这表明，流域水资源需要依法管理，任何流域国家的社会经济发展应与所有流域内其他国家协商和达成一致，以维持生物多样性，这对下游国家特别重要。

二、奥卡万戈河流域统一的流域信息共享机制

准确的信息是避免冲突的关键。为此，三个国家的OKACOM专员经常举行会议，而技术部门就奥卡万戈河流域水资源的可持续发展、有益利用、一体化管理和保护有关的事项提供咨询意见。还有一个指导委员会（OBSC）来管理项目，并在必要时提供咨询。指导委员会下设机构工作组、生物多样性工作组、水文工作组。其中，机构工作组主要负责专项问题的研究、环境评估、流域综合规划以及组织间协调。生物多样性工作

---

① See Joseph E. Mbaiwa, *Causes and Possible Solutions to Water Resource Conflicts in the Okavango River Basin: The Case of Angola, Namibia and Botswana*, Physics and Chemistry of the Earth, 2004(29), p. 1319 – 1326.

组和水文工作组主要负责生物多样性和水文情况的数据和信息的收集以及监测。尤其值得一提的是,OKACOM 协议规定各国需每 3 个月提供水文报告给秘书处与各州的决策机构。此外,OKACOM 协议第 14 条规定每个国家向水文工作组报告有关洪水、干旱和污染水平的数据,以使 OKACOM 能够建立和运行预警信息系统。这种水平的监测细节在国际协定中是很少见的,对于流域内一体化管理有很大的帮助。

三、奥卡万戈河流域有效的流域法律责任追究机制

OKACOM 可以"采取任何形式的法律程序以保护流域的水资源"。这就令 OKACOM 可以使用这个条款启动法律程序对与 OKACOM 的保护任务相冲突的其他行动进行制裁。此外,OKACOM 下设的秘书处资金来源主要是两个渠道,一是成员国的资金支持,二是国际合作与捐助机构。因而外部机构也发挥着监管作用,特别是捐助者。例如,2009 年瑞典和 OKACOM 通过瑞典国际开发合作署支持 OKACOM 秘书处的协议中包括审计条款,如果 OKACOM 偏离其职能与规划,瑞典国际开发合作署将拒绝支付资金。此外,诸如南部非洲发展共同体等外部力量亦可能施加足够的影响力,以通过国际制裁或政治关系紧张等措施监管责令一方回归协议。[①] 同时,秘书处负责"预防冲突",秘书处可以通过监测流域内的活动,发现并向 OKACOM 通报潜在的冲突,并且 OKACOM 负责通过法律诉讼程序来预防和解决冲突。

第五节　中亚阿姆河和锡尔河流域一体化管理理论与实践

由于水资源一体化管理的缺失,阿姆河和锡尔河下游乃至整个咸海

① See Olivia O. Green, Barbara A., *Cosens and Ahjond S. Garmestant Resilience in Transboundary Water Governance*: *The Okavango River Basin*, Ecology and Society, 2013, 18(2), p. 23.

流域社会经济和生态状况都很复杂,尤其是水量极低的2000年和2001年表现得特别明显。2004年,在美国国务院环境办公室的支持下,"阿姆河和锡尔河下游水资源一体化管理项目"开始论证,并于2007年通过亚洲开发银行审核,为项目实施提供资金支持。中亚阿姆河和锡尔河流域水资源一体化管理法律制度经验可以归结为以下几点。

一、阿姆河和锡尔河流域内多层次法律法规体系的搭建

中亚处于干旱、半干旱地区,阿姆河与锡尔河是咸海流域最重要的两条河流。为了实现水资源的可持续利用和保护良好的水环境。哈萨克斯坦(哈)、吉尔吉斯斯坦(吉)、塔吉克斯坦(塔)、土耳其(土)、乌克兰(乌)五国签订了一系列协议,同时各国国内颁布实施自己的水法。

第一,1998年3月,哈、吉、乌、塔签订《关于在锡尔河流域合理利用水资源与能源的合作协议》(原《锡尔河水能协定》),协议主要内容是在平等的基础上每年对梯级水库泄水量、电力生产与输送、能源损失补偿进行协定。

第二,2002年10月,哈、吉、塔、土、乌达成《杜尚别宣言》,对咸海流域的阿姆河与锡尔河就2003年至2010年改善生态环境和社会经济状况作出了规划。这一协议规划对流域内水资源的径流量和质量提供了重要保障。

第三,2001年,吉尔吉斯斯坦议会通过了《跨境使用水体、水资源与水管理法》,该法的出台有助于缓解上下游国家对水资源使用的矛盾,一定程度上减轻了上游国家水利设施建设方面的支出费用,也能够满足下游国家用水。该法的实施,是解决流域内水资源问题的一大进步,也能促进实现水资源的持续利用。

二、阿姆河和锡尔河流域水资源非正式管理机构的成立

中亚地区最重要的两个水资源合作组织即水资源跨国协调管理委员会(ICWC)和拯救咸海国际基金会(IFAS)。虽然它们属于非正式国际合作机制,不具备法律约束力,但是在政治或道德上具有一定的作用。对于

跨境河流来说,组建正式国际合作机制是非常困难的,因为一旦履行不能,就要承担法律责任。而非正式国际合作机制恰恰相反,这样的机制在流域内的中亚国家之间起到协调和监督的作用,这对跨境河流的国家是比较容易接受和执行的。这对我国非常具有借鉴意义:(1)ICWC 在决定和执行咸海流域跨界水资源管理战略方面十分有效。它的成立保证了地区水资源的使用与保护。ICWC 的成立体现了当时中亚地区跨境水资源合作的最高水平,对该流域的水资源利用具有重要意义。(2)IFAS 的成立是为了实现改善咸海的环境问题,实现阿姆河与锡尔河的水资源的可持续利用。同时,能够吸引国外资源和资金用来协调和建设本区域的水资源项目。中亚地区五个国家的领导人轮流担任 IFAS 的基金会主席。其中董事局由中亚五国政府总理组成,负责制定基金会自身的行动计划,然后上交由各国领导人研究决定后执行。执委会是基金会的常设机构,它由每个成员国委派两名代表组成,负责协调基金会相关机构的日常工作,是董事局的具体执行机构,负责执行各项具体计划,并且监督执行情况。另外,IFAS 内部设有管理委员会,由各成员国副总统组成。在水资源方面承担两项基本职能:为保护咸海地区的水资源募集资金;推动咸海地区生态环境科研,管理跨境水资源。

三、阿姆河和锡尔河流域水资源市场的建立

阿姆河与锡尔河水资源大部分源自吉、塔两国。在苏联管理下,中亚五国同属于一个大家庭,对两河流域的水资源管理都由苏联统一分配。上游缺乏能源的吉、塔两国利用本国境内的大型水库和水利设施冬季蓄水,以保障下游的乌、哈、土三国免遭洪水侵袭破坏,满足下游国家春季大量的农业灌溉用水需求。上游吉、塔两国所需能源则由下游哈、乌两国来供应。然而随着苏联解体,它们之间的矛盾不断加深,合作无法继续进行,不得不寻求新的出路与合作方式。当下,乌、哈、吉、塔四国政府正在建立一个国际化的水—能源财团,阿姆河与锡尔河流域国家的领导人把水和石油、矿产一样看待成能进行交换和具有市场价值的自然资源。通过市场化运行机制,打破按照计划分配流域水资源的传统模式,把水资源

像商品一样进行运作。并且制定市场化的水价，由财团对水资源和其他资源进行交换。针对越来越稀缺的水资源，把其视为一种商品并不为过，在干旱的内陆地区河流更是宝贵的资源。若在其开发过程中，不注重生态环境用水需求，不正确处理上下游国家的关系、眼前利益和长远利益的关系，以及周边国家对水资源的需求，就无法实现水资源的可持续利用。因而流域内国家对拥有的水资源进行有偿交换，不失为一种有效的方法。

第六节 美国密西西比河流域一体化管理理论与实践

作为世界第四长河的密西西比河长 6262km，流域面积达 323 万 km^2，年径流量 5800 亿 m^3，其途经加拿大 2 个省以及美国 31 个州。密西西比河流域在历经长达几十年的一体化管理后，以前存在的水污染严重、水资源浪费等问题都得到了不同程度的缓解。现如今的密西西比河流域水环境质量良好，是当地人民幸福生活的美好家园。因此，密西西比河流域在一体化管理的过程中总结出来的经验值得我国学习借鉴。

由于密西西比河独特的地理位置，美国政府向来重视对其可通航河道的开发利用和保护工作。从 19 世纪开始，密西西比河流域的航道质量问题就已经得到了美国陆军工程兵团的关注，并采取相应措施清除障碍物、维护航道，但直到 20 世纪中后期，密西西比河流域的生态环境和水质问题才受到有关部门和人们的重视。

美国《河流与港口法案》由国会颁布实施，这是第一部以保护河流环境为宗旨的法律，其规定向可通航河流丢弃垃圾必须经过相关许可，以此达到保障航运发展的目的。美国《联邦水污染控制法案》承认了联邦政府在经过州政府的批准后，可得到有限的执法权。此后，国会分别在 1956 年、1961 年、1965 年对该法案进行修正，其主要目的就是让联邦政府获得更大范围的执法权，并要求各州政府对水质标准进行明确规定，还确定了各州的污水处理设备可以得到来自联邦政府的资助。但在实践中，这些法律规定很难落到实处。例如，某一企业排放污染物超标，如果没有明确的证据证明其超标排放导致了河流水质变差,便不能对该企业进行处罚,这就使政府部门执法困难重重。因此,污染企业漠视法律条款的相关规定,仍然毫无顾忌地向河流排放污染物,导致该时期美国河流水环境质量状况十分严峻。1969 年,摇滚歌手兰迪(Randy)以克利夫兰凯霍加河河面起火事件为原型而创作的歌曲 *Burn on* 在全国范围内流传,并引起了大型的环境保护群众活动。因此,国会在 1972 年正式把《联邦水污染控制法案》更名为《清洁水法》,并对相应内容作出了修改,其不仅对联邦政府的执法权进行了强化,还规定了全新的排污许可制度。

在水环境质量管理过程中,各个州之间的协同与合作不可或缺。实施《清洁水法》对密西西比河流域而言十分具有挑战性,因为它需要 31 个州、美国陆军工程兵团、国家海洋和大气管理局、美国环境保护署、美国地质调查局等联邦政府机构紧密协商合作。在美国,各州独立的立法权会使同一流域的上下游不同区域间往往有着不同的流域管理准则,这将会导致流域管理过程中的矛盾更加激化。因此,密西西比河流域为了解决上述流域管理问题,在流域内构建了水资源一体化管理机制,成立了多个水资源管理机构,采取了诸多有效的水质管理措施,以下将分别进行阐述。

一、密西西比河流域水质协同治理机构的建立

(1)密西西比河上游流域协会(UMRBA)。它是一个由艾奥瓦州、密苏里州、明尼苏达州、威斯康星州和伊利诺伊州组成的,在 1981 年成立的州际组织。并且该组织还有美国陆军工程兵团、海事局、海岸警卫队、环境保护署、地质调查局、农业部自然资源保护局以及鱼类和野生动物管理局等联邦政府部门以顾问的身份参加。

(2)密西西比河上游次流域低氧富养委员会(UMRSHNC)。该组织是由明尼苏达州污染控制局、威斯康星州自然资源部、艾奥瓦州农业和土地管理部、伊利诺伊州农业部以及密苏里州自然资源部共同组成,于 2001 年成立。它是一个联合了各市、州、联邦机构以及农业和环境组织构成的利益相关者小组。

(3)密西西比河上游保护委员会(UMRCC)。该组织成立于1943年,以保护密西西比河上游自然资源为目标,由明尼苏达州、威斯康星州、密苏里州、伊利诺伊州、艾奥瓦州的相关代表,以及美国鱼类和野生动物管理局组成的非营利组织。

(4)密西西比河上游供水联盟(UMRWSC)。该组织于1999年成立,是由工业用水和饮用水供应商构成的一个会员组织。其以美国《安全饮用水法》的相关规定作为法律依据,以召开定期会议、对密西西比河上游区域进行预警监测及数据收集等作为具体手段,以达到保护密西西比河上游地区水资源的目的。

(5)密西西比河下游保护委员会(LMRCC)。该组织以保障密西西比河下游区域的生态资源为目的,于1994年成立,由密西西比州、阿肯色州、田纳西州、路易斯安那州、密苏里州和肯塔基州等位于密西西比河下游区域的6个州的相关代表,以及美国地质勘查局、环境保护署等5个联邦政府部门构成的非营利组织。

(6)密西西比河下游海湾低氧次流域委员会。该组织以恢复密西西比河下游和海湾地区的生态环境、保障动植物的生存环境为目的,于2003年成立,由密西西比州、阿肯色州、田纳西州、密苏里州以及路易斯安那州的相关代表组成。

另外,密西西比河流域还有俄亥俄河谷水卫生委员会(ORSANCO)、萨斯奎汉纳河流域委员会(SRBC)、波托马克河流域州际委员会(ICPRB)、特拉华河流域委员会(DRBC)、新英格兰州际水污染控制委员会(NEIWPCC)等多个州际治理机构。

(7)美国环境保护署。该部门以保障居民安全用水、保证流域生态系统不受破坏为出发点,下设水资源办公室。该办公室以美国《清洁水法》和《安全饮用水法》等法律作为依据,对流域内的生产生活活动进行约束和监督,以保障流域内的鱼类以及其他动植物有一个良好的生存环境。并且其下设10个区域办事处,第2~8区域办事处与密西西比河流域相关。

(8)其他联邦政府部门。对破坏密西西比河流域水环境质量的行为，不仅美国环境保护署拥有管辖权，许多其他联邦政府部门也拥有管辖权。预防洪水与航行方面的水资源管理由美国陆军工程兵团负责；美国《农场法案》由农业部负责执行，旨在降低农业生产对流域水环境质量的影响；美国鱼类和野生动物管理局负责执行《濒危物种法案》；密西西比河流域的总体地质情况由美国地质调查局负责监测。

除了上述的相关政府部门外，很多的非政府组织对密西西比河流域水资源一体化管理与保护问题也十分关注。这些非政府组织的侧重点往往都在一些特定水域，如田纳西清洁水网、明尼苏达州环境宣传中心、路易斯安那环境行动网以及艾奥瓦州环境保护协会。并且部分组织旨在推动州际交流合作与信息共享。例如，由对密西西比河流域较为关注的80多个环保组织构成的密西西比河流域联盟（MRBA）；还有旨在改善密西西比河流域水质，由麦克奈特基金会赞助，来自密西西比河流域各州20多个非政府组织所构成的密西西比河水质合作组织（MRWQC）。

二、密西西比河流域管理措施的落实

美国《清洁水法》共5章73条，12万字左右。该法作为美国水资源保护效果最明显、影响最深刻的法律，内容大致分为两个方面：一是明确了水污染治理所要达到的标准，即到1983年时水质不仅要满足流域内动植物的生存繁殖要求，还要满足人们可在水上及水下娱乐活动的要求。二是对如何实现上述目标的具体法律措施进行了规定，包括确定污染物排放标准、增加城市污水处理厂的数量以及制定污染物排放许可证管理机制等。依据1972年修正案的相关规定，美国环境保护署有权审查各州依据自己情况制定的水质标准与《清洁水法》规定的标准是否相同，并把审查结果予以公布，因此各州通常都是以美国环境保护署制定的联邦水质标准作为参考，以此来制定自己的水质标准。1987年修订的《清洁水法》对州政府的责任进行了进一步的明确与细化，不仅要求明确造成流域水污染的污染物来源，还要求明确对这些污染源进行控制的配套措施以及相关的时间节点。

国会通过了旨在保护湖泊、泉水、河流、地面水井及水库等饮用水水源的美国《安全饮用水法》,该法分别在1986年、1996年及2004年进行了修改。随后,国会通过了《北美湿地保护法》,该法的主要关注点在美国、加拿大及墨西哥这些国家的湿地野生动物保护以及湿地管理方面,旨在保护湿地生态环境、恢复被污染的湿地,以此为候鸟与其他湿地野生动物提供一个良好的生存环境。

美国《清洁水法》在实施的过程中,美国环境保护署扮演着重要的角色,其主要负责对水质标准进行规定并监督各州流域一体化管理措施的实施,以此达到保护河流的目的。并且,与属其管辖的各个区域办事处在执法过程中拥有很大的自由裁量权,其可在《清洁水法》规定的范围内自行决定污染物排放许可证管理制度如何执行等问题。为了促使《清洁水法》以及其他治理项目在密西西比河流域得到更好的实施,美国环境保护署下属的各个区域办事处应加强与各自管辖范围内的各州之间的合作。美国环境保护署肩负着为各地、各部门、流域协会等单位实施《清洁水法》提供主要资金的重要职责,因此其不仅要对各州水质标准的合理性进行定期审查,还要听取各州关于该年度水质管理情况的报告,作为向各州拨款的重要前提条件。

1997年,由6个美国环境保护署区域办事处、美国环境保护署水资源办公室和美国环境保护署墨西哥湾项目的代表共同组成的美国《圣路易斯协议》工作小组正式成立,该工作小组旨在通过加大密西西比河流域管理项目之间的协作与交流,解决流域内的生态环境保护、经济发展以及墨西哥湾缺氧等问题。美国环境保护署在2003年制定了一个有关流域合作与资助的计划,该计划的主要内容是推动各州通过协作的方式系统解决流域水资源问题,并对其他和流域治理相关的州际合作项目进行帮助。例如,在2004年,美国环境保护署为了解决墨西哥湾缺氧这一密西西比河流域范围最大的州际污染问题,对艾奥瓦州、伊利诺伊州、阿肯色州进行的共同治理项目进行了资助。

在对密西西比河流域进行一体化管理的过程中,签署的州际协作管理协议对于密西西比河流域一体化管理体制的建立起到重要作用,现将适用流域管理协议的经验作如下归纳。

（1）签订密西西比河流域水污染控制协议。该协议以强化密西西比河流域内各个区域间的沟通交流，对流域内的水污染治理方案与活动进行统筹为目标，于 1958 年由乔治亚、密西西比州、肯塔基州、田纳西州和阿拉巴马州共同签订。为此，密西西比河流域专门成立了流域水污染控制委员会，还设立了流域水污染控制区。该委员会不仅可对流域内的水污染问题进行调查研究，还可以就预防流域水污染问题提出有关报告。

（2）签订俄亥俄河谷水卫生协议。该协议于 1953 年由宾夕法尼亚州、肯塔基州、俄亥俄州、田纳西州、西弗吉尼亚州、伊利诺伊州、印第安纳州和纽约州共同签署，各州承诺加强在治理俄亥俄河流域当前污染和预防将来可能发生的污染过程中的交流合作。

（3）签订阿肯色河流域协议。该协议于 1970 年由阿肯色州和俄克拉何马州共同签署，它以加强阿肯色州和俄克拉何马州在阿肯色河流域水资源一体化管理及水污染治理方面的沟通协作为目标，并建立了“阿肯色州—俄克拉何马州阿肯色河协议委员会”。

（4）签订路易斯安那州—密西西比州坦吉帕霍河协议。路易斯安那州与密西西比州为了对坦吉帕霍河的污染源进行研究并解决该河流的水质污染问题，于 1988 年共同签订了该协议，并成立了路易斯安那—密西西比坦吉帕霍河水道委员会。

虽然州际流域协同治理协议能够极大促进流域一体化管理的发展，但协议签署中会出现很多问题，导致该协议无法真正做到让各方都满意。比如，流域管理无法得到群众的信任从而获取各州关于流域管理的部分权力，也无法得到各州政府和联邦政府的长期资金支持。而且，密西西比河流域由于地理面积广阔，所以签署对其全面覆盖的州际协同治理协议困难重重。

三、密西西比河流域水质协同治理体制的建立

密西西比河流域沿岸部分州在美国《清洁水法》的作用下开始进行流域管理的协同合作。一方面，这些合作的效果明显；另一方面，在合作过程中也遇见了监管权混乱、资金支持不足以及各州之间的技术标准不

统一等问题。这些问题让国会意识到现有的协作机制并不能完全应对密西西比河流域管理问题。因此,国会于1965年通过了旨在为流域管理提供帮助的美国《水资源规划法》。美国各州还依据该法案成立了像密西西比河上游流域协会这样的流域组织。

美国国会除了上述法律外,还颁布了大量与保护生态环境有关的法律法规:授权美国环境保护署解决化学品泄漏或危险废物造成的污染的《综合环境反应、赔偿和责任法》;授权美国环境保护署对可以渗入地下水的杀虫剂的供需进行控制的《联邦杀虫剂、杀菌剂和灭鼠剂法案》;授权美国环境保护署对可能造成地下水破坏的有毒化学品的制造、储存或处置进行控制的《有毒物质控制法案》;为预防地下水被污染,从而授权美国环境保护署对固体和危险废物的保存、运输及处置进行管理的《资源保护和回收法案》;对美国环境保护署应对和处理灾害性石油泄漏能力进行加强的《石油污染法》;对向海洋倾倒的物质进行严格控制以保护人类健康和海洋环境的《国家海洋庇护区法》;以保护各州沿海自然资源为目标的《海岸带管理法》。上述法律的颁布使一个系统的水环境保护立法体系正在逐步形成。

在密西西比河流域水环境质量的保护和恢复过程中,美国环境保护署的沟通协作职能发挥了巨大作用。无论是对水质标准进行检查,还是执行水质监测活动,都离不开美国环境保护署对各州、各区域办事处以及各个非政府组织等进行统筹协调行动。密西西比河墨西哥湾流域富氧工作队成立于1997年,该工作队以评价和寻找减缓墨西哥湾北部富氧、低氧水质的方法为目标,是密西西比河流域最为知名的跨部门、跨区域水资源协同治理机构。它是由美国环境保护署、环境质量委员会、鱼类和野生动物管理局、白宫科技政策办公室、地质调查局、陆军工程兵团、农业部自然资源保护局、内政部、国家海洋和大气管理局、司法部等10个联邦政府部门,俄亥俄河谷水卫生委员会、密西西比河下游海湾低氧次流域委员会、密西西比河上游次流域低氧富养委员会3个区域组织,以及37个地方政府部门共同组成,且美国环境保护署还在其中发挥着引导作用。

以流域水质协同治理为基础的"生态系统伙伴关系"方法于20世纪

80 年代出现,该方法的出现引起了人们的广泛关注,因此,在保障和改善大型河流管理系统、处理州际关系、协商水质标准、改善流域水质监测系统等方面,联邦政府能够发挥更大的作用,尤其是美国环境保护署引导或帮助各州进行新的沟通和协作。

作为一项已经被普遍接纳的基本原则,生态系统管理方法不仅强调了生态系统组成部分之间的相关性,还强调了统筹治理策略的重要性。如果流域内各州在解决水污染治理、防止物种入侵以及预防过度开发水资源等问题上的方法不一样,通常就会导致流域一体化管理难以达到预期目标。这就使密西西比河流域各州对协同治理在一体化管理过程中发挥的重要作用有了明确的认知。美国环境保护署及其他联邦政府部门针对密西西比河流域出现的富营养化、频繁发生的洪涝灾害、流域管理政策不一致及流域规划不协调等问题采取了许多沟通协作措施,这些措施很大程度上缓解了密西西比河流域因生态系统复杂所带来的一体化管理难题。并且,流域内还成立了多个州际委员会,它通过加强各州之间的沟通合作,鼓励各州在流域管理方面勇于创新,彼此之间形成良好的伙伴关系,从而使各州合作的流域管理成效远胜于以往的单独管理。

第七节　国外流域一体化管理的法治经验总结[①]

国外流域一体化管理法律制度有很多经验值得我们借鉴。无论是阿姆河和锡尔河流域建立的跨国水—能源市场机制,将水价市场化,由水—能源财团运作。还是奥卡万戈河流域改善数据和信息收集,将数字管理平台的使用作为国家水资源总体规划管理的重要一步,都对我国流域管理法律制度的建设与完善具有借鉴意义。结合我国的实际情况,立足本国国情,对国外的治理经验予以虚心学习,从法律层面探索完善我国流域

---

① 参见刘莹:《我国流域水资源治理体制法治化完善建议》,西北大学 2019 年硕士学位论文,第 19 页。

管理体制的方法，对建立我国流域一体化管理法治体系十分必要。

一、强有力的流域管理立法体系

经过对田纳西河流域、墨累—达令流域、莱茵河流域一体化管理体系介绍，以及对阿姆河和锡尔河流域、奥卡万戈河流域等世界著名流域的一体化管理成果分析，可以总结出，这些典型流域的治理过程都有一个非常普遍的共同点——立法。国外流域一体化管理体系的日益完善离不开法律的支持和保障，这些国家都制定了较为完备的法律法规，用以专门针对流域的治理工作，包括在环境保护法、水法等相关法规中专门规定流域管理的内容，抑或各流域专门针对本地区流域管理工作制定的法规等。流域管理针对性立法是全面统筹流域的法律，在流域管理法律体系中扮演着基本法角色，以此才能构成一个系统。通过立法，可以确定各涉水机构职能分工、权力等，使流域一体化管理每一个环节均做到有法可依。美国《清洁水法》就起到了基本法的作用，它是流域保护与污染控制法律体系的灵魂，建立了完备的流域一体化管理体系。

二、明确的流域管理机构法律地位

不同国家的流域管理机构会因为经济水平、地域文化差异、流域环境不同、国家水管理体制等不同情况的制约而有着千差万别。比如，在意大利、法国这样的单一制国家，流域管理机构不仅协调地方，也协调中央与水有关的部门；而在澳大利亚、美国这样的联邦制国家，则主要由地方来承担治理流域的职责。但流域管理机构的地位却不容小觑，在水资源一体化管理体系中，其发挥着承上启下的作用，承担着全面执行和落实好上级制定的政策与法规，指导和监督好下级政府执法工作的责任。一些西方发达国家在治理流域的时候，流域管理机构在其中发挥着举足轻重的作用，流域管理机构并不完全隶属于地方政府，而是有各自的由中央政府授权的流域管理权限。政府在这里只是发挥着组织或者引导的作用。譬如《法国水法》把全国大大小小的流域分别确定为六大流域，并针对这些流域分别设置了对应的流域委员会和水管局，负责制定流域管理和开发规划、监督项目进度、批准流域规划、发布流域管理政策等。这些流域管理机构的工作人员来源并不拘泥于特定领域,而是由社会各界代表组成,包括专家学者、政府人员、企业代表等。流域管理机构拥有权威性,地方涉水机构应坚决执行其下发的指令和规定,政府在其中的作用被大大削弱,这也有效防止了政府的权力过剩。

三、共同参与的水资源管理多方利益主体

流域的一体化管理具有社会性与广泛性,从前文对墨累—达令流域和美国田纳西河流域的介绍中可以总结得出,国外很多国家对于公众参与流域一体化管理都非常重视,而且建立了较为系统和完善的多元主体共治体系。公众参与流域管理,有利于增强信息的透明度,有了公众的参与,也可加深决策者的重视度和责任感。

在社会发展导致越发恶化的流域问题的背后,与之相应的却是公民环保意识的觉醒和增强,因为流域生态环境的破坏直接关系到人类的生存,这样一来,公众加入流域一体化管理过程就是十分必要的。美国在《清洁水法》中将公众参与机制进行了明确,并对公民诉讼、污染听证、公开环境标准等公众参与等配套机制进行了完善。法国塞纳河—诺曼底流域管理委员会共有 118 人,涵盖了 45 位居民、45 位政府人员、21 位公务员代表以及 7 位学者,最大限度保证了不同领域人员都能参与流域共治。此外还有法国的水务局模式、荷兰的理事会模式、澳大利亚的全流域管理模式等,都设立了专门的部门负责宣传工作,引导公众可以主动加入流域环境保护中。

可以看出,世界上诸多国家运用了各种各样的途径,诸如听证制度、协商谈判等,让公众加入流域一体化管理过程,拓宽了公众参与的途径及范围,做到了社会与政府间的良性互动,增强了公众的参与意识和社会责任感,同时还保障了社会的稳定和谐。人人自觉维护流域生态环境,参与治理,也为流域一体化管理工作提供了极大的便利和支持。想要保证流域一体化管理平稳有序地运转,就应该通过立法和政策来将相关的制度确定下来。

四、完善的流域管理配套制度

经过查阅大量资料发现,很多国家在流域一体化管理方面取得了较大成功,是因为其相关配套制度比较完善。例如:(1)协议治水制度。澳大利亚《墨累—达令河流域协议》就是由新南威尔士州、南澳大利亚州、维多利亚州共同对水权予以合理分配,并签订相关协议,约定彼此的权利义务。(2)统一规划制度。在罗纳河的一体化管理路径上,法国起先就拟好了流域规划,并且在之后的一体化管理过程中都对此严格执行和坚持。令人欣慰的是,如此的尝试与坚持也获得了显著的成效;美国也是这样,从一开始便对田纳西河流域实行统一规划,明确流域一体化管理的思路,其成功的经验也被世界多国广泛借鉴。(3)水权交易制度。即在某种情形下,将水资源使用权从原所有人流转到受让人的情形。因为水权交易对于水资源的优化配置起着至关重要的作用,因此众多发展中国家甚至是发达国家纷纷建立了自己的水权交易制度。他们首先确定了初始产权,之后又明确规定了水权交易的价格、范围、原则、场所等问题,以及法律保障体系和登记制度等。这一制度有利于节约水资源,对其加以合理利用。(4)取水许可证制度。这一制度是指从地下或者流域取水的主体,应当先向有审批权的涉水机构申请取水,经同意后取得相关批准文件或许可证后才可以取水的制度。这也是许多国家在流域一体化管理过程中都会实行的制度,用以加强对本国的流域水资源的管理和保护。与此同时,也可以协调流域开发利用,防止过度开采导致浪费。(5)生态补偿制度。这属于一种激励机制,用于对保护流域的行为予以税费或者金钱补偿,以此来调动社会各界保护水资源的积极性,达到保护流域水资源的目的。生态补偿制度的基本原则就是"谁受益,谁补偿""谁污染,谁治理",就是将经济手段和市场调节联系起来,形成污染的人为其污染行为付出代价、保护生态的人可以得到应有奖励的局面。(6)流域规划制度。它是一体化管理的基础,且在世界多国都有具体健全的规定,具体是通过流域的规划来对各个流域和支流进行指导和管理。很多国家也会通过立法的形式把流域规划的目标、政策措施等相关事项予以明确。比如，《欧盟水框架指令》的主要目的就是整体规划和一体化管理流域，这一文件明确要求各成员国六年更新一次该管理区的行动计划和规划。此外，还有节约用水制度、环境影响评价制度、水资源调度和分配制度，等等。

五、完备的流域管理责任追究制度①

在流域层面的水资源管理中减少与水有关的风险，提高国内机构的能力是各流域的首要议程。在实践中，流域的水资源管理是一个复杂的制度问题。流域管理机构的权威在参与流域水资源管理中随着垂直和水平层面的传播不断减弱，流域规划执行也往往因政府职能的重叠而问题重重。尤其是对于政府来说，不同规模的部门之间的职责划分存在不确定性，是在实践中避免责任的完美手段。在这方面，流域一体化管理除利用数字管理系统保证信息及时准确，以及完善流域规划制度保证保障流域决策的科学合理外，最重要的是强化了流域一体化管理责任追究制度。最典型的便是 OKACOM 协议规定的“采取任何形式的法律程序以保护流域水资源”条款，以及 OKACOM 制定的一系列责任追究程序和法律诉讼程序。这些法律规定和措施都巩固了该流域的流域一体化管理责任追究能力，并提高了处理问题的灵活性。因此，以立法形式明确政府和其他涉水参与主体的责任，强化责任追究制度，是完善我国的流域一体化管理法律制度的有效途径。

六、成熟的流域水资源开发监管机制②

通过分析美国、加拿大、澳大利亚等国家水能资源开发的监管机制，可以看出，这些国家在水能资源开发过程中形成了适合本国情况的环境审批程序，在项目许可和环境监管方面逐渐对相关程序进行细化并对配

---

① 参见李渊：《我国流域一体化管理法律制度研究——水资源管理的视角》，长安大学 2018 年硕士学位论文，第 31 页。

② 参见龙维娜：《中国流域水能资源开发中的环境监管制度研究》，西北大学 2020 年硕士学位论文，第 22 页。

套机制进行规范，各类水能资源开发项目拿到相关程序的许可证是项目正式实施的重要前提。通过法律的明文规定对流域水能资源开发涉及环保的事项进行规定，在很大程度上防止违规行为的出现，使各环境监管部门按照相关规定办事，防止职务交叉，同时减少职能的空白之处，使每一个行为都有相应的法律规范可以作为依据。域外国家在流域水能资源开发中十分关注流域生态系统和环境资源的保护，实施全面的项目开发审核工作、配套合理的环境保护制度和后期的生态补偿措施，最大限度降低对流域生态要素的破坏。对流域水能资源开发工作所带来的流域生态环境的变化，相关环境监管部门还提出了更高的水能资源项目规划要求，最大限度降低由于水能资源开发工作而造成的环境破坏。

第四章 法治与生态文明：法治是中国流域一体化管理顺利实施的必然选择

美国田纳西河流域、欧洲莱茵河流域、澳大利亚墨累—达令流域等众多流域的一体化管理体制的发展演变及经验总结，为完善我国流域一体化管理体制提供了一些启发和完善思路。在介绍国内外典型流域一体化管理现状并进行法律评析的基础上，把法治和生态两大文明在流域一体化管理中结合，分析二者在流域一体化管理中的内在逻辑和实践关系，构建法治推动流域一体化管理的理论依据。

第一节 流域一体化管理法治的理论解析

一、流域一体化管理的内涵

流域是人类生命的起源，是社会经济可持续发展必不可少的因素。任何一个国家和社会，水资源都具有永恒的价值。无论是农业社会还是近代社会，中国在流域一体化管理方面都取得了巨大的成就。但是随着人口、环境、资源和发展问题的日益严峻，流域管理成为当今世界各国重视的问题。自然流域本身是一个完整的系统，由于人为划分以及长期以来对经济的片面追求，形成了线性管理模式，造成严重的资源浪费和环境污染。[①] 21世纪，水与环境发展问题国际研讨会和环境与发展大会相继召开，世界各国逐渐意识到不同于传统水管理概念的水资源一体化管理的重要性和科学有效性。一些国家已经逐步在探索符合国情的新型水资源管理方式。我国也开始尝试水资源管理的新模式。水资源一体化管理指的是以整个流域空间为基础，在各方主体之间协调流域空间内各要素的占有、使用、收益权限，平衡各方利益，保证生态环境系统可持续性，从立体空间观的角度来构建流域空间一体化管理体系，促进社会、经济等各方面协调发展。具体来说，流域一体化管理包含政治、经济、技术、法治四个方面的内容。政治方面指流域一体化管理的战略部署和政策制定、中央和地方权责分配与边界，以及政府考核责任制度等内容。经济方面指流域范围内财政收入与划拨、管理过程中政府与市场的关系等内容。技术方面指众多现代信息技术手段在流域一体化管理中的应用。法治方面指通过法律明确各主体权力与责任、规范流域管理的行为等内容。[②] 不同领域的内容相辅相成，共同构成了流域一体化管理的核心，有利于克服单一管理内容的缺陷和弊端。

二、流域一体化管理法治化

一体化管理是通行于规制空隙之间的占据主导地位制度安排，也许更重要的是当两个或多个规制出现重叠、冲突，或者需要在相互竞争的利益之间进行调解时才发挥作用的原则、规范、规则和决策程序。流域管理不是单一主体决定的，而是多方相互规制的表达。法律治理是现代国家治理的基石和基本方略。流域一体化管理作为国家治理体系的一部分，自然也离不开最基础的法律治理。流域一体化管理法治化指的是流域政治中的公共选择、流域决策中的法理和立法、流域的监管执法和流域行政

---

① 参见孟庆瑜、张思茵：《流域法治的空间审思与完善进路》，载《北方法学》2021年第2期。

② 参见郭继超、施国庆：《水资源一体化管理的概念及其应用》，载《水资源保护》2002年第4期。

管理体制以及政策制定和执行。流域一体化管理要从法治角度出发,健全流域一体化管理相关立法,保障流域管理机构科学、全面执法,完善各类配套机制,优化多元主体参与机制,促进政府依法作出高效、公正的决策等。流域一体化管理法治化是静态法制和动态法治相结合的管理模式。通常的研究多从静态法律观出发,认为法律制度通过对主体的权利、权力、义务、责任进行分配从而达到对社会特定领域的规范。然而,在推进流域一体化管理法治化的过程中,不再是孤立、静止地研究法律制度,而是需要结合社会的应用和实践情形,联系流域空间中的各要素,动态地认识和分析法律制度。①

流域一体化管理法治体系的构建,根本目的是实现"善治",即通过社会多元合作、管理,使社会公共利益实现最大化。综合学者观点,"善治"具有如下三个基本特征。

(1)合法性。合法性指的是行为人对于权威、规范、秩序的认可和服从。既包括对由立法机关制定的、被明确表达的法律的遵从,也包含对符合公平、正义的法律精神的内心承认。合法性越强,有效治理的可能性越大。因此,法律治理是平衡主体利益矛盾、达成"善治"最有效、最基本的途径。要实现有效的流域一体化管理,科学、统一、具备可操作性的法律制度是不可或缺的。

(2)责任性。在法理学视角下,责任是保障义务履行、矫正义务违反的机制,是主体要承担的不利性或否定性后果。责任承担机制构建得越完善合理,越能够保障实现"善治"过程中主体的义务履行。流域一体化管理中的各方主体都应有明确的、可预见的、相应的责任承担情形和内容。

(3)参与性。参与性指的是在追求"善治"过程中要纳入公众力量。流域一体化管理的主体是政府,公众参与可以形成有效的力量补充。公众参与的源头可追溯到1972年的《联合国人类环境宣言》。随后,1992年《联合国里约环境与发展宣言》明确了要推动公众在环境一体化管理

① 参见刘佳奇:《论空间视角下的流域治理法律机制》,载《法学论坛》2020年第1期。

中的地位和作用。从法律治理角度来看,公众本身就享有权利,能够就政府关于环境治理的决策提出意见、建议,有权监督实施,并享有法律上的救济权。有效的公共参与的第一个关键要素就是信息公开。透明、完整、真实、全面、及时的信息,有利于弥补公众和政府主体之间地位的不对等性和差异性。其法理基础为“人民主权理论”和“知情权理论”。对与公众直接或间接相关的流域一体化管理,公众同样应该享有参与的权利。在此过程中,既能提高决策制定的科学性、合理性、创新性,也能提升公众参与流域一体化管理和生态环境保护的意识,在政策施行过程中,可以提升理解度和支持度,减少矛盾冲突,更好地实现政策目标。

流域“善治”的基本内容就是建立在对法律的充分尊重和遵循之上,实现流域一体化管理法治化。“法治”是“善治”的基石,“善治”是“法治”在具体领域要实现的最终目标。[①] 自从流域水资源危机产生以来,国家就非常重视,并联合地方进行了许多流域一体化管理方面的探索和管理模式的采取。虽然起到了一定成效,但终究没有解决根本问题。因为我们的流域一体化管理体制究其根本还停留在单一管理层面,各流域均由政府主导,其他相关方参与不足,尤其是公众参与欠缺。[②] 此外,政府又以各自为中心,从本地区的角度思考问题,各自为政的态度明显,这就很难真正管理好流域问题。因此,从法治化角度完善我国流域一体化管理体制已经成为当前解决流域危机之必然选择。流域一体化管理应是综合管理与法治,既有科学民主性,又有可调整性。[③] 法律制度可以确保流域一体化管理的合法性、有效性和可问责性。法治化可以更好地促进流域的可持续发展,是流域一体化管理的基础。

---

① 参见孟庆瑜、张思茵:《流域法治的空间审思与完善进路》,载《北方法学》2021 年第 2 期。

② 参见左其亭等:《基于人水和谐理念的最严格水资源管理制度研究框架及核心体系》,载《资源科学》2014 年第 5 期。

③ 参见王璐璐:《论我国流域治理规划法律制度的完善》,西北大学 2019 年硕士学位论文,第 9 页。

第二节 流域一体化管理法治化的价值遵循

流域一体化管理法治化的各个阶段、各环节中都要遵循一定的价值，具体包括目标、理念、原则等方面的内容。

一、流域高质量发展是流域一体化管理法治化的核心目标

随着现代社会政治经济高速发展，生态环境问题越来越突出，逐渐影响和干扰人们正常的生产和生活，对可持续发展造成了严重的威胁和阻碍。

党的十八大提出节约与保护优先、重在自然恢复。党的十九大秉承党的十八大方针，同时要求将法律作为制度保障，引导一体化管理。习近平总书记在2019年河南郑州组织召开的座谈会中指出，要坚持绿水青山就是金山银山的理念，坚持生态优先，以水而定、量水而行，因地制宜、分类施策，上下游、干支流、左右岸统筹谋划，共同抓好大保护，协同推进大治理，着力加强生态保护治理、保障黄河长治久安、促进全流域高质量发展、改善人民群众生活、保护传承弘扬黄河文化，让黄河成为造福人民的幸福河。2020年6月，习近平总书记视察宁夏时指出黄河流域管理要坚持综合治理、系统治理、源头治理，明确黄河保护红线底线，统筹推进堤防建设、河道整治、滩区治理、生态修复等重大工程，守好改善生态环境生命线。

流域一体化管理与高质量发展的内涵包括经济和生态两方面。经济发展和生态保护不是对立的，而是相辅相成、协调统一的关系。生态环境治理的成败，与经济结构和经济发展方式息息相关。一方面，流域一体化管理法治化的实现有助于保障流域经济稳步、健康发展，不断提升人民物质生活水平；另一方面，流域一体化管理法治化的实现有利于平衡经济利益和生态利益，预防片面追求经济效益，关注生态环境保护与治理，满足人民日益增长的美好生活需求。在我国法治化和治理能力现代化大环境下，要改革创新，建立健全相关监测、监管法律制度，形成一个系统有序、职责明确、严厉高效

的监测与监管体系，用法律制度来保障各区域协作，促进协作机制构建，促使不同地区、产业、部门的合作有法可依。发展具有规范性、有序性、高效性、合理性，要坚持在发展中保护、在保护中发展，加大力度推进生态文明建设，正确处理好绿水青山和金山银山的关系，共同促进流域高质量发展。①

二、“人—地—水”和谐是流域一体化管理法治化的基本理念

流域一体化管理法治化的基本理念是坚持“人—地—水”和谐，体现流域一体化管理法治化价值追求的实质，是流域管理的必然要求。“人—地—水”和谐是人与自然和谐共生的内涵之一，其中，人水和谐强调在水资源的开发利用中要坚持保护优先、节约优先。在开发和利用的过程中，要注意遵循一定的上限，维持水资源的可持续性，防止资源枯竭。同时，要避免污染，保障水资源的平衡性、稳定性、健康性。在人、地、水和谐关系的构建中，不仅要关注开发利用与保护节约的关系，还要重视系统与要素、整体与局部的关系。② 流域内的植被覆盖率、土壤利用方式及分布结构等都会影响到水资源的利用和保护。局部的流域问题不是孤立的，而是会影响整个流域的存在秩序与可持续发展。水资源一体化不是单一片面的问题，而是涉及包括自然和人类社会各种复杂多样性要素，如气候、地形、农业、林业、法律、信息技术等，流域一体化管理的构建过程实际也是追求各要素和谐共处、利益均衡的过程。③

第三节　构建流域一体化管理法治的基本原则

一、遵循“立法先行，而后改制”的法治原则

在流域管理法治化的过程中，需要将“立法先行，而后改制”的原则

---

① 参见何文盛、岳晓：《黄河流域高质量发展中的跨区域政府协同治理》，载《水利发展研究》2021年第2期。

② 参见孟庆瑜、张思茵：《流域法治的空间审思与完善进路》，载《北方法学》2021年第2期。

③ 参见杨立信、孙金华：《国外水资源一体化管理的最新进展》，载《水利经济》2006年第4期。

贯穿始终。流域一体化管理首先应该在法治化的基础上进行，通过修订和完善法律规范，从而构建科学、合理的流域一体化管理法律体系。依法治国、建立社会主义法治国家是我国的基本方略，是国家长治久安的重要保障。法治是构建流域一体化管理体制的灯塔，引导、规范和保障流域一体化管理。现有流域管理体制和相关法律存在不一致的问题，根本原因就是流域管理体制改革过程中缺乏法治理念，体现出"体制改革先行"的特点，相关法律规定更新较为滞后，二者无法协调一致，法律难以发挥统领、规范、协调的作用，权威性得不到体现。① 因此，务必要坚持"立法先行，而后改制"的原则，流域管理体制改革的每一步都应有法律依据。具体操作包括，对于已有的法律规定，经过对照、筛选，按照法定程序修改与体制改革不一致的地方，重点调整法律、行政法规、部门规章、地方性法规等规定中交叉、冲突的相关内容；对于立法缺失的部分，要尽快根据实际情况补充完善。

二、遵循法律原则和一体化管理原则

法律制度的建立需要基本原则的指引，流域管理的基本原则可以集中反映法律法规的本质，贯穿流域管理始终。基本原则作为流域管理的风向标，当管理过程中出现矛盾或者不协调时，可以根据流域管理的原则确定最终的规划方案，保证政府管理的科学性。② 构建流域一体化管理法律体系要遵循法律原则和一体化管理原则。前者包括坚持《环境保护法》《水法》《长江保护法》《黄河保护法》等规定的法律原则，后者主要包括以下三个方面。第一，坚持整体统筹与分区管治相结合。流域一体化管理并非仅仅站在整体的立场，同时也会考虑各要素、各区域之间的关联性和差异性，进行整体统筹下的差异化、精细化治理。第二，坚持目标引领与底线约束相结合。流域一体化管理需要设定一系列目标并针对不同地区、环节、主体进行匹配，由此明确方向，调动积极性，保障一体化管理

---

① 参见王树义：《流域管理体制研究》，载《长江流域资源与环境》2000 年第 4 期。

② 参见孟庆瑜、张思茵：《流域法治的空间审思与完善进路》，载《北方法学》2021 年第 2 期。

效果。但在实践中,由于不同的利益趋向,容易出现目标偏差,可能会片面追求经济目标、局部目标或短期目标,都会影响最终目标的实现。[1] 因此,流域一体化管理必须强化对主体行为活动的底线约束。具体方式为,对生态空间、城镇空间、农业空间的边界予以明确,该边界即为保护红线,由此防止空间边界无序扩张导致的生态环境安全风险。这种“分区 + 划线 + 清单管理”的底线约束框架体系对于流域一体化管理目标的实现至关重要。第三,坚持利益配置均衡与权责关系明晰。流域一体化管理的核心就是“利益”,包括在不同主体间如何分配不同类型的利益,如整体利益、局部利益、经济利益、社会利益、生态利益、短期利益、长期利益等。要在法律中明确表达对利益的平衡与分配,体现对各主体包括政府、企业、公众等的相关职权、权利、义务、责任进行划定。流域管理作为公共事务,人人都可以从其中获取权益,在对其管理时也应保证人人参与,尤其是利益相关者。参与水管理的方式不仅仅是咨询和协商,还应参与管理决策环节。在水资源管理中占据重要地位的政府有责任为多元主体参与创造物质基础,提供良好的透明的信息资源,鼓励利益相关者积极参与,由此有助于达成水资源管理问题上的一致性,提升公众对可持续发展重要性的认知,主动积极地牺牲自己的部分水需求,保护水生态环境。当然,不可能所有问题都能达到一致,还需要相应的冲突解决机制。总之,流域一体化管理中会涉及环境权、生存权、发展权配置等内容,具有复杂性、综合性。必须明确各主体权责关系,明确利益分配,推动流域一体化管理顺利进行。

第四节　流域一体化管理的法治回应

一、构建以水事立法为主线、以流域立法为切面的立法体系

流域一体化管理法律体系,是一个国家现行有效的有关流域管理的

① 参见郭继超、施国庆:《水资源一体化管理的概念及其应用》,载《水资源保护》2002 年第 4 期。

法律规范的统一整体，这些法律规范之间互相联系、有着内在的逻辑关联。流域一体化管理法律体系是多层次的、以流域管理为核心的各种规范性文件的总称，是流域管理的根本依据。

我国水资源管理单行法只针对水事管理中的某一领域，且由于制定主体不同，还可能出现法律规定的冲突及立法原则的不明确，从而导致流域水资源保护的目的及实施效果得不到保障。我国流域性立法开始时间较晚，目前仅有《长江保护法》《黄河保护法》对我国长江、黄河流域一体化管理进行保障，其他江河流域尚未得到专门性法律对其一体化管理进行法律规制。这种凌乱分散的法律条文分布，使我国流域管理缺乏统一、完整、综合的法律体系，不利于流域生态环境保护与资源有序开发在法治化基础上进行。[①] 流域立法体系应当由“单项水事立法 + 流域立法”共同组成网络结构，构建与流域空间属性相适应的立法体系的任务集中在两个方面：一是增强涉水立法对流域空间性的关照和回应，增加流域管理内容；二是进一步推进专门性、高层级的流域立法，弥补现行中小流域立法空白。具体来讲，应该从如下方面着手。

第一，要完善水法体系。在现有的相关水事立法中，应当明确流域管理机构的职权和地位，细化相关规定。例如，《水土保持法》在水土保持规划编制、与流域空间规划衔接等内容中应明确流域管理机构的作用。《水污染防治法》应补充完善流域管理机构的职责范围及其与地方政府行政管理的边界划分。

第二，进一步推进流域一般性立法。流域一般性立法指的是更具有统筹性的、高层级的立法。流域一般性立法应当以现有《长江保护法》《黄河保护法》为基础，有目标、有限度地扩张中小流域一体化管理内容，补充中小流域管理立法空白，要发挥统领全局、补充协调的作用，有效弥补专门性流域立法的不足。但同时也应该注意到，流域一般性立法并非全能性立法，其同样是紧紧围绕流域管理这一核心内容，因此不能片面追求流域一般性立法、夸大流域一般性立法功能而进行过度立法，且流域一

① 参见孟庆瑜、张思茵：《流域法治的空间审思与完善进路》，载《北方法学》2021 年第 2 期。

般性立法并不能替代流域专门性立法。针对我国七大江河流域，仍要尽快推进除长江黄河外其他江河的专门性立法，并明确流域专门性立法与流域一般性立法之间的效力范围以及适用的先后顺序。

二、推进流域地理空间规划和生态系统要素规划的协调统一

流域规划是以流域治理实践为基础，以生态环境保护为中心，与社会经济发展相协调的长远规划。在进行流域规划时，应紧密结合流域的环境特点和规划内容进行识别和判断。[①]规划是提升流域治理实效的重要环节，对于有所疑问的地方，及时邀请有关部门进行解释，并组织专家论证，在流域规划阶段解决法律规定的协同困境。明确流域规划的法律地位，理顺不同规划间的逻辑关系，根据实施情况及时对规划进行修正。加强对流域规划实施情况的监管力度，引入专业第三方监管机构，构建公众监管平台，定期对规划实施效果进行检查，保证公众对于流域规划实施情况的知情权与监管权。[②]

流域规划包含流域地理空间规划和流域生态要素规划，是流域一体化管理中必不可少的制度之一，在流域一体化管理中具有指导性、统筹性的作用。流域上下游之间、各生态要素之间相互联系，在上游进行土地资源、河流资源、森林资源、渔业资源等的利用和改造，都会直接、深刻地影响到下游正常的生产生活，如水灾威胁加大、水质变差、生物多样性减少等。流域下游对上游的影响则更多地体现在物质资金等方面，一般只能间接地对上游的自然环境保护、社会经济发展产生影响。[③] 为了平衡上下游之间的利益，实行流域综合治理是一个有效的解决办法。流域一体化管理要求建立流域综合管理机制，包括设立相应统一管理机构，各地区、部门协调合作的平台，以实现对流域资源最有效、及时的保护与最高

① 参见潘轶敏、彭勃、何智娟等：《流域规划环境影响评价环境保护目标浅析》，载《人民黄河》2013 年第 10 期。

② 参见刘志仁、王嘉奇：《黄河流域中上游水土保持法律制度研究》，载《干旱区资源与环境》2022 年第 11 期。

③ 参见孟庆瑜、张思茵：《流域法治的空间审思与完善进路》，载《北方法学》2021 年第 2 期。

效的利用,既促进流域生态环境得到保护,又能让流域所在地区的经济、社会实现可持续发展。但我国现行的相关规划存在内容交叉、重复、衔接不当的问题,应该厘清各类规划与流域规划的关系。

第一,国土空间规划与流域规划。国土空间规划是流域规划的基础和依据,流域规划首先要遵循和落实国土空间规划,其次针对流域一体化管理进行有针对性的补充和细化,从而确保规划的科学性、合法性。

第二,流域专项规划与流域整体规划。流域专项规划指的是针对流域内各更细致的问题出台的规划,是流域规划中的组成部分。流域整体规划应该与流域专项规划保持一致、协调。

在明确其他相关规划与流域规划之间的关系后,要从内容、体系、时间三个方面促进规划之间的统一、协调与衔接。在内容上,各规划的基本原则、目标、生态阈值界限、指标设定等都应一致。在体系上,可按照合并同类项的方法整合各相关规划,针对水资源、水环境、水生态三类问题,全国、流域、水功能区、控制单元、行政区域五个层级,联系山、水、林、田、湖、草六个方面,形成科学、清晰的流域综合规划。在时间上,应根据规划实施实际情况及时对各种规划进行修编、续编,使其符合流域一体化管理的实践情况。

三、强化基于体制改革的流域空间管理组织基础

体制和机制问题是制约流域管理的重要原因之一。流域管理体制包含流域管理主体、资金、程序等内容,在流域一体化管理中发挥基础性的保障作用。[①] 但由于目前我国流域管理和区域管理界限不清、主辅关系不明,流域一体化管理存在体制性障碍,[②]要更好地为流域一体化管理提供组织基础,需要深入推进流域管理体制改革和创新。从主体角度来看,流域管理机构的独立性、权威性不足,流域管理机构与区域行政管理机构之间存在沟通和协作障碍。我国目前在一定程度上加强了流域管理机构

---

① 参见孟庆瑜、张思茵:《流域法治的空间审思与完善进路》,载《北方法学》2021 年第 2 期。

② 参见焦连成:《东北地区水资源一体化管理研究》,载《东北亚论坛》2007 年第 6 期。

管理的力度，但是权能依然有限，决策制定和执行的效率和效果都不尽如人意，而结合我国党和国家机构改革的要求和部署，赋予流域管理机构足够的行政权力和法律地位尚且不具有可行性。对于重点跨省流域，可以考虑推行河长制和流域管理机构的合署办公，为流域空间资源配置提供更有效的平台，增强地方各区域和流域管理的协同性和一致性。与此同时，也应逐步提升流域管理机构的管理权限、职能配置，加强流域管理机构的权威性以及独立性，各行政区域应当对流域管理机构工作积极支持和配合，促进查处违法行为的及时性、有效性、公正性。对于一般跨省流域以及省内流域，可以设立由各级河（湖）长、自然资源部门、水利部门、生态环境部门以及相关领域专家、企业、社会组织、公众代表组成的流域管理委员会，提供信息交换、决策参与、责任分担的平台，建立多元主体共治的基本格局，平衡各方利益，形成认可度较高的决策，便于后期的顺利施行。总之，目前可以从小范围试点开始建立流域水资源一体化管理体制，逐步积累经验，扩大适用范围，促进流域管理与传统体制改革。①

四、完善以河长制为核心的流域一体化管理运行机制

“河长制”下中国各级党政主要负责人担任“河长”，负责组织领导相应河湖的管理和保护工作。“河长”显然不同于中国行政话语体系中的不同层级行政组织的最高负责人，如省长、市长、县长或部长、厅长、局长等，二者不是平行关系。以“河长”指代负有河湖保护和管理职责的党政负责人，其修辞意义大于规范意义。面对我国行政区划分割而治与流域管理系统性冲突的问题，传统单打独斗式的管理方式已经渐渐丧失效果，建立综合调整机制从而实现环境一体化管理的多元合作共治已成为理论界的共识，河长制是对传统科层制环境管理体制困局的某种矫正和改良。②

河长制是一种兼具政治属性和法治属性的制度安排，其规范依据同

---

① 参见杨立信：《阿姆河和锡尔河下游水资源一体化管理项目》，载《水利水电快报》2009年第4期。

② 参见孟庆瑜、张思茵：《流域法治的空间审思与完善进路》，载《北方法学》2021年第2期。

时关涉党内法规和环境法律。政党是具有一定宗旨和目标的政治组织，其工作、组织、活动、行为规范是通过党内规章制度规定的。2015 年发布的《关于加快推进生态文明建设的意见》，明确指出各级党委和政府对本地区生态文明建设负总责。同年，《党政领导干部生态环境损害责任追究办法(试行)》出台，规定了党政同责、一岗双责的内容。至此，河长制有了党内法规层面的依据。在法律法规层面，河长制已有充分的依据。我国《宪法》《环境保护法》《水污染防治法》《长江保护法》《黄河保护法》都规定了政府的环境保护、生态建设职责。2016 年《关于全面推行河长制的意见》出台，要求在全国推行河长制。河长制能够超越部门利益，以高度的权威性、高效的组织力和更强的专业性整合协调部门职责重叠问题，克服阻力，推进部门交流协作，弥补不同管理部门多头治理所带来的各自为政、协调困难、管理低效等问题，通过监督考核机制切实调动治理主体的积极性，是划分流域一体化管理中各主体权责关系、平衡流域各主体利益主张的必然要求。

但是，从法理角度分析，“河长制”仍然面临着政策与法律在权责配置方面的疏离，权力依赖明显，多元共治精神不足，党规、法律、政策及其相关配套制度衔接不足等制度悖论和困境。

完善流域空间一体化管理运行机制，还需要在河长制的基础上，协调处理好以下四方面的关系：一是平衡协调环境与经济的关系，完善流域一体化管理的综合决策法律机制。流域一体化的开发利用要以生态环境承载力为前提，综合考虑生态系统要素，严控开发范围和强度，合理布局产业结构和空间格局。二是平衡协调中央与地方的关系，完善流域一体化管理的权责配置法律机制。应明确流域管理中生态要素的所有权、使用权、收益权的行使主体和分配方式，理顺中央和地方在流域管理中的权责分配。三是平衡协调区域与流域的关系，完善流域管理的合作分工法律机制。按照流域整体统筹与分区管治相结合的原则，将流域一体化管理行动分为三个层次，即统一目标下的分别行动、共同利益下的协同行动、整体安排下的一体行动。高效的合作分工机制以信息共享为基础，以多渠道资金支持为保障，以流域联席会议、跨省联合执法、“河长制”等为抓手,力图发挥流域管理与行政区域管理的双重合力。四是平衡协调政府与市场、社会的关系,完善交易补偿、公众参与等法律机制。流域一体化管理需要两手发力、多元参与。在政府主导流域管理基础上,充分发挥市场机制作用,健全流域资源产权交易制度、流域生态补偿制度,实现治理成本负担合理和利益分配均衡;充分发挥公众参与机制作用,健全公众参与的程序和信息发布机制,培育涉水环保组织,强化多元主体参与的互动反馈机制,提高流域管理的科学性。①

第五节 生态文明在流域一体化管理中的应用

一、流域一体化管理法律制度的生态文明理论基础

流域一体化管理法治离不开生态学、生态伦理学和生态正义理论、生态整体主义等为其提供自然、伦理、哲学基础。

(一)生态学理论

生态学概念由生物学家恩斯特·海克尔于1866年在德国提出,该概念早期重点关注生物、环境的互动关系与变化规律,后来逐步发展为研究生物与其环境之间的相互关系的科学,形成以生态系统为中心的生态学,主要研究生态系统各因素及其与人类社会的相互关系、变化规律等,从而为人类生存、活动提供指引和规范,促进人与自然协调发展。② 当代生态学内涵广泛,包含海洋生态学、土壤生态学、人类生态学、环境生态学和生态经济学等。流域管理同样离不开人类利益和生态利益的选择与平衡,生态学理论为流域一体化管理立法提供了自然科学基础。③

生态伦理学是西方环境伦理学的一个分支,是揭示环境或生态道德

---

① 参见史玉成:《流域水环境治理"河长制"模式的规范建构——基于法律和政治系统的双重视角》,载《现代法学》2018年第6期。

② 参见高明侠:《我国流域水空间管理的立法完善》,载《江西社会科学》2013年第12期。

③ 参见黄鹏辉:《淮河流域水资源保护专门立法路径探究》,载《中国政法大学学报》2021年第2期。

的本质及其建构规律的科学，主张以生态规律和原理来改造和取代传统的伦理学内容。生态伦理学主要是针对生态环境问题进行伦理道德层面的分析和哲学探讨。由于人口的数量爆炸式增长，科学技术飞速进步，对地球生态系统的影响力、改造力越来越大，已经严重冲击和破坏了其他生物的生存空间，威胁到生态系统的正常运转，引发了自然危机，进而对人类的生存构成威胁。该理论主张所有污染环境、破坏生态的行为都是不道德的，而保护环境则是新的道德风尚，人类有义务尊重生态系统平衡。[①] 霍尔姆斯·罗尔斯顿认为，仅仅有环境伦理学是不足的，要把其中的内容转化为法律，形成强制性约束，才有望产生令人满意的效果。因此，流域一体化治理立法即是生态伦理法律化的具体表现之一。[②]

（二）生态正义理论

长期以来，我国在改善环境方面作出了很大努力，成效明显，但是环境改善的成果并没有得到公平分享，在现实中经常出现经济得到发展的同时却存在环境危机转移、一地排污异地受害等现象。尤其是在城乡之间，城市拥有更多优势，包括政策、资金、人员等，长期以来持续不断的努力使城市环境明显好转，然而，城市环境改善的代价却是对农村环境保护的忽视。农村的耕地大量受到侵蚀、污染，植被遭到砍伐、破坏，水源、河流也被城市污水污染，生态环境明显恶化。

随着生态环境问题的出现，生态保护进入环境哲学正义探讨的范畴。生态正义必然要求环境立法，因此其是流域一体化管理立法的法哲学基础。正义总是与利益分配、公意表达有关联，生态正义主要涉及的是各主体生态利益的分配与平衡问题，包括对各自然资源的占有、使用，由于保护环境而牺牲利益的分配等。简言之，生态正义的关注点在于自然资源和生态环境的利用与保护权责的公平分配。生态正义主要包含代内公平、代际公平。代内正义是指，在当下人类中合理分配生态利益与责任。该正义又可以细化为两方面的内容，即在同一国家内部和在不同国家之

---

① 参见高明侠：《我国流域水空间管理的立法完善》，载《江西社会科学》2013 年第 12 期。

② 参见李培超、李中涵：《我国环境伦理学的理论视域和未来建构》，载《中南大学学报（社会科学版）》2019 年第 1 期。

间。前者主要考虑的是一国公民、不同阶层间的利益分配，后者主要考虑的是发达国家与发展中国家间的利益分配。人类的生态正义不仅存在于当代人之间，还应包含未来人类群体，即代际公平。无论是代内公平还是代际公平，都是关乎人类整体的生存、发展和福祉方面的关键问题。除了上述两种正义内容，生态正义还涉及种际正义、女性正义等。种际正义强调在生态系统中，众生平等，人类并没有高于或优于其他物种，要彼此尊重。女性正义主张生态危机在深层次上反映的是男权主义文化对女性的压制，因此需要提高妇女在环境治理与保护中的作用和地位，从根本上消除生态危机。我国自改革开放以来，经济快速发展，与此同时，环境问题逐渐显现，并与经济发展的矛盾不断激化。①

生态正义有利于推进科学发展观的落实，促进流域一体化管理中自然保护与人类发展利益的平衡。②

（三）生态整体主义理论

生态整体主义理论主张人类只是自然界的众多存在物之一，在满足自身生存、发展所需时，要考虑和关怀人类所依赖的自然，在满足自身欲望的同时，应使整个生态系统处于和谐、稳定、平衡的状态，不对自然的系统性、整体性造成破坏。③ 生态整体主义体现在很多方面。例如，人类在攫取自然资源时要注重可持续性，在排放污染物时应在自然能够承载、吸收的范围之内，不可因为短期利益而盲目开发，不应把人类利益凌驾于生态整体利益之上，由此才能真正缓解生态危机，共建人与自然的美好关系。习近平总书记在多次讲话中明确提出了生态文明建设要坚持人与自然和谐共生。生态整体主义为人与自然的和谐相处提供了重要的哲学思想指导，为流域一体化管理法治化建设指明了方向。流域生态环境一体化管理体现了整体主义生态观，流域一体化管理要考虑生态系统的整体利益，而非仅仅满足人的需求，从而促进流域生态系统的完整性和系统性。流域一体化管理离不开对各个生态要素的考量和整体利益关系的平

---

① 参见高明侠：《我国流域水空间管理的立法完善》，载《江西社会科学》2013年第12期。
② 参见郑少华、王慧：《环境法的定位及其法典化》，载《学术月刊》2020年第8期。
③ 参见高明侠：《我国流域水空间管理的立法完善》，载《江西社会科学》2013年第12期。

衡。人类不再以统治者的身份自居,而是站在自然守护者的角度,发挥主体作用,强调规律约束性,把环境立法建立在符合生态基本规律、环境要素整体演化规律和社会发展规律的基础之上,最终为流域生态环境保护提供法律支撑。生态整体主义矫正现行流域水资源管理立法偏重流域水资源经济价值、忽视水资源生态价值的错误。具体来说:一方面有利于避免因过度追求水资源经济价值而忽略其生态价值,最终引发诸如现行淮河流域水资源保护立法定位偏差、前瞻性不足等问题;另一方面也有利于避免因一味强调生态价值、置经济价值于不顾,从而走向“唯生态利益至上”的极端。生态整体主义体现了对流域水资源生态价值的尊重,指导流域立法应在充分考虑流域自然—社会—经济复合系统整体性的基础上寻求流域水资源生态价值和经济价值之间的平衡点,有助于全面保护流域水资源目的的达成,是实现流域善治的有效途径。①

（四）可持续发展理论

国际环境法的立法目的有三个:一是为了当代人类自身利益,二是为了未来世代利益,三是为了自然资源自身的价值。第一个较为狭隘,第三个又较为宽泛,而第二个相对比较理性、可行。人类应在与自然和谐相处的基础上,追求健康而富有生产成果的生活,而不应以消耗资源、污染环境、破坏生态的方式实现发展,即人类需要遵循可持续发展理念。②

可持续发展理论最早由世界环境与发展委员会在 1987 年提出,标志着一种新的伦理观的诞生。1992 年,联合国在《21 世纪议程》中将可持续发展理论认可为环境与发展战略。可持续发展指的是保持、延长资源的生产使用性和资源基础的完整性,使其能够长期甚至永远为人所用,维持正常的生产和生活,促进环境、经济、社会协调发展。水资源的可持续利用与发展是经济和社会可持续发展的重要保证。流域可持续发展理论要求在水利领域综合、系统、经济地思考问题、研究对策和开展工作。1977 年,联合国在世界水会议上通过《马德普拉塔行动计划》,提出水是

---

① 参见彭本利、李爱年:《流域生态环境协同治理的困境与对策》,载《中州学刊》2019 年第 9 期。

② 参见高明侠:《我国流域水空间管理的立法完善》,载《江西社会科学》2013 年第 12 期。

维持一切生命的基础，维持良好的水资源生态系统是保护自然环境、促进人与自然可持续发展必不可少的环节。[①] 党中央、国务院高度重视水资源问题，提出要落实科学发展观、节约保护水资源。改革开放以来，我国经济快速增长，而农业用水总量却基本维持了稳定状态，部分地区甚至实现了"零增长"、负增长。与此同时，还扩大了有效灌溉面积，使粮食增产近50%。国家"十一五"规划实施以来，工业用水增长率不断下降。我国处于加快社会主义现代化建设的重要时期，但人多水少、水资源空间分布不均、与生产力布局不匹配的现象将长期存在，仍待解决。只有把可持续发展的理念贯彻到流域管理之中，才能保证流域健康，流域管理的可持续就是要综合流域内的各个要素，将人口、经济、环境、资源、生态等统一起来，进而在流域管理时，使流域上下游能够共同发展、公平发展、生态发展。要确保流域水资源管理能够高效发展，不仅要满足当前人类生活需求，更重要的是贯彻可持续发展观，促进流域一体化管理。[②]

二、流域生态文明多元主体协同治理存在的问题

当前我国流域生态文明多元主体协同治理存在的问题主要包括政府协同问题、市场协同问题、社会协同问题以及多元主体之间的协同问题等方面。

（一）政府协同问题

流域生态文明协同治理中政府协同存在的问题主要包括中央政府与地方政府之间的协同问题、地方政府与地方政府之间的协同问题以及政府内部各部门之间的职能协同问题。

中央和地方政府之间的问题主要体现在有的地方政府对中央政府的方针政策不予落实。这是由于地方政府倾向于追求地方利益最大化，在作出决策时多以经济为前提，忽视生态环境的保护与发展，相关环保部门缺少具有权威性和强制性的执行权，使中央的治理政策和规定形同虚设。

---

① 参见田凯等：《水资源综合调配的实践需求探讨》，载《人民黄河》2009年第8期。

② 参见赵建芬等：《河北省水资源可持续利用研究》，载《河北农业大学学报》2003年第S1期。

地方与地方政府之间的问题主要是横向竞争影响流域一体化管理。地方政府间的横向竞争主要包括晋升竞争和财政竞争。流域生态环境一体化管理往往具有长期性,投入和回报具有不确定性。治理成本分配、考核标准设置等都会影响地方政府参与流域管理的积极性,由于追求短期利益、环保意识的缺乏等,总体上地方政府对于流域保护与一体化管理持消极态度。①

政府部门之间的协同问题主要是我国当前流域一体化管理法律依据不足,自然资源部和生态环境部在开展相关环境保护工作时涉及的管辖区域、开展环保工作的相关技术标准和所应当遵循的工作流程、环保具体措施的实行均需要多个相关部门之间的配合与合作,单独一个部门很难解决全部问题。例如,在流域管理中对生态环境造成影响破坏的违规项目进行整改时,需要水利部、发改委、自然资源部、生态环境部等多部门的下属部门及地方政府参与,如何协调多部门之间的具体工作程序以及关系,将是工作开展应当解决的重点问题。目前,中央管理机构部门享有的职权多而承担的具体工作较少,而地方政府部门却承担上级安排的大多工作任务,导致具体流域管理工作中监管权和承担的监管职责不对称。②加之地方政府肩负区域经济发展重任,生态环境保护动力不足、意识较差,相关部门有意回避上级政府部门的监管。部门之间往往为了各自利益相互推诿,导致信息沟通不畅,环境监管工作程序安排和环境监管工具协调度和匹配度较低,极大地限制了流域一体化管理的推进。

（二）市场协同问题

流域生态文明建设的市场主体主要是企业,其协同问题主要包括企业之间和企业内部的协同问题。根据核心产品以及服务的差异,企业可以分为生态文明建设型企业和非生态文明建设型企业。生态文明建设型企业的主业就是进行生态文明建设。该类企业的日常运营主要是通过政

---

① 参见邓宏兵等:《流域生态文明视角下多元主体协同治理体系研究》,载《区域经济评论》2021 年第 2 期。

② 参见龙维娜:《中国流域水能资源开发中的环境监管制度研究》,西北大学 2020 年硕士学位论文,第 14 页。

府或其他机构获得生态文明建设项目，再出售生态文明建设产品和服务获取利益，因此该类企业能够盈利即意味着提供了合格的生态文明建设产品，履行了生态文明建设的责任。该类企业的协同问题主要出现在企业内部，企业内部交易成本和外部交易成本的高低决定了其能否盈利。后者的经营和盈利都不依赖于生态文明建设，生态文明建设只是其社会责任之一，这种社会责任对该类企业具有软约束，没有强制性，很大程度上要靠企业自觉主动履行。该类企业的协同问题主要出现在企业之间。一些企业主张承担生态文明建设的责任，一些企业选择追求短期利益而忽视和逃避该社会责任，不同的主张和选择直接导致了企业在协同时出现矛盾、受到阻碍。①

在流域协同治理中，若缺乏足够的激励和监督机制，会导致"劣币驱逐良币"的情况出现，不利于流域一体化管理目的实现。流域一体化管理主导者政府应该推动企业参与治理，明确企业主体的责任意识。②《关于构建现代环境治理体系的指导意见》提出要建立健全环境治理市场体系，对各类所有制企业一视同仁，引导各类资本参与环境治理投资、建设、运行。在目前的实践中，部分流域已经尝试将企业纳入流域治理中。但由于企业强烈的逐利性，要使其实现从污染者到保护者的角色转变，还需要出台更多、更细致、更具有针对性的法律法规，完善激励、补偿、惩处制度，促进企业积极守法，主动转变发展方式，形成生态流域一体化管理体系的良性循环。党的十九大通过的《中国共产党章程（修正案）》指出，发挥市场在资源配置中的决定性作用，更好发挥政府作用。流域一体化管理同样需要加强市场性机制协调力，促进流域治理市场化。例如，建立跨地区的水权交易机制，激励节水、提升水资源利用效率；建立污染排放许可与交易、碳排放交易机制，激励治污、降低治污的社会成本等。③

---

① 参见邓宏兵等：《流域生态文明视角下多元主体协同治理体系研究》，载《区域经济评论》2021年第2期。

② 参见顾向一：《我国水生态文明法律规制研究》，载《水利发展研究》2017年第3期。

③ 参见何文盛、岳晓：《黄河流域高质量发展中的跨区域政府协同治理》，载《水利发展研究》2021年第2期。

(三)社会协同问题

在流域开发环境监管领域,仅有政府参与,并不能达到预期目的,需要国家、社会与公民通力合作,依靠社会各界力量,通过温和的方式达到合理有序开发流域资源同时使流域生态环境整体性不受破坏的目的。社会协同是指社会主体内部的协同,包括了公民协同和社会组织协同。

首先是公民协同。公民是流域生态破坏、环境污染的最大且最直接的受害者,主动保护流域、积极支持流域一体化管理对公民影响重大。生态环境问题是公共问题,对其保护和治理主要是政府的职能,修复生态环境、治理流域空间并非靠单个或少数公民就能完成,要使公民真正发挥作用,必须进行协同合作。其次是社会组织协同。由于流域管理的特殊性,公民很难独自有效参与一体化管理全过程,此时需要社会组织的参与。社会组织能够促使公众进入互助、互相激励的状态,推动公众有组织地参与流域环境修复与保护。①

公民协同与社会组织协同存在个性和共性问题。对于公民协同,主要有如下问题:一是成本承担和利益分配问题。流域生态修复和治理是一个长期复杂的过程,需要耗费大量时间、精力、财力。普通公民很难承受。二是环保知识和技术问题。普通公民很难全面掌握科学的环保知识和熟练运用技术,难以达到预期的效率和效果。三是环保意识问题。我国公民的环保意识有待提升,参与环境一体化管理意识薄弱,在环境问题上仍习惯性依赖政府。对于社会组织协同,我国的环保组织的发展处于初级阶段,规模较小,力量薄弱,影响甚微。现有非政府环保组织所能获得的财政、人力、信息等资源和支持都很有限,具有不稳定性和不充足性,行政对基层民主行为的约束较多,难以有效引导群众增强环境保护意识、参与环境治理,督促政府、企业履行生态环境保护和治理职责等。目前多数环保组织内部决策施行理事会决策,效率低下、绩效不显著。总之,我国的环保组织在流域生态文明建设过程中存在人员缺乏、资金不足、官方

---

① 参见邓宏兵等:《流域生态文明视角下多元主体协同治理体系研究》,载《区域经济评论》2021 年第 2 期。

限制、运作不规范等问题,难以有效发挥协作管理的作用。

二者共有的问题主要有两方面:一方面是社会公众享有的环境信息知情权益得不到保障。在我国当前的流域开发、环境监管框架下,社会公众特别是相关利益群体可以了解到流域资源开发中环境问题的信息渠道有限,相关利益群体对自身环境权益进行合理维护的意识仍然较低,导致相关利益群体的环境信息知情权也仅仅停留在表面。尽管法律中明文规定相关环境监管部门对公众关注的环境信息应积极主动公开,但在实际工作开展中,环境监管部门难免会基于部门利益而有选择地公开对其有利的信息,公众了解到的也只是环境监管部门所公布的部分环境信息,这对环境监管部门的权威也会产生影响。《环境影响评价法》第 5 条明确规定了公众以适当方式参与环境影响评价。信息公开是社会公众参与生态环境治理与评价工作的前提,社会公众对其想了解的流域开发中的环境问题以及相关监管信息,若不属于法定环境信息公开范围则很难查询,因此社会公众很难获取最新的流域资源开发中的相关信息以及环境监管的具体状况。此外,法律对可公开的环境信息内容范围进行了限定,对国家安全可能产生危害或存有隐患,或对社会大环境正常运转可能产生较大影响的环境信息依法不得公布,在这些条件的限定下,相关环境信息公开情况不容乐观,也就造成流域水能资源开发中相关环境监管部门的环境监管行为缺乏社会公众的有效监督,环境信息的缺失也直接导致公众很难真正参与流域环境监管工作。

另一方面是社会公众参与环境监管方式有限。流域资源开发中的环境监管需要依靠政府权威保障相关监管制度的实施。长期以来,我国环境监管制度一直是由政府主导形成的自上而下行政命令监管模式,在流域环境监管中,仅依附环境监管部门履行基本职责并不能很好地实现环境监管目标。现有法律中对社会组织以及公众参与环境监管的方式、途径等虽有规定,但社会公众很难真正参与环境监管部门相关环境监管工作,公众参与流域环境监管的方式主要是事后参与,即在出现相关问题时通过举报或投诉的方式维护其权益,真正发挥的作用有限,很难参与流域环境监管前期实质性工作。[①] 流域开发过程中呈现的生态环境方面一些事项可能会涉及较专业的知识，在这个时候环境监管部门可能无法完全解决，需要借助专业人士的力量进行解决，形成长效并且稳定的专业人士咨询制度，同时继续完善专家学者参与流域环境问题解决的机制，促进流域环境问题解决的专业性以及完整性。

（四）政府、市场与社会之间的协同问题

目前，我国流域一体化管理采用以政府为主要主体，社会公众、企业、组织等辅助参与的方式。政府是一体化管理最重要的主体，拥有和承担着主要的权责，但由于人为划分的行政区域，流域管理呈现碎片化，管理效果有限。[②] 企业由于参与流域生态环境管理的机制不够完善，在追求经济利益的本质特征影响下，起到的作用甚微。公民由于环境保护和参与流域管理的认识、法律意识薄弱，激励机制缺乏，很难积极主动地参与流域生态环境治理和保护，只有在直接、紧迫地危害到自身利益时才会有所行动。环保组织由于缺乏统一权威的标准、程序和足够的支持，治理资金、专业人员、专业技术设备较为缺乏，也很难发挥应有的作用。[③] 具体来说，政府、市场与社会的不协同主要可以分为以下三类。一是政府与市场。政府若从市场中获取了利益，却没有为市场提供足够的、良好的公共服务，如监督管理，会导致“劣币驱逐良币”现象出现；或是市场主体片面追求各自的经济利益，忽略流域生态保护与发展的规章制度，采取各种方式逃避政府对污染环境、破坏生态文明的惩罚，都会导致政府和市场之间在流域一体化管理中出现不协同、不统一的问题。二是政府与社会。政府同样可能在获取了社会利益后却没有承担相应的责任。例如，未能为公众和环保组织参与流域一体化管理提供相应的制度、资金等保障，甚至反而无视他们的需求，限制其相关活动；或社会大众、环保组织忽视流域

① 参见龙维娜：《中国流域水能资源开发中的环境监管制度研究》，西北大学2020年硕士学位论文，第17页。

② 参见邓宏兵等：《流域生态文明视角下多元主体协同治理体系研究》，载《区域经济评论》2021年第2期。

③ 参见丁绿芳、孙远：《南非水资源一体化管理》，载《水利水电快报》2007年第6期。

一体化管理的相关政策、规定,不支持、不认同政府采取的管理措施和保护行动。三是市场与社会。市场主体可能会一味地追求经济利益,将自身的负外部性转移给社会,由那些非受益者甚至是受害者来承担环境污染的后果和修复责任;或社会大众、环保组织采取行动干扰、影响市场主体的正常生产、经营活动,造成各方在流域一体化管理过程中的步调不一致。

审视国外流域水资源开发、环境监管状况,不断拓宽公众参与监管的途径,逐渐形成了多元的水资源开发、环境监管制度,除了国家环境监管机构履行法定环境监管职责外,社会公众以及第三方环境保护组织在工作开展中也贡献极大的力量。加拿大、挪威、日本等国家非常注重社会公众以及利益群体在流域水资源开发项目工作中的参与。挪威政府很早就规定了社会公众作为利益相关方有权参与流域水资源开发工作,所有流域水能资源开发项目均应当有利益相关的公众参与环境监管工作以及必要的审核批准工作;瑞士确立了社会公众公决制度,使社会公众可以全面地参加流域水资源开发项目并根据自己的见解发表意见,行业协会在协助政府开展环境监管工作等方面有很大的作用,发挥了相关信息的传递沟通、维护利益群体合法环境权益等作用。对流域水资源开发中环境监管工作的开展,社会公众以及第三方环保组织的参与在各国均可获得相关环境法律上的许可,他们可以利用法律诉讼等途径对相关行为主体在环境监管工作中的不当行为行使监督权,而相关利益群体全面参与环境监管事项,关键在于环境监管机构部门对外部监督制度的健全,拓宽各种参与渠道和加强生态环保工作宣传。① 我国也应尽快使各类管理主体的涉水计划、程序和流域内其他计划、程序相协调,在水管理机构、水务机构、地方政府机构、相关团体、水用户之间建立良好的合作关系。各方主体形成合力,促进流域一体化管理。

---

① 参见龙维娜:《中国流域水能资源开发中的环境监管制度研究》,西北大学2020年硕士学位论文,第23页。

三、构建流域生态文明多元主体协同治理法治体系

当前,我国流域生态文明建设已经凸显多元主体参与、协商共治的趋势。为了更好地形成参与、合作、共同承担流域一体化管理责任的流域集合体,构建流域多元主体共同、协同治理的框架,需要继续坚持以"可持续发展观"为核心、以流域水资源司法的生态文明化为重要基础,进一步协同好政府之间、政企之间以及政府、企业与公众三者之间的行为、利益。

(一)促进政府、市场与社会之间的协同治理

党的十九大报告指出,构建政府为主导、企业为主体、社会组织和公众共同参与的环境治理体系。只有在多元主体共同、积极地参与下,才能形成有效合力,促进流域生态文明的建设。而政府、市场及社会存在不协同问题的主要原因在于各方主体对自身利益的追求。因此,需要在政策制定、执行、司法等全部环节中充分协调各方主体的权益、规范逐利行为、设定科学的激励机制,形成基于共同利益、多层协调互动的流域协同治理网格。①

第一,在流域协同治理格局中,政府主导资源的支配。在流域水生态文明的构建中,政府居于统领全局的地位。其作为、不作为对流域协同治理效果都有关键影响,因此,构建法治政府就显得极为重要。要在法律中明确政府的具体职能、边界、权限、责任。

第二,企业和高校发挥推动作用。应在法律法规中加重污染、破坏流域生态环境的责任后果,明确标准,对违规违法企业起到有效的惩戒作用,促进企业积极履行在流域生态文明建设中的社会责任。同时应出台相关扶持政策,支持企业进行技术创新,减少生产经营对生态的污染和破坏。高等院校是社会的重要组成部分,可以以高校为平台加强流域治理技术研究,完善流域一体化管理网络和自动化监测管理设备建设,提高水资源管理水平,同时促进流域保护与治理的宣传和教育,形成良好社会

---

① 参见邓宏兵等:《流域生态文明视角下多元主体协同治理体系研究》,载《区域经济评论》2021 年第 2 期。

氛围。

第三,公众是重要的参与者。公民是最广泛和最普遍的主体,也是流域协同治理的利益直接相关者。在流域生态文明建设中,应鼓励公民广泛参与,促进决策的科学合理、依法执行、经营合规,并且提升其对政策的认可、理解度,推动流域保护措施顺利施行。①

只有政府、社会及市场形成共同意识,自觉履行各自应承担的责任,积极建设法治社会,形成社会共同保护流域生态环境、建设流域生态文明的良好氛围,才能有效完成流域生态文明治理工作。

(二)优化流域水资源司法治理模式

司法制度在促进社会正常运转以及维护公平正义中发挥着重要作用。在流域环境监管工作中,也应当加强环境行政执法制度与刑事司法保障制度之间的联合,注重司法手段在环境问责机制中发挥作用的有效性。流域水资源司法治理,在国际上得到了很多国家的认可,其中不少国家还付诸行动,积极探索适合本国国情的司法治理模式,为我国流域水资源一体化管理司法保障提供丰富的经验。针对流域生态环境遭受较为严重破坏和污染的现象,应当逐步形成一套以环境司法部门为首,执法部门、社会公众、环保组织、相关企业等利益相关者共同参与,具备良性互动的生态环境网络式环境监管体系,完善以环境公益诉讼为核心,以调解、仲裁等为辅助手段的综合司法救济途径。

我国流域水资源司法治理中面临的主要问题及其解决办法:一是诉讼管辖困境。我国目前对流域水资源的管理模式是双重领导,即流域管理机构和行政区划相结合,以行政区划管理为主。这不利于流域水司法进程的推进。如果当地污染企业作为产业支柱,关乎当地的经济考核指标,采取司法途径追究污染企业的责任,基于经济发展因素,往往会受到政府机构的干预。因此,诉讼管辖成为当前的司法难题之一,需设立科学的诉讼管辖制度,减少地方政府行政干预。二是诉讼参与不足。流域水司法作为微观的法律适用活动,是司法活动发挥作用机理的重要构成。

---

① 参见陈献耘:《墨西哥的水资源一体化管理研究》,载《水利水电快报》2011年第8期。

在流域水资源司法活动中,对诉讼参与主体及原告权利的判断是其重要部分,其本质是对部分行为主体身份的判断。梳理我国现有规定可以发现,我国流域水资源损害起诉主体范围狭隘,根据目前法律规定,流域水资源一旦遭受损害,只有环保公益组织和人民检察院有权提起诉讼,而忽视了流域其他关联主体。且流域水资源诉讼案件限制原告权利,无疑对流域水资源的保护带来负面影响,进而影响整个流域水资源的诉讼活动推进,妨碍整个生态流域的绿色持续发展。结合当前《行政诉讼法》《民事诉讼法》等法律关于环境公益诉讼制度的规定,建立明确的针对流域生态环境保护问题提起公益诉讼的具体规则流程,增强司法的威慑力,加强环境行政执法与环境司法之间的合作制度建设,完成相互间合理有效沟通对接,弥补法律监管规定中的空白处,加强配合沟通,从而形成良性的监督机制。

我国流域水资源的一体化管理急需司法保护手段,必须抓住司法改革的浪潮,树立先进的司法理念,完善现有的司法保障机制,建立多主体、一体化管理方式,实现流域水资源的现代司法治理格局,促进流域水资源的持续供给,达到人水和谐的目标。

第五章　立法维度：中国流域一体化管理的立法选择与保障措施

第一节　立法视角下我国流域水资源一体化管理问题

流域水资源管理立法，是指导流域进行重大水事活动、政府履行社会管理和公共服务职责的重要依据，对协调水资源管理与经济社会发展、调节人与水之间关系、协调流域内各种水事关系、平衡各方利益关系、明确涉水实务的事权关系有重要作用，是实现流域一体化管理的基本依据。

一、流域管理相关法律具有滞后性

流域开发程度较高的国家如美国、加拿大、挪威、日本等，大多遵循立法先行、依法开发的原则，制定了诸多调整流域水资源开发管理的法律法规和政策，以此来保障和促进水资源的有序、合理开发。

中华人民共和国成立以来，我国在流域管理方面进行了许多尝试和探索。1979 年《环境保护法（试行）》的出台标志着我国的流域保护与治理逐步走上了法治化轨道。1984 年《水污染防治法》出台，是我国

第一部防治水污染的专门法律。1988 年我国《水法》颁布，1995 年第一部流域性法规《淮河流域水污染防治暂行条例》颁布，以及众多地方性法规不断出台。2020 年 12 月 26 日第十三届全国人民代表大会常务委员会第二十四次会议通过《长江保护法》，2023 年 4 月 1 日《黄河保护法》施行。我国一直在努力构建流域一体化管理法治体系，相关的法律、法规等都发挥了一定的作用，然而仍然存在许多问题。例如，《水污染防治法》缺乏流域管理机构的规定，《水法》关于监管部门的职责划分不清晰。法律要与时俱进，目前需要完善有关流域沟通合作、社会力量参与流域一体化管理、配套制度等内容，才能满足现实需要。

二、流域管理部门法定职能不清

我国法律法规有关流域一体化管理的规定较少。2017 年修订的《水污染防治法》和 2016 年修订的《水法》显示，许多涉水部门之间的权责界限不清。例如，《水污染防治法》规定环境保护主管部门有权制定国家水污染物排放标准，以及需要负责降低区域污染物的总量。但《水法》又规定由水利部负责统一监督和管理水资源、审定水域纳污能力、提供有关控制排污量的意见等。2018 年政府机构变革，规定自然资源部在生态环境保护工作中主要承担“监管自然资源开发利用具体情况，确立相关环境规划体系并监督实施”的职责，其工作重心主要是对自然资源开发中产生的问题实行生态功能综合修复处理；新成立的生态环境部在生态环境保护工作中承担着“确定生态环境方面的规划和标准等，集中实施生态环境监测和执法相关工作，以及监管污染防治、环保督察工作等”职责，其主要对各种生态环境污染行为进行监督管理，承担着在生态环境污染发生时的处理责任。但各级相关部门的职能仍然交叉重复，所属机构之间职权划分不清晰，导致在具体监管职能行使中责任划分不清，容易使环境监管机构行使职权时发生冲突矛盾，出现争抢或推诿治理权责的问题。

法律法规语义模糊不清会导致机构法律定位不明确、职责分工混乱，各部门在实践中难以协调管理，容易出现各自为政、推卸责任、不想管、管不了、管不好等现象，严重阻碍了流域一体化管理目标的实现。我国应该在相关法律中尽快进行细致、系统的规定。①

三、流域管理公众参与规定不足

目前，我国流域管理最核心的主体是政府，水资源管理中公众参与不足。公众参与机制应该是公民、法人和其他组织作为主体，在其权利与义务范围内有目的地介入和监督流域环境保护活动的机制。我国现有的法律显示了政府部门及其工作人员拥有众多监督管理职权，而有关公众参与的内容大多为号召性的，并没有赋予实质性的权利。这导致公众和各级政府之间缺乏沟通交流的平台，公众表达利益诉求的机制不顺畅。具体包括政府在制定水资源的分配及开发政策、进行水资源管理时，都将公众排除在外，降低了管理效率，使公众不能对政府管理行为进行有效监督和约束。② 仅仅靠行政执法管理流域是不够的，多元主体共治必将成为促进流域一体化管理的趋势。为此，可以分别从加大处罚力度和激励措施两方面促进多元主体参与。前者要使违法成本高于违法收入，责任承担严格化；后者要通过技术补偿、资金补偿、物质补偿等多种方式协调受益地区和受损地区的利益关系。③ 可以适当借鉴国外的成功经验。例如，中亚一些国家明确了水资源管理的公众参与原则；法国设立了三层次的对话机制，尽力保证社会各个主体能够充分表达自己的意见、维护自己的合法权益；澳大利亚设立了墨累—达令社会资讯委员会，该机构的重要职责之一就是广泛收集各方意见并及时反馈给部长理事会和流域委员会。④

---

① 参见龙维娜：《中国流域水能资源开发中的环境监管制度研究》，西北大学2020年硕士学位论文，第12页。

② 参见林黎：《丝绸之路经济带上中亚五国水资源一体化管理探析》，载《西部论坛》2015年第4期。

③ 参见彭本利、李爱年：《流域生态环境协同治理的困境与对策》，载《中州学刊》2019年第9期。

④ 参见黄鹏辉：《淮河流域水资源保护专门立法路径探究》，载《中国政法大学学报》2021年第2期。

四、流域管理法律法规缺少落实

长期以来,我国流域管理法律法规缺少落实,体现在流域治理依据的标准、规范的内容和监管、控制的力度等方面都不统一。[①]虽然目前流域管理涉及的法律、地方性法规数量众多,但大多以水资源管理共性为依据。流域管理是涵盖多种生态要素的管理体系,具有整体性与系统性。流域范围内不同地区的生态环境保护状况、经济文化发展条件各不相同,其管理需求以及工作的重心也有所不同,但目前相关法律法规明显缺少对于流域地域特殊性的考量与落实,致使流域治理效率降低。[②] 例如,《水法》明确规定了区域与流域管理相结合的管理模式,我国七大流域都设立了相应的流域管理机构,但实践中大多监督管理权仍由地方政府部门掌握,实质上还是条块、部门分割管理。这使区域和行业在水资源管理、开发和利用等方面的决策缺乏整体性,片面追求局部利益,忽略了整体利益的最优化,使各省份之间关于水污染、防洪等纠纷较多,很难使流域得到真正有效的保护和管理。

2012 年,国务院颁布《关于大力实施促进中部地区崛起战略的若干意见》,明确提出要加大三峡库区、丹江口库区及上游和淮河、黄河、海河、巢湖等重点流域水污染防治力度,建立健全联防联控机制。此后,流域各行政区域之间主要通过省、市之间签署合作协议或者发布政府红头文件的方式构建水土保持政府协作机制,但是对于具体的治理权限、责任内容、履行方式等地方性法规并没有作出配套具体规定,流域管理法律法规缺少落实。

五、流域管理配套法律制度不完善

流域一体化管理不仅需要直接相关的法律制度,还需要大量的其他

---

① 参见张馨、丁铮:《流域生态环境协同治理的法治保障研究》,载《北方经济》2021 年第 11 期。

② 参见刘志仁、王嘉奇:《黄河流域中上游水土保持法律制度研究》,载《干旱区资源与环境》2022 年第 11 期。

配套法律机制，但是目前有关生态补偿机制、激励与约束机制、投资与保障机制并不完善。

一是生态补偿机制。完整的流域被人为划分为若干行政区域，各地区的经济发展水平、管理能力、管理标准、资金支持等不尽相同，参差不齐，实践情况复杂，会产生较多纠纷。生态补偿机制正是在这样的情形下突显其必要性和重要性，可以通过补偿机制，最大限度平衡各地区的利益。

二是激励与约束机制。激励与约束机制有利于促进流域一体化管理各方主体的积极性，弥补政府政策的不足，推进地方对上级政策、规定的执行和落实。

三是投资与保障机制。我国目前流域一体化管理主要资金来源是政府，来源较为单一，无法满足实践需求；各地政府财政投入不同，有的甚至存在资金缺乏的现象；应建立环保投资机制，鼓励和促进多元主体投资环保事业。

流域水资源一体化管理的配套机制较繁杂，其完善和健全不是一蹴而就的事情，而是一个庞大而漫长的法律进程，需要不断协调、逐步完成。

第二节　完善我国流域水资源管理立法的建议

一、明确流域水资源管理立法指导思想

2005 年，《国务院关于落实科学发展观加强环境保护的决定》明确提出，按照区域生态系统管理方式，逐步理顺部门职责分工，增强环境监管的协调性、整体性。2006 年第十届全国人大第四次会议通过《国民经济和社会发展第十一个五年规划纲要》，其中明确节约资源、保护生态环境等内容。党的十八大以来（特别是十八届三中、四中和五中全会）党中央和国务院关于依法治国、推进生态文明建设的文件以及习近平总书记关于生态文明和依法治国的系列讲话，要求切实运用法治方略保护生态环境、加快建立能够有效约束开发行为和促进绿色发展、循环发展、低碳发

展的生态文明法律制度。《中共中央关于全面推进依法治国若干重大问题的决定》提出“建设中国特色社会主义法治体系，建设社会主义法治国家”这一依法治国的总目标，流域一体化管理领域也必然要贯彻法治要求，实现水资源善治与法治的统一。明确流域水资源管理立法指导思想，科学管理流域水资源，优化配置，树立科学发展观与资源节约、环境友好理念具有重要意义。①

二、确立流域水资源管理立法模式

流域水资源管理的首要问题是立法模式的选择。主流的立法模式有两种，一种是分散式立法，另一种是集中式立法。我国在环保方面的立法模式采取的是前者。其中，对流域水资源管理的规定散见于《水法》《防洪法》《水污染防治法》《水土保持法》《河道管理条例》中。我国采用的分散立法模式主要是针对水资源管理某一类问题和方面进行立法，侧重点不同，存在散乱、重复、不协调甚至矛盾冲突的问题。在构建流域水资源法律体系时，应充分考虑各方面特性、属性、价值，进行统一设计。

为了完善我国流域水资源管理立法，可以选择下面两条路径：第一条路径是维持现行水资源法律体系不变，对有关流域水资源一体化管理的内容进行补充完善。可以对相关的法律、行政法规、部门规章、地方性法规、规范性文件中有关流域水资源管理的内容进行调整、补充，理顺关系，消除散乱、重复、矛盾。该路径可以解决流域水资源管理立法中的部分问题，且较容易操作，是目前可以考虑采用的方法，但是只能作为过渡性手段。第二条路径是重新构建我国的水资源法律体系。即以《环境保护法》为统筹，以《水法》《水污染防治法》《水土保持法》《防洪法》等专门性水资源管理法律为指导，以《黄河保护法》《长江保护法》等流域性法律为补充，多维度多层次推进健全水资源管理法律体系。

---

① 参见吴季松：《以科学管理提高水资源与水环境承载能力》，载《中国水利》2002年第10期。

三、建立健全流域水资源管理法律体系

我国在流域水资源管理方面的立法越来越多，包括法律、行政法规、地方性法规、规章、规范性文件等。但是很多规定存在散乱、重复、矛盾、不协调等问题，还需要进一步完善。

（一）制定“流域水资源管理法”

“流域水资源管理法”的基本框架可以考虑如下：第一章总则。规定流域水资源管理的立法依据、立法目的、立法任务、基本概念、基本原则、适用范围等。第二章流域监督管理。规定流域管理机构地位及权限、与区域水行政主管机构之间的权责界限、政府的管理责任，公众参与等。第三章流域水资源的开发利用与保护。规范流域水资源开发利用的各种行为，明确开发利用者的权利义务。第四章流域水污染防治。规定向流域排放水污染物的程序、标准、动态监测、纠纷处理等内容。第五章法律责任。规定各种违反流域水资源管理法的行为，以及应当承担的行政、民事、刑事法律责任。第六章附则。规定“流域水资源管理法”的生效日期、法律解释的主体、与其他涉水法律的关系及对相关法律法规的适用等。

“流域水资源管理法”可以重点关注以下内容：

第一，建立新型流域一体化管理体制，具体内容有：其一，在中央层面设立国务院直属领导的全国水资源管理委员会，该委员会可以由国家水利、环保等相关的、可能会涉及流域开发利用和保护管理方面的相关职能部门组成，统一协调指挥全国的水资源管理事务。其二，在流域层面设立专门的管理委员会。例如，可以在长江、黄河、珠江等流域设置统管整个流域事务的专业机构，该委员会可以在现有的流域管理机构的基础上组建，直接对全国水资源管理委员会而非地方政府负责。各专门流域管理委员会还可以设立专门的技术支持机构，为流域管理提供科学的技术支撑和保障。其三，在支流层面设立支流管理委员会。例如，嘉陵江、乌江、渭河等重要支流可以设置专管该支流的机构，并直接由其上级流域管理委员会领导。其四，我国采取的是流域管理和区域管理结合的方式，在加

强完善流域管理机构统一管理的同时,不要忽视地方治理多元主体的参与,要主动引导高效协同治理。流域管理机构的权限和能力是有限的,要推进流域水资源管理离不开地方政府的支持。

第二,"流域水资源管理法"的基本原则。其一,可持续地合理开发利用保护和管理水资源原则。1977 年《马德普拉塔行动计划》通过,明确指明了未来水资源管理要实现可持续发展,所以该原则也应成为我国流域水资源管理的首要原则。其二,流域管理责任原则。流域管理主体主要是政府,但也包含其他社会主体,如公民、企业事业单位、环保组织等。这些主体都负有流域管理的责任。我国目前有关政府流域水资源管理责任的规定仍较单薄。又如,《水污染防治法》仅规定了政府需要对水污染防治采取措施,但没有规定政府应承担的责任后果。在该法新修订时,应加入各级政府未完成水污染防治规划、造成污染事故等时政府应承担的责任。同时,还应补充规定其他管理主体的责任承担方式、内容、程序等,促进决策的科学化和责任落实,避免推诿情况的出现。其三,公众参与水资源的开发和管理原则。流域水资源属于公共资源、是全体公民的共有财产,政府作为被委托者有权管理该资源、财产。政府对流域水资源的管理可以看作对该公共资源的优化配置,通过合理、有效、公平的供给配置,促进流域水资源管理目标的实现。要想达成科学、合理、公平的配置决策,离不开广泛的合作和参与。《马德普拉塔行动计划》也提出,要充分听取、采纳由妇女、青年等构成的当地社会群众的意见,提升大众对水资源的认知,提供群众参与的平台。其四,统一管理和分级负责原则。流域水资源管理既要保持统一性、整体性,也要从不同的行政区域出发,实行分级管理。其五,权威高效原则。流域水资源管理要实现专门化、高效化。其六,民主决策原则。要建立民主决策机制,促进决策科学、公正、合理、民主化。其七,有效管理跨度和幅度原则。流域水资源管理的范围划分、宏观和微观管理的内容,都要细化和深化,达到全覆盖。

第三,"流域水资源管理法"的若干法律制度。我国对于水资源管理已经形成了一些制度,但是具体到流域水资源管理和保护的问题,相关法律制度仍不够充足、具体、明确。本书尝试着对以下几个制度从流域层面进行初步探讨。其一,流域规划制度。我国现有的流域规划,主要是从水资源保护和水污染防治角度进行的,但二者的关系、规定内容范围界限不清晰,在具体执行中存在不协调的问题。从理论上来说,后者应是前者部分内容的具体化,二者在立法中应合并,出台完整统一的规划。同时,应在立法中注意补充完善公众参与的内容。目前我国的流域规划多由政府部门起草,关于其他部门、组织以及公众提出意见、监督决策者的规定不足。其二,跨行政区经济补偿制度。流域管理存在上下游付出和回报不对等、不一致的问题,需要建立相应的补偿制度来平衡其利益。上游为了保障下游的水质,会在森林、矿产资源开发、工业建设等方面受到限制,经济发展受到阻碍。此时应要求下游对上游给予补偿,激励上游供给生态服务的积极性,提升公平性,促进流域的保护与发展。可以通过立法,建立上下游因防治水污染所产生的利益差别的补偿机制。若是上游的管理失职或治理不达标,给下游带来额外的管理和治理负担,上游理应向下游补偿。若是上游为了最大限度地维护下游流域生态环境的可持续发展而牺牲了本区域的经济发展,则下游应该补偿上游。补偿内容的类别主要是资金补偿,具体方式可以包括财政援助、转移支付等。由此才能促进整个流域共同发展,实现对生态环境的持续保护。其三,重大水污染事故申报与应急措施制度。流域水污染事故一旦发生,威胁甚广,会造成灾难性的后果,如松花江污染事件。但完全、绝对地杜绝污染事故发生是无法实现的,因此有必要建立健全重大水污染事故申报与应急措施制度。“流域水资源管理法”对此应作出明确的规定。首先是信息沟通与公开制度,该制度应围绕流域一体化管理各项信息的公开、共享作出明确清晰的规定。例如,信息通告、报告的对象包括一定级别、一定行政区域的政府、相关部门、相关区域的社会公众;事故信息通报的期限限制、通报关键内容要求和程序要求。还应补充不按照规定公开信息的责任后果。其次是应急预案制度,该制度主要体现以预防为主、防治结合的基本原则。对于违法犯罪主体一般多以赔偿的形式进行惩处,应细化赔偿责任的范围、转移、减轻、免除等内容。还可以考虑建立应急基金制度,通过较高效的资金投入路径处理事故。

（二）制定重要江河流域管理法律

流域是一个复杂的生态系统，除了水资源的开发利用和保护外，还涉及土壤利用、水土保持、植被管理、矿产资源开采、生物多样性保护等彼此相关联的众多内容。不同流域的地形地貌、气候类型、植被类型、行政区域的经济水平和社会发展程度都具有一定的差异性，在实施保护时应分类施策、对症下药，不能“一刀切”。因此，在法律体系的设置方面，仅有《长江保护法》《黄河保护法》是不够的，而要在此框架下，在长江、黄河之外的各个流域根据其特点和需求设置更具有针对性、更细化的流域性法律或在流域水资源管理法的指导下由地方立法部门出台地方性法规，由此更好地指导和保障水资源管理和保护工作。例如，我国的长江流域和黄河流域，前者面临的更多是水污染问题；而后者的水土流失问题严重，以及水资源分配需要合理化。在制定流域性法律时的侧重点自然也是不一样的。随着我国经济快速发展，流域水环境的问题不断恶化，严重影响人们正常健康的生产生活，亟须治理。目前，已经颁布实施的《长江保护法》《黄河保护法》对流域一体化管理起到了重要作用。总之，应该针对各主要流域尽快制定专门的流域管理法，根据各流域不同的特点制定专门性的流域管理法律法规，对流域内水资源的分配、污染治理、生物多样性保护、水土保持、联合治理主体等进行明确规定，以尽快形成流域一体化管理的法治秩序。

第三节　强化我国流域一体化管理立法的具体措施

加强流域一体化管理最有效的做法之一便是强化立法，我国应依据可持续发展、公平与公众信任等原则建立流域管理法律体系，具体而言，需要从以下几个方面着手。

一、设立权威的流域一体化管理机构

流域一体化管理体制的建立离不开权威的流域管理机构。在我国目

前的流域管理体制下,存在各自为政的情况,流域管理机构的独立性、权威性不足。可以考虑设立全国、流域、支流三级管理机构。在全国层面上设立国家流域管理总局,与生态环境部、水利部等平级,所有涉水部门都应将部分权力进行移交,由国家流域管理总局统一协调和规划。在各大流域设立受国家流域管理总局垂直领导的流域管理局,独立于地方政府。在地方层面,还应依照支流流域分布设立流域地方管理分局,对支流流域内的涉水事项独立行使管理权限,受到上级流域管理局的垂直领导。

应在立法中明确各级别流域管理机构的地位、性质、权责,赋予流域管理机构不可替代的地位。第一,明确流域管理机构的法律地位。现有法律法规中流域管理机构的地位和职能不够明确,缺乏法律强制力保障。第二,以流域管理机构为核心。在实践操作中,无论是中央还是地方政府,关于流域水资源的管理,都应先通过流域管理机构施行,政府予以配合,接受监督,促进一体化管理效率提升。第三,中央建立流域管理机构的名单。我国可以先对跨行政区域流域进行评估和摸底,筛选出重点流域,由中央设置流域管理机构进行管理。第四,建立双重流域管理机构。双重流域管理机构指的是中央政府针对跨行政区域流域设置流域管理局与流域委员会两类机构。后者作为前者上级,从政府各单位各部门、社会、用户、专家中选派成员组成。后者采取民主决策,前者主要负责执行后者的决策。第五,赋予流域管理机构经济权。经济权是进行一切重大水事活动的基础,缺乏经济权便没有发言权。目前,我国水利部下设的七大流域管理机构都没有足够的经济权支撑它们正常的流域管理工作甚至是自身运行。可以在法律法规中将经济权明确授予流域管理机构,促使流域管理工作正常运转,更好地实现目标。有法可依是流域管理机构发挥作用的前提条件。美国田纳西河流域管理局、哥伦比亚流域管理局全权负责流域规划的全过程;法国流域委员会负责制定流域规划、流域管理局负责规划的实施,二者相互协调、分工合作;[①]澳大利亚墨累—达令流

---

① 参见王璐璐:《论我国流域治理规划法律制度的完善》,西北大学2019年硕士学位论文,第22页。

域管理局进行流域规划。上述三个国家都有完备的流域管理法律体系规定流域管理机构的地位、职责、管理程序以及监督实施等内容。

二、界定流域水资源一体化管理有关事权

清晰的事权划分是明确流域水资源管理主体责任的第一步。域外一些流域水资源管理法律规范较为体系化,并根据水资源开发的实际情况出台了配套法规。通过流域水资源管理法律规范对相关部门事权明确划分并对工作标准进行系统规范,预防职能交叉重叠,使各部门严格依法办事,提高办事效率。美国田纳西河流域管理局所拥有的较大的行政管理权便是由法律直接授予的,法律同时明确了该机构与其他流域水资源部门之间的关系,使其可以顺利行使相关监管职能。我国可以参考域外部分经验,在法律法规中界定流域水资源一体化管理的有关事权。例如,可以规定物权意义上的水资源所有权,包括国家对水资源的占有、使用、收益、处分这四项权能;国务院行使水资源所有权的具体方式可以包括直接规定或者授予法定水权,颁布取、用水许可证或者其他包含取、用水内容的许可证或审批文件等。除法定水权外,其他水权都应当是有偿的和有期限的。同时,应当对流域管理机构和水行政主管部门的各项权责予以清晰划分,例如,在法律规定中明确"流域内县级以上地方人民政府应当协同流域管理机构组织推进流域管理事务"。明确流域管理机构与政府涉水部门的主导与协同关系,明确各自法律地位与流域管理中的事权划分,也有利于避免二者在权力行使过程中的混乱。应该明确二者的权力如何设置与分配,流域管理机构如何转变传统的地位、职能、作用,如何与地方行政机构配合、分工,以避免"或者"二字造成职权不清,管理混乱。

三、完善流域水资源一体化管理考核制度

长期以来,在流域管理中存在监管主体不依法办事、不按照法律规定履行职责的现象,甚至存在监管者无视法律、法规,对违反法律法规的行为予以纵容,导致出现大量"有案不移、有案难移、以罚代刑"的现象。流域监管体系的顺畅运行不仅需要各流域管理机构与政府部门的协调配

合,更需要在相关工作中严格落实考核问责制度。流域环境考核问责配套制度不完善,间接造成部分环境监管者敷衍行事的现象。在我国当前流域环境监管工作中,考核问责机制在实施中面临政府机关内部以及外部舆论施加的双重压力,流域内不同地区的生态环境考核标准和考核力度也存在差异,在很大程度上影响了流域环境监管机制的运行。在流域环境监管考核问责结果的公开中,监管信息公开平台构建不完善,导致社会公众的环境信息知情权没有得到保障,不利于公众对政府部门流域环境监管成果的监督,也使政府部门的公信力大打折扣。科学合理的流域水资源管理考核可以从源头给予流域管理机构动力,促进其积极履行职责。无论是政府权力运行还是市场主体参与流域一体化管理都需要进行严格的监督和考核。我国流域管理以政府为主导,地方政府在本地区的环境监管工作中拥有绝对的话语权,因此地方政府在流域一体化管理中承担的生态环境责任履职情况是考核的重要内容。[①] 可以采取内外监督并举的方式,由政府及其各部门、专家、企业等共同组成监管协会,使全社会参与流域保护与发展。为此,需要逐步出台相关规定,建立制度体系,让具体环境监管工作有章可循,考核制度化和规范化,不使其流于形式。当前我国已经在立法中初步形成了流域工作目标责任制,以及相应的考核评价制度,这是很好的一种制度尝试,可以根据实践情况进一步完善和细化。[②]

---

① 参见龙维娜:《中国流域水能资源开发中的环境监管制度研究》,西北大学2020年硕士学位论文,第28页。

② 参见王清军、胡开杰:《我国流域环境管理的法治路径:挑战与应对》,载《南京工业大学学报(社会科学版)》2020年第5期。

第六章　执法维度：中国流域一体化管理主体博弈与执法规制

第一节　建立流域一体化管理联合执法机制

一、跨行政区流域管理联合执法的法律依据不明确

目前，政府部门流域执法实践较多地停留在单一行政区域内，跨行政区域的流域管理联合执法机制不健全。不同地区流域管理地方性法规存在冲突，这种情形源于长期存在以行政区划为基础的，对流域进行科层制管理的模式问题。由于地方政府对流域进行分段管理，缺少高层次的流域规划和统一的目标指导，造成部分地区在执法实践中过分注重本地区经济建设而忽视流域生态环境保护的系统性，不利于推进流域一体化管理。流域内地方政府执法缺少协调性，彼此权力、责任界限模糊、缺少协同。我国法律、法规、规章等对跨行政区流域管理联合执法机制施行的立法存在空白，主要面临以下问题。

（一）法律中联合执法规定不足

一是《环境保护法》关于跨行政区流域管理联合

执法的规定。《环境保护法》在我国环境领域的法律制度中具有基础性、统领性。其中,有关跨行政区流域管理的规定主要有第 17 条、第 20 条、第 54 条。第 17 条规定了监测网络和信息共享机制的构建。第 20 条针对重点区域、流域以及其他区域、流域,分别规定了强制的和自愿的统一规划、监测、联合执法。第 54 条规定了有关环境质量、污染源监测等重大信息的公布和公报。上述规定较概括地指导跨行政区流域水资源保护与发展的工作,形成了各个地区联合执法的基本原则。但是,关于监测信息共享、协商沟通平台渠道、权责分配等内容并没有细化和具体化,在实践中不具有可操作性。

二是《水污染防治法》关于跨行政区流域管理联合执法的规定。该法旨在实现水污染的综合治理。其总则、水污染防治的标准和规划、水污染防治的监督管理、污染防治措施、法律责任等章的规定体现了在管理规划、治理标准、信息监测等方面都要统一的理念。然而,该法律中有关跨行政区流域水环境联合执法的规定仍是原则性、概括性的,没有细化协调机构、权责划分、执法内容和程序等,缺乏可操作性。尤其是关于跨行政区流域管理纠纷解决的规定,表面上规定了解决方法,由相关政府和解,或其共同上级政府进行调解——但没有强制要求执行和解或调解后形成的结果,又缺乏仲裁、诉讼等其他的保障机制,会使跨行政区水污染纠纷在法律上始终难以得到彻底解决。

三是其他法律中关于跨行政区流域管理联合执法的规定。《水法》第 56 条规定了不同行政区域之间发生水事纠纷的处理方法,规定上级政府有权裁决,增强了强制执行力。《环境保护税法》第 15 条规定了涉税信息共享平台和工作配合机制的建立。《土壤污染防治法》规定了在对土壤利用和保护管理过程中应建立信息共享平台,让各个相关方都能及时查询到完整、真实的数据,以更好地实现土壤污染防治。《黄河保护法》第 105 条第 1 款规定了涉水管理机构对黄河流域跨行政区域、生态敏感区域以及重大违法案件应依法开展联合执法。《长江保护法》第 80 条将联合执法的适用区域拓宽为长江流域跨行政区域、生态敏感区域和生态环境违法案件高发区域。目前,我国法律中关于跨行政区流域管理联合执法的规定仍较为匮乏。

(二)法规中联合执法规定不足

一是行政法规中关于跨行政区流域管理联合执法的规定。现有的部分行政法规涉及跨行政区流域管理联合执法。我国《河道管理条例》规定了由水利行政主管部门负责跨省河流工程批准。《取水许可和水资源费征收管理条例》规定了我国的重要流域跨行政区取水程序、费用等问题由流域管理机构负责审批。上述行政法规对于跨行政区流域管理进行了原则性的规定,但是缺乏可操作性的具体内容。2001 年江浙边界爆发民间"零点行动",2007 年太湖爆发蓝藻事件,都表明了在经济相对发达的江浙一带,水资源利益冲突问题已经极其严峻,如果继续按照行政区划分割管理,后果不堪设想,联合执法机制亟须构建。2011 年《太湖流域管理条例》出台,这是中国第一部流域综合性行政法规,为太湖流域的综合、协调、系统治理提供了一定的法治保障,同时为其他跨省流域的环境污染治理提供了一定的实践经验,但仍需要在先锋作用基础上,不断地随着实践发展而变化、调整,为其他流域的一体化管理提供更科学的借鉴。二是地方性法规关于跨行政区流域管理联合执法的规定。在跨行政区水污染防治领域,《广东省水污染防治条例》针对广东省范围内的流域跨行政区水污染联合执法问题规定了一些内容,其中跨行政区管理衔接、监测机构设置、污染纠纷处理等对于其他省份都具有参考借鉴价值。[①]

(三)规章中联合执法规定不足

2004 年水利部发布了《省际水事纠纷预防和处理办法》,该办法规定了省际水事纠纷的概念、内涵、解决途径、协调方案等内容,在国内跨省水污染治理领域发挥了一定的引领作用。2007 年《环境监测管理办法》出台,该办法针对跨行政区环境污染问题提出了环境监测数据信息共享制度的建立。2010 年《环境行政处罚办法》发布,该办法对跨行政区环境污染行政处罚的管辖问题进行了说明。2011 年《突发环境事件信息报告办法》出台,提到了企事业单位环境信息公开平台的建设。2015 年《环境保

① 参见《广东省水污染防治条例》。

护公众参与办法》实施,针对公众参与环境保护作出较具体的规定。

(四)政府政策性文件中联合执法规定不足

政策性文件指的是行政机关、政党组织以及其他社会组织为了某些特定的需求和目标而出台的规定。相较于法律、法规、规章等法律文件,政策性文件缺乏约束力。有关跨行政区环境联合执法的政策性文件,可划分为指导性质的政策性文件和合作性质的政策性文件。指导性质的政策性文件多以规划、办法、方案、指导意见的形式出现。如2015年发布的《水污染防治行动计划》《关于推进环境监测服务社会化的指导意见》,2016年发布的《"十三五"生态环境保护规划》,2017年发布的《长江经济带生态环境保护规划》,等等。上述政策性文件涉及跨区联合执法机制、联合监测、信息共享等内容。合作性质的政策性文件较多地体现为环境合作协议,如《粤桂九洲江流域跨界水环境保护合作协议》《京津冀水污染突发事件联防联控机制合作协议》等。通过检视,能够发现政府政策性文件规定大多宏观抽象,不具有实际指导作用。

总之,尽管我国的一些法律、法规、规章、政策中已经明确了要建立流域联合执法机制,但这些规定通常宽泛且抽象,只是从原则上进行引导,缺乏具体的细则规定。这就导致有关流域管理联合执法的规定只是停留在表面,缺乏可操作性,无法真正引导流域联合执法机制的建立。[①]

二、流域一体化管理中联合执法的正当性分析

(一)解决流域生态利益的整体性与行政区划的分割性的冲突

流域是一个系统完整、复杂多维的生态单元,包括上游、中游、下游、河口等地理单元,涵盖淡水生态系统、陆地生态系统、海洋和海岸带生态系统。其中,水是最重要的纽带和载体,土壤、养分、污染物、鱼类等都依附于水。地表水、地下水、水质及水量都是水文循环中的一环,每个环节又会影响其他环节。同一流域由于不同的地貌、气候、时间、人为等因素,

---

① 参见张雯:《渭河流域生态保护补偿机制法律问题研究》,西北大学2020年硕士学位论文,第16页。

也会呈现差异性,如污染物容纳量水污染指数会有所不同。

但我国人为划分的行政区域分割了整体的流域空间,使其受到若干地方政府管辖。现行的分割、条块管理模式在流域开发利用、水资源保护方面发挥了重要作用,但随着社会、自然环境不断变化,暴露出弊端,致使流域执法效率低下。亟须流域根据生产、生活、旅游、交通和渔业的需要划定不同的水功能区,并根据不同功能区的特点来确定排污量、纳污量。要加强流域管理机构的法律地位,制定统一、权威、高效又有弹性的流域联合执法。[①]

(二)协调不同地方政府追求的水资源利益冲突

上游与下游政府追求水资源利益的冲突主要体现在水质和水量两方面。上游地方政府凭借地理优势,对流域水资源享有更多的掌控权。而下游政府因其地理位置,在水资源利用方面较被动。当上下游因水资源利用与污染转移发生冲突时,缺乏有效的政府利益协调机制。由于对政府的主要考核指标是GDP,一些地方政府可能会为排污量大但能够创造高额税收的企业保驾护航,甚至会利用行政职权干涉司法部门,维护地方利益,偏袒一方当事人。因此需要建立跨行政区流域水资源利益协调机制,协调解决水资源利益纠纷。[②] 可以引入仲裁调解的方式,争议者可以自由选择调解人,提高争议解决的效率、公正性、经济性。

(三)统一不同行政区之间水污染治理执法力度和监测技术水平

不同行政区在水污染治理中往往具有地方特色和属性,针对同一上位法出台的地方性法规、规章、政策也会存在偏好性与差异性,致使不同地区针对同一水资源管理事项的执法力度和检测水平并不相同。在水污染监测方面,不同行政区设备配置、更新、维护、使用、监测技术、监测信息记录和分析等都存在差距。一般来说,经济较发达地区的水污染治理资金更充足,配置的设备更先进,人员培训工作较充足,技术手段更熟练,监测信息的储存、分析更科学合理。然而,在流域管理中,对于流域水污染

① 参见丁绿芳、孙远:《南非水资源一体化管理》,载《水利水电快报》2007年第6期。

② 参见杨立信、孙金华:《国外水资源一体化管理的最新进展》,载《水利经济》2006年第4期。

的治理，各行政区政府享有较大主导权，流域管理机构权威性较弱甚至形同虚设。有很多因素会影响水污染治理的协同性。例如，考虑到成本和获益分配的问题，一些地方政府协同治理的意愿较低；有合作积极性的政府之间缺乏有效的沟通渠道，信息共享不充分；各地政府的目标不会完全一致，都倾向于追求地方利益最大化，缺乏整体性考虑。① 对于监测技术，可以考虑通过建立统一的监测网络来实现流域水污染一体化监测。利用卫星定位、红外线、遥感等技术手段，建立监测点、监测站，形成全覆盖、快速反应的立体化监控网络，提高效率和效果。统一执法能力和监测水平与流域一体化管理是相辅相成的。前者步调越一致，流域水污染治理协同性越强，后者制度、机制越完善、成熟，前者的差距越小。②

（四）破解行政区边界水污染治理交叉监管或无人监管的困境

行政区的边界区域往往是污染事件多发、水污染治理难度较大的地带。各地方政府无论是积极争夺管辖，还是倾向于撇清各自责任，都是基于对各地方利益的考量，且不同规定、规划之间还会存在冲突。例如，《水法》和《水污染防治法》都有关于水体功能区划定的内容，二者并不完全一致，有重合，也有矛盾的地方。又如，《水污染防治法》有关渔业船舶造成水污染事故的规定不够全面完善，执法主体、问责对象、赔偿标准等都不清晰，现实中出现渔业污染事故后，相关职能部门之间出现互相推诿的情况，严重影响流域环境保护进程。流域内上下游、干支流、左右岸、水中与岸上存在界限和壁垒，仅政府内部就涉及众多的机构、部门，有关区域边界处的监管事项较为混乱。③ 总之，都不利于对流域水资源的治理和保护。因此，通过建立一体化管理体制来弥补行政区划科层制管理的弊端显得很有必要。要打破壁垒，并明确职责边界，加大行政区际边界的联合巡查力度，积极探索应急处理方案，建立纠纷解决机制，维护行政区边

① 参见彭本利、李爱年：《流域生态环境协同治理的困境与对策》，载《中州学刊》2019年第9期。

② 参见胡中华：《关于完善环境区域协同治理制度的思考》，载《法学论坛》2020年第5期。

③ 参见彭本利、李爱年：《流域生态环境协同治理的困境与对策》，载《中州学刊》2019年第9期。

界正常的水事秩序，保障行政区边界地区的安定团结，形成大保护、大治理的格局。[①]

三、建立跨行政区流域管理联合执法的规划机制

(一)完善我国流域水资源综合规划机制

既要保证社会经济的持续发展，又要充分维护河流的健康自然功能，一个较有效的选择就是对流域水资源进行综合规划。流域水资源综合规划是流域水资源管理的重要环节。流域综合规划往往具有整体性、预见性、预防性，强调协调、合作。

我国的七大流域都已完成了流域综合规划的编制任务，并获得了国务院批复。然而，进一步具体到每个流域，仍然存在综合规划与专业规划衔接不畅、规划目标刚性太强弹性不足、地方行政干预等问题。因此，还需要在正确评估和分析流域管理现状的基础上，对流域水资源进行经济和数据分析，召集利益相关者积极参与流域规划的编制工作，促进流域水资源可持续发展。具体来说应从以下几个方面完善流域综合规划编制制度：首先，流域规划目标的设计应基于对流域现状的正确分析，在保证一定的刚性目标基础上还要有一定的弹性。流域是一个复杂的生态系统，再加上行政区域的划分和人类经济活动的介入，充满了不确定性。应在对流域内社会经济发展现状、流域水量水质等特征、被保护区域生态环境现状、现有法律法规实施效果等因素综合考量的基础上，确立流域水资源开发和保护的基准和目标。与此同时，应当预留一定的弹性空间，增强可操作性，便于各支流区域根据自身特点作出适当、合理的调整。由此才能在实质上推进流域一体化管理目标的实现。其次，流域综合规划应考虑到生态用水和气候变化这两方面的因素。一方面，流域水资源综合规划需要正确评估和考量环境需水量。满足了用水需求，流域规划才能拥有实施基础，进而推进可持续利用。另一方面，流域水资源综合规划不应忽视气候变化问题。近年来的研究显示，气候变化会造成富水流域水资源

---

① 参见尤林贤：《水行政执法联合巡查机制的实践及探讨》，载《中国水利》2008年第16期。

越富，贫水流域水资源越贫。而该问题目前尚未有特别有效的应对措施，只能尽力增加应对旱涝灾害的“安全系数”。可以考虑在规划准备阶段收集气候影响水资源信息，并加以分析，尽可能对灾害有所防范。最后，完善流域综合规划编制的协商机制。流域一体化管理牵扯方面甚多，规划编制全程都应积极推动所有的利益相关者参与。具体可以通过建立论坛、研讨会、协调会等协商平台，广泛征求意见建议，达成共识，避免闭门造车。

（二）加强我国流域规划的执行

我国流域治理规划目前存在许多问题，《水法》颁布之后至今没有出台一部针对流域规划更为详细和具体的操作规则，流域综合规划、流域专业规划、区域规划之间衔接不上，无法形成一个完整的规划体系，各部门之间在执行规划时，考虑自身的利益，互相不协调，信息不畅通，导致流域规划机制没有发挥应有的功效。

因此，为确保规划执行、发挥效力，需要做好以下几个方面：首先，需要建设流域规划的联合执法机制。要加强流域管理机构的执法队伍和地方水行政主管部门执法队伍之间的交流与协作，提高执法队伍的能力和水平，积极施行流域规划。其次，需要明确流域规划的责任承担。法律责任的明确是规划得到执行的重要保障之一。一方面要明确流域治理规划制定过程中的责任。相关主体须严格按照规定程序制定规划，并承担不利后果；另一方面要明确流域规划实施过程中的责任。相关主体要严格按照规划执行，对弄虚作假、任意更改规划等行为须承担不利后果。对于以上行为，不仅要规定行政责任，还应明确相应的刑事责任。流域规划法律制度的责任设定有利于推动规划实施，确保规划在流域一体化管理中发挥基础性作用，促进流域生态文明建设与社会整体发展。

流域的开发治理是国家和人民共同关心的问题，流域规划的科学民主制定，并且有效实施，使流域规划更好地服务于流域一体化管理，既能确保流域生态平衡，又能更好地促进经济社会的发展。

第二节　构建跨行政区的协调与合作管理机制

一、跨行政区流域协调与合作管理机制的探索与成效

（一）创设流域协调与合作执法小组

在流域一体化管理中，由于地区分割、部门分管，政府管理往往呈现碎片化，无法达到流域整体治理效果。为克服这一制度困境，域外国家如美国、加拿大等国家均建立了从中央到地方的各级环境保护监管的政府部门和相关机构。协调与合作执法机构在进行跨行政区流域管理时，能够突破部门、地区壁垒，统一调度人员、设备、资金，高效率地完成管理任务。我国已经在逐步尝试建立多种形式的协调与合作执法小组。例如，在京津冀、长三角、珠三角等区域已经初步形成了流域内不同区域分工协作的管理模式，环境恶化指数已经呈下降趋势。但应当注意的是，上述协调与合作执法组织结构仍较为松散，与常态化、规模化的跨行政区执法机构相比，仍存在较大的差距。

（二）建立流域协调与合作执法新机制

长期以来，我国在流域执法方面取得的效果一直不理想，传统科层制流域管理模式、机制的弊端越来越显现，需要寻求构建新的环境执法机制。多元主体协商共治的治理模式灵活地将流域执法治理置于开放性的环境当中，各方主体都有机会和渠道表达利益诉求。我国已经在逐步出台有关跨行政区流域多元主体协同治理的规定，《关于构建现代环境治理体系的指导意见》要求构建决策科学、执行有力、多元参与、良性互动的环境治理体系。但现有的相关法律、行政法规、部门规章、地方性法规、规范性文件只是提供了原则性、概括性的依据，对流域管理实践的保障和支持仍远远不够，还需要完善、细化跨行政区联合执法的法律依据，设置权威的领导机构，构建环境协调与合作执法新机制。[①] 首先，在制度建设方

---

① 参见顾向一：《我国水生态文明法律规制研究》，载《水利发展研究》2017 年第 3 期。

面。我国一直在不断完善流域联合执法相关规定,2020 年 1 月,生态环境部、水利部联合印发了《关于建立跨省流域上下游突发水污染事件联防联控机制的指导意见》,指出跨行政区流域治理需要建立具有约束力的协作制度。实践中京津冀区域流域相关行政区签订合作协议书,生态治理由各自为政逐步走向联防联控,取得了一定成效。其次,在机构设置方面。流域管理机构相对独立,不受制于各行政区政府,能站在整体流域的立场,公平有效地着眼于流域整体利益、长远利益,同时制约着流域局部利益的片面追求,并协调流域内不同区域间的利益冲突。① 我国正在逐渐提升流域管理机构的地位和作用,让其更加具有独立性和权威性。最后,在协商机制构建方面。要实现环境协调与合作,需要各部门、各区域之间建立统一的协商联动机制,获得有效的工作衔接和信息共享机制,加强日常的协调和互动,统一流域执法的标准,提高流域执法的效率和技术水平,强化流域执法的力度,构筑起空间上纵横结合的联合执法体系,合力推进流域一体化管理。②

(三)探索协调与合作执法新模式

传统的跨行政区环境执法多各自为政,总体工作效率低下。我国一些地区已经逐步在尝试新的执法模式。一些地区的环保部门、司法机关等联合行动,共同制定、发布相关规范性文件,加大了对流域环境犯罪的打击力度。2017 年 1 月,原环境保护部、公安部、最高人民检察院联合发布了《环境保护行政执法与刑事司法衔接工作办法》,提出探索行政执法与刑事司法协调与合作新模式。在新的环境联合执法机制之下,以流域整体作为执法框架,积极联合各部门,更好地发挥优势,提升工作效率和执法效果。同时引入市场主体参与,弥补政府执法的不足,在相互配合中促进效率和公平。采用上述综合治理模式才能开创全新的流域联合执法局面。

---

① 参见尤林贤:《水行政执法联合巡查机制的实践及探讨》,载《中国水利》2008 年第 16 期。

② 参见顾向一、曾丽渲:《从"单一主导"走向"协商共治"——长江流域生态环境治理模式之变》,载《南京工业大学学报(社会科学版)》2020 年第 5 期。

二、跨行政区协调与合作执法机制存在的问题

(一)跨行政区流域管理执法机构建设不足

一是协调与合作执法机构未实现常态化。广东省在2017年发布过水污染治理方案,但仅仅为期一年;吉林省在2018年也开展了流域污染整治活动,也只持续了短短两年。上述类似的流域集中执法活动在现实中广泛存在,共同特征都是短期性、专项性,发挥的作用很有限。且由于此种联合执法是短期、专项的合作,执法标准也未作统一,不利于流域长期、整体、系统的治理,不具有稳定性。因此,要避免“运动式”的环境治理,就要让“短期的专项整治”向“常态化联合执法”转变。将流域联合执法协调机构组织化制度化,明确执法主体、程序、责任等,促进执法的统一与公平,减少整治的随意性,提升水资源执法工作的效率和质量。目前,一些重要的流域已经建立了这样的执法协调机构,如黄河流域、长江流域。但其职权还较弱,权威性严重不足,难以调动流域行政区相关部门进行工作,对他们没有很强的约束力,由此导致该机构下达的政策执行力度不大,跨行政区的联合执法程度仍然较低,流域生态文明建设进程受阻,一体化管理也难免流于形式。二是协调与合作执法队伍水平参差不齐。流域执法的技术要求、专业性要求都较高,而当前我国执法工作队伍的专业能力参差不齐,无法满足现实工作的需要。经济发达地区一般对流域执法的重视程度较高,资金支持力度较大,相关的执法培训工作更为充足。但对于经济建设较为滞后的地区,政府对于流域执法财政支持有限,聘用人员的专业知识、技术水平不够,大众的思想观念较为落后,技术设备不足,导致执法队伍整体素质较低,有的执法人员甚至和排污企业结成了利益联盟。且当前的流域执法实践中越来越多地应用到了智能化的技术手段,对执法人员的技术要求越来越高。在区块管理的传统模式下,执法工作人员之间缺乏相互交流,不利于先进执法经验、技术的传递,难以实现流域一体化管理。三是协调与合作执法技术设备较为落后。先进的执法设备和充足的财政资金都是提高环境执法效率的重要物质保障。应在相关立法中明确联合执法机制的各项内容,包括技术设备更新维护的

主体，监测的标准、方法、程序，执法人员的技术培训的内容、期限，联合执法资金的来源等，落实联合执法中所需的人力、物力、财力。还应统一规划布局，联合监测，执法人员协作配合，由此弥补区块管理下的数据不一致、重复监测、成本浪费等问题。四是协调与合作执法职权存在交叉与冲突。任何行政行为都要遵循合法行政、正当法律程序、越权无效等行政法基本原则，环境联合执法行为也不例外。环境流域联合执法中容易出现越位越权、责任混同的困境。因此需要在立法中使各政府、部门的权责边界明晰化，提供执法权限冲突的解决途径。①

（二）跨行政区流域管理协调与合作责任机制不完善

一是协调与合作责任主体不明确。随着流域开发速度的提高，产生的生态环境问题在增多，相关利益群体在生态环境保护方面的权利意识也逐渐加强，生态环境保护责任的承担主体也备受关注。毋庸置疑，政府应当在流域开发环境监管中承担首要责任。联合执法的责任承担可以分为两类：一类是执法主体针对行政相对人作出具体行政行为时产生的责任；另一类是执法过程中产生的责任。前者是由行政机关内部人员承担责任，但是目前还未区分领导者、决策者责任和真正执法者责任，承担责任的具体方式、程序、判断标准也不够清晰。后者的责任主体一般仅限于地方政府或者职能部门，与行政机关内部的工作人员无关。但相关的责任界定、利益损失赔偿标准等仍然缺乏依据，实践中较混乱。

二是协调与合作执法监督主体不充足。仅仅发挥内部监管问责机制无法完全应对当前环境监管工作中出现的问题，流域开发中还应有环境执法部门和司法机构之间的互动，增强环境行政执法和环境司法的衔接，同时环境监管问责机制中还应有企业、社会公众等利益相关者的参与，让这些力量成为环境监管问责体系中重要的一环，对水能资源开发中的管理者进行监管问责，对流域管理机构和水资源主管机关相关工作的具体开展情况进行监督考核，防范国家权力在流域水能资源开发中的不作为

① 参见唐兵、杨旗：《协同视角下的湖泊水污染治理——以鄱阳湖水污染治理为例》，载《理论探索》2014年第5期。

和乱作为。《水污染防治法》针对跨行政区水污染纠纷规定了两种解决方式——双方政府和解和寻求共同上级调解，但二者都缺乏强制约束力。流域联合执法的监督主体主要有两类，一类是政府之间抽象行政行为的监督主体，另一类是政府之间具体行政行为的监督主体。前者如政府之间签订环境合作协议、出台联合工作方案等。我国目前还缺乏具有权威性的联合执法协调机构。后者如政府联合执法小组在执法中的行为。我国目前还需要完善违法违规行为评判标准、主体、程序等内容，促进公平公正。

三是协调与合作执法责任考核与奖惩机制不畅。在流域联合执法中，考核和奖惩机制是政府之间的重要协调手段。例如，湖北和贵州都出台条例规定了跨界断面水质考核标准，且要求考核不达标的市、县政府限期整改。但上述条例对整改及补偿的具体措施没有进一步作出规定，还需要补充、细化。在跨行政区的流域联合执法中，需要建立政府考核的衔接机制。一些地方政府片面追求经济利益，对于考核要求采取不作为的消极态度，甚至伪造数据文件，敷衍整改。因此，联合执法责任考核与奖惩机制的建立健全，对于提高流域联合执法效率有重要意义。

四是协调与合作执法的责任追究缺乏程序性规定。不同行政区在流域联合执法方面达成合作协议后，如何督促各个政府完全履行协议中联合执法工作职责成了关键点。构建完善的联合执法责任机制是有效的解决办法之一。但我国目前缺乏权威、明确的联合执法的责任追究程序性规定，导致实践中互相包庇、弄虚作假的情况频发。

三、完善跨行政区流域管理的“协调与合作”联合执法机制的建议

（一）强化流域联合执法部门协作与责任追究制度

共享与协调是流域水资源联合执法的基本内容，解决水资源可持续利用问题需要流域水资源主管部门与流域管理参与者通力合作。

第一，流域是一个由山水林田湖草组成的生态共同体，在流域水资源开发利用中的环境保护工作顺利开展需要水利部、自然资源部、生态环境部等部门共同完成，配套联合执法机制的落实也需要这些部门共同出力。

在立法层面，进一步明确流域执法主体权责，强化流域管理部门间协作。

第二，在政府内部，一方面要协调流域管理部门的垂直关系，借鉴中亚阿姆河和锡尔河流域执法机构的组织设置，分为国家内流域、亚流域、灌溉系统、用水户协会、终端用水户五个层面，分别由国家水利委员会、流域委员会、亚流域委员会、行政机构、用水者联盟领导参与；另一方面要协调流域管理部门的横向关系。在具体的流域联合执法事务中，按照公平正义原则建立协调机构，保证在达成共识的基础上达成协议，由协调机构促进执法部门横向协调。

流域生态系统是一个不可分割的整体，自然资源和环境资源都属于其中的一部分。我国当前流域水资源开发利用主要职能在水利部，在水资源开发过程中对流域其余生态资源的保护修复等职能需要自然资源部完成，而生态环境部也根据相关工作的需要承担着类似的职能，并且各部门根据工作开展需要下设了很多机构处理具体工作，各部门需要加强宏观工作开展情况的沟通合作与对接，从而承担起本部门的职能，而不是在职能交叉处相互推诿。上级部门还应当根据下级部门的实际执法情况提供必备的资金、技术等支持，从而确保下级部门积极履行执法责任，促进工作顺利开展。

第三，流域联合执法需要让流域生态系统所具备的整体性特征贯穿执法工作始终，依照流域特征成立相应的流域执法协调机构，负责协调不同行政区上下级以及同级、各个地区之间水能资源开发环境监管方面事务，既有利于精简机构设置，减少原本的财政支出，又可以减少以行政区为单位进行执法时产生的职权冲突，以此提高执法工作的效率，加强各流域执法情况的信息沟通与合作，实现对流域执法问题的一体化管理。当流域联合执法中发生利益冲突时，由流域管理机构主导调解或协商，仍无法解决纠纷的，报国务院或其他授权主管部门裁决。

第四，鉴于流域上下游的联系与影响，在流域的不同行政区划内，还应建立流域联合执法通报和协商制度。在流域内，上游对下游的影响要远大于下游对上游的影响，因而对上游的环境执法效果可能严重影响下游流域水资源管理利用和安全的有关活动，流域上游应及时就其执法情况向流域主管部门备案并审核，同时及时向流域下游相关管理部门通报。下游管理机构反对的，由流域主管部门调解，调解不成的，提出方案报上级裁决。

第五，成立流域水资源非正式管理机构。除了常设的流域管理机构，还需要建立相应的社会协商机构，可以由电力、环境保护、农业、大型用水户和各专家学者组成。两类机构应充分交流对话，促进决策的科学性和执行的稳定性。美国流域管理工作之所以取得成功，其中一个很重要的因素在于其形成了全面且系统的流域执法协调机构，中央管理机构和地方管理机构在联合执法工作开展中密切合作，有效地推动了流域一体化管理工作的顺畅开展。

第六，强化责任追究制度。在流域环境监管问责机制中，应当明确流域环境监管的问责对象，同时对问责程序进行规范。一方面，要强化政府的生态责任。水资源具有公益性和基础性，政府一直以来在流域水资源管理中都起着主导作用。一些相关法律法规都规定了政府应对其行政区域内水事管理负责，但是对于责任的落实却缺乏细致的配套条款。应该修改完善现有规定，明确政府承担责任的具体主体、程序、标准、方式、内容等。此外，还可以成立独立于地方政府和流域管理机构、只对国务院或水利部负责的监督管理机构，对全国流域管理工作进行巡察监督，并定时发布监督报告，对责任处理结果予以公示，并鼓励公众参与监管。在当前首长责任制下，发生环境问题时，环境监管部门的首要负责人是第一责任人，但是在流域联合执法过程中，大部分决策结果是多个部门协商讨论而确定的，在产生问题追究相关责任时，仅仅追寻首要责任人的责任会产生不公平现象，因此，还应当关注具体责任的实际实施者，追究实施者的相关责任。另一方面，要强化公司、企业的责任。公司、企业是重要的市场主体之一。我国关于公司、企业造成水污染的行为已经有很多惩罚性规定。但实践中这类规定并没有很好地发挥应有的威慑矫正作用。因而还需在立法中完善相关规定，既可以针对各类涉水违法行为情节和当前社会经济情况灵活确定惩罚幅度，也可以从水事执法的人员素质、技术设备、执法意愿、出勤机制建设等方面提升企业受处罚概率，令企业违法成本大于守法成本，进而实现流域水资源的保护。

随着流域一体化管理进程的加快，我国越来越注重流域开发对周边生态环境所带来的持续和积累性影响，逐渐形成具备系统性且符合流域特征的与水资源开发相配套的流域联合执法机制。①

（二）建构跨行政区流域管理协调与合作执法机构

建立健全跨行政区流域管理协调与合作执法机构是流域联合执法机制的基本要求和必要保障之一。需要根据不同流域的特征和需求，建立总管该流域的、具有权威性与独立性的流域管理机构，以及在各个流域分支继续设立下级流域管理机构，明确划分该机构和地区政府部门的职责，协调各方利益，促进执法理念和标准的统一。具体来说要做到以下几个方面：

一是设立常态化协调与合作执法机构。首先，由各省的政府领导牵头，联合各省的环保、水利、公安、交通、农业、安监等部门共同建立联合执法领导小组。也可以采取省级政府间签订合作协议的方式，为联合执法活动提供依据和制度保障。其次，促进联合执法领导小组有效开展执法活动。要充分发挥环保、水利、交通、农业等相关部门的整合优势，加强省际环境执法机构的沟通，最大限度地提升环境执法的效率，打击违法犯罪行为，共同维护流域整体性利益。②

二是提高执法人员的专业执法水平。我国对环境执法的重视程度日益提升，环境监测机构、环境监察机构队伍也在不断壮大，但环境执法人员编制数量却未增加，部分地区甚至还出现缩减编制的现象，反而大量聘任合同制工作人员。在合同制下，工作人员的工资待遇较差、工作期限具有不确定性，对工作的认同感和对单位的归属感较弱，难以保证执法人员的专业素养。因此，根据各地实际情况，可以适当增多编内名额，或者合理提高合同工的待遇，建立科学的考核激励机制。并增加岗前、岗位培训，提升执法人员的执法技术和法律知识。环境执法人员不仅要熟练使

---

① 参见龙维娜：《中国流域水能资源开发中的环境监管制度研究》，西北大学2020年硕士学位论文，第27页。

② 参见魏叶青：《跨省级行政区水污染治理联合执法机制研究》，中南林业科技大学2019年硕士学位论文，第46页。

用相关的执法设备,还应熟记相关法律规定,如执法中的程序性要求,严格依法行政。

三是补充完善协调与合作执法的资金支持和技术支持。流域联合执法离不开资金和技术的支持。各行政区在流域管理资金支持程度和技术应用水平方面参差不齐。因此,应明确财政要向欠发达地区和重点地区倾斜,统一配备监测设备,使监测方式、监测标准等逐步一致。

四是明确协调与合作执法主体的职责权限。在流域联合执法活动中,明确执法主体的职责权限,有利于推动执法工作。① 目前我国有关联合执法的规定大部分都是原则性、概括性的,联合执法主体的范围、合作执法的事项、执法权限的边界等内容都不够明确,实践中容易出现执法权重叠、推卸责任等问题。

(三)完善跨省级行政区水污染治理协调与合作执法责任机制

如果一部法律没有法律责任,执行不执行都不用承担后果,会大大减少这部法律的执行力。因此,对于流域联合执法的法律责任必须明确规定。

一是明确协调与合作执法的责任主体。如前文所述,联合执法过程中可以分为具体行政行为责任主体和抽象性行政行为责任主体两类责任主体。

二是确定协调与合作执法的监督主体。目前联合执法工作的监督主体主要是政府机构、司法机关以及监察机关等。其他主体如社会公众的监督作用体现得并不明显,应进一步加强社会层面对于流域联合执法的监督力度,扩展公众对于执法主体的监督路径。

三是明确协调与合作执法责任承担的内容。跨行政区环境联合执法大多由政府领导推动,具有鲜明的领导意志。若某一政府领导出现调离岗位情形,前期签订的环境合作协议便容易成为一种摆设,后期的履行无法得到保障。因此,应该明确联合执法的责任承担的内容,以促进流域持

① 参见唐兵、杨旗:《协同视角下的湖泊水污染治理——以鄱阳湖水污染治理为例》,载《理论探索》2014 年第 5 期。

续治理与保护。具体可以包括三类:第一类是流域规划制定过程中的责任,包括在制定过程中不按照相关程序进行规划、没有资质的单位进行规划、进行规划时有些部门不履行相关责任、相关规划的部门故意不与流域规划相互衔接等行为。第二类是流域规划实施过程中的责任,包括在实施过程中不按照规划的内容执行、对规划的执行弄虚作假、任意更改规划等行为。第三类是其他违反流域规划法律制度的相关行为。对于以上行为,不仅要规定应当承担的行政责任,还应该与刑法相结合,明确应当承担的刑事责任。民事责任的承担方式可以包括继续履行、采取补救措施、赔偿损失等。行政责任的内容可以包括排污限额、区域限批、暂停税收减征等,还应针对行政领导个人进行流域管理方面的政绩考核。刑事责任一般是在相关政府领导渎职引发严重环境问题时适用。

四是细化协调与合作执法的责任追究程序。科学合理的责任追究程序是促进各地方政府积极参与联合执法队伍的前提之一。程序理性是联合执法相关实体性内容有效实现的重要保障之一。若执法主体违反了国家的强制性规定,则由检察机关提出检察建议并督促履职,也可以根据情况提起环境行政公益诉讼。若执法主体违反的是各主体基于共同协商达成的协议,则需要分情况处理。若对协议本身内容产生异议,则可以重新协商,变更调整原有内容;协商不成的,可以由联合执法领导小组组织调解,小组内部依据民主讨论、投票的方式作出决定;若联合领导小组无法作出决定,则可以进一步提交中央环境保护协调委员会作出决定;调解不成功的,还可以根据协议规定,交由仲裁机构解决;若协议不含有仲裁条款,则可以起诉到最高人民法院的巡回法庭。

流域联合执法机制的责任设定有利于流域系统更好地促进社会经济的发展,也有利于保证流域的整体生态文明。①

---

① 参见王璐璐:《论我国流域治理规划法律制度的完善》,西北大学2019年硕士学位论文,第31页。

第三节　构建公开透明的流域数字化政务管理执法平台

一、构建公开透明的流域数字化政务管理执法平台的基础要素

（一）流域数字化政务管理执法平台中的联合监测要素

联合监测是联合执法的重要基础和保障。联合监测有利于及时获得真实完整的数据，便于作出正确决策，采取有效措施。可以很好地避免各自为政导致的篡改、伪造数据，防止部分地区政府部门为了谋取短期、局部的利益，而人为干扰数据监测，影响数据的准确性和权威性。进行流域联合监测工作，有利于统一水资源管理和生态环境保护的标准，提高决策的执行度和信服度。

（二）流域数字化政务管理执法平台中的信息共享要素

流域数据联合监测的目的之一即实现信息共享。可以由政府或委托市场主体搭建流域监测数据共享平台，信息共享的内容既包括治理前流域各相关要素的情况，也包括治理进程中变化的数据，以及治理后的后续监测数据。信息共享，有助于统一流域内环境治理标准，使治理有明确、清晰的依据，有利于执法主体及时了解真实、全面的信息，作出公平、有效的决定，提高执法效率和效果。同时为治理进程和成果提供衡量是否达标的实质依据，加强外部监督，推动治理进程，敦促各地区积极主动优化治理策略。

二、构建流域数字化政务管理执法平台困境

（一）环境基础设施与环境监测技术缺失

环境基础设施共享与环境监测技术共享是构建公开透明的流域数字化政务管理执法平台的重要环节。例如，共享水样采集、分析测试、数据处理等相关技术，进而逐步实现共用基础设施。基础设施实现共建共享是区域环境合作治理的重要途径。又如，2017 年《关于规范城市生活垃圾跨界清运处理的通知》发布，鼓励垃圾处理设施共建共享，以此提高环

境基础设施利用效率，扩大服务覆盖面。

该通知涉及环境基础设施与环境监测技术共享的内容，但对于共建共享的范围、主体的限制以及资金技术的支持实质上并未明确，实际可操作性不强，应当如何进一步明确具体构建措施还有待进一步研究。[①]

（二）环境数据信息共享平台缺失

信息技术是流域联合执法的基础和治理手段，现代化的信息平台是实现政府一体化管理的技术保障。我国逐渐在收集、整理相关数据，并建立流域信息资源数据库，努力构建信息沟通与共享的有效途径。然而，当前我国的环境数据平台建设工作仍存在诸多问题，不仅对不同行政区之间的流域联合执法造成阻碍，也影响公民参与管理社会事务。[②] 一是平台内容更新不及时。我国在建设流域信息共享平台时倾向于关注技术层面的内容，但先进的监测手段和技术设备只是一种工具，真正起到作用的是监测的数据及其后期的整理分析。由于平台数据上传、更新不够及时，使用主体无法在需要的时候获得有效数据，影响权利行使。此时的信息共享平台实则并没有发挥应有的作用。二是对平台运行的支持力不足。无论是平台技术层面的维护，还是内容层面的更新，都需要人力、物力、财力。平台的运行是一个长期的过程，其间的维护、调整、升级、优化必不可少。因此需要从多渠道为平台提供稳定的资金、物质支持，并定期培训人员，提高操作人员的专业性，保障平台的后期建设。三是平台建设标准有待统一。流域信息共享平台的建设要依靠行政区的合作，各个区域应在统一的标准、原则、理念的指引下进行当地信息监测点、网络的建设。然而，现行规定中缺乏环境信息共享平台建设的统一标准，可能会导致各地建设不一致，后期数据信息出现偏差，进而影响流域治理联合执法工作。

总之，数字化和网络化的流域信息数据库是流域一体化管理的重要依据和技术支撑，一个科学、完整的环境数据信息共享平台，有利于统筹规划，

---

① 参见唐兵、杨旗：《协同视角下的湖泊水污染治理——以鄱阳湖水污染治理为例》，载《理论探索》2014年第5期。

② 参见魏叶青：《跨省级行政区水污染治理联合执法机制研究》，中南林业科技大学2019年硕士学位论文，第30页。

实现信息跨部门、跨区域、跨行业的交换与共享，使地方政府及相关部门之间、政府与企业之间、政府与社会之间的沟通变得更加顺畅，信息传递的及时性和有效性大为提高，信息共享能力极大增强，一体化管理能力和水平也将得到大幅提升，推动流域管理体系向着多元化、立体化、网络化、社会化的方向发展。我国流域信息共享平台建设目前有一定的成效，但仍待完善。①

（三）联合执法主体间的环境信息缺失

当前我国流域管理主体间数据信息的共享虽然取得了一定的进展，但仍旧存在以下问题。首先，流域排污标准不统一。流域联合执法的前提之一是在流域层面设置了统一的治理标准，包括排污标准。当然，由于各地的地理位置、水量、水质、植被、农业、工业、城市化发展的水平等都不完全一致，应留给地方调整的空间，让其根据实际需求适当调高或调低标准，将污染物的类别、总量等都能控制在当地流域环境污染物承载和自我降解的范围之内。在联合执法过程中，流域排污标准的信息共享，有助于联合执法者设置合适的执法措施，同时有助于监测和制止污染产业向排污标准宽松地区转移。其次，突发性流域环境事件处理缺乏协作性。在流域突发环境污染和生态破坏事件发生时，及时有效的信息沟通对于最大限度地减少损害具有重要意义。我国规定了特别重大、重大、较大和一般四个级别的环境突发事件。但相关制度中并没有特别规定突发事件处理流程中信息共享的问题。一些地区自发地签订了短期、专项的环境保护和生态治理的合作协议，如贵州、湖南、重庆、京津冀地区等。但协议的期限较短，合作事项缺乏综合性，有关合作共享的规定是框架性、缺乏操作性的，同时由于缺乏责任条款，实施中的效率和效果都不尽如人意。流域环境突发事件中的信息公开与共享十分重要。对于联合执法主体来说，有助于快速制定科学、合理、具有针对性的解决措施；对于其他主体来说，能够促进其履行知情权、参与权，形成合力，共同降低损失，推进事件处理进程和提升结果的信服度。最后，市场主体违法信息共享程度较低。

① 参见彭本利、李爱年：《流域生态环境协同治理的困境与对策》，载《中州学刊》2019年第9期。

企业违法造成流域污染或生态破坏的信息,是联合执法的重要依据之一。在流域联合执法过程中,若能有效及时地获取相关企业污染水域、破坏流域生态环境的信息,有助于根据企业违法情况和责任承担情况,有针对性地采取合理措施进行整治。企业违法信息公开和共享的滞后,会降低执法的效率和公平性,可能会导致违法企业向违法成本低的地区转移,流域整体利益得不到保护。

流域的治理和保护会涉及多方面的利益,具有综合性和复杂性,广泛的信息共享和披露,有助于公众、企业等私权利主体对地方行政环境管制行为形成有效的监督和制约,提升各方利益主体对政策的理解力和支持度,避免流域内各区域、各部门之间为获取有关信息浪费资源的现象。我国现在对于流域信息的收集、整理、公开缺乏规范化的渠道,尚未形成体系化的信息交流制度,联合执法主体之间的环境信息还未完全、有效、及时地共享。①

三、完善跨行政区流域管理执法数据信息共享机制

(一)构建基于数字平台的信息共享与披露制度

在流域管理工作中,建立并完善流域环境监管系统内部环境信息共享机制,各涉水环境监管部门应当及时在系统中更新本部门工作开展过程中获取的最新流域环境信息,确保各方都可掌握最新的环境状况,便于相关环境政策实施以及法定监管职责实行,提高流域执法的效率,满足公众的知情权,使其更好地理解、支持流域管理决策,为公众有效参与奠定基础。

流域信息共享与披露制度的建立主要是通过流域数字政务平台的建设来实现。我国主要是利用先进的计算机技术、大数据技术、地理信息技术等设计开发流域电子数据政务平台,涵盖流域整体、局部、支流区域的水资源动态管理系统,包括水资源的流入流出管理、取水管理、供水管理、

---

① 参见顾向一、曾丽渲:《从“单一主导”走向“协商共治”——长江流域生态环境治理模式之变》,载《南京工业大学学报(社会科学版)》2020 年第 5 期。

水权交易、水生态环境管理等多项业务，在水资源动态监测和预报的基础上实现一体化管理，促进水资源信息共享和水资源优化配置，增强部门协作以及公众参与。

具体来看，我国流域数据政务平台可以按照管理内容的不同分为两类：内部平台和外部平台，每个平台又可以衍生若干子系统，各子系统之间既相互独立又相互联系，共同组成电子数据政务平台。内部平台主要服务于以流域管理机构为主的流域涉水部门，帮助它们实现信息实时互动共享，协调工作配合，并为其提供科学依据和决策支持。外部平台是公众了解流域水资源信息的窗口，是信息透明原则的体现，有利于各流域水资源管理利益相关者了解流域水资源信息全局，在实现知情权的基础上维护自身利益并积极参与流域监管，对地方行政环境管制行为形成有效的监督和制约。① 此外，对于某些重要的流域水资源指标数据等信息，应建立 25～30 年的纸质文档保存制度，以足够长的时间保证信息分析和预报的可靠性。

环境区域协同治理的重要基础条件是环境信息的全面获取与共享，只有形成环境信息的全面获取与共享的制度体系，让各方利益主体都能获得完整、全面的一体化管理和监测信息，才能够有的放矢地采取措施，进而取得良好治理效果。②

（二）构建基于环境基础设施的监测技术共享机制

流域内环境基础设施与监测技术的共享是实现统一流域联合执法的基础条件之一。共享的环境基础设施可以包括污水处理工程、饮用水工程、垃圾处理设施、配套管网设施、环境保护大数据平台、环保科学研究中心等。目前，我国部分流域环境监测能力欠缺。以农业污染监测为例，农业生产过程中使用化肥、农药、农膜而产生的水污染、空气污染具有面源性质，监测难度高，污染者溯源更需要相应设施和技术，但并不是所有地区都能拥有完备的环境基础设施和监测技术，因此需要通过各种方式促

① 参见顾向一：《我国水生态文明法律规制研究》，载《水利发展研究》2017 年第 3 期。
② 参见胡中华：《关于完善环境区域协同治理制度的思考》，载《法学论坛》2020 年第 5 期。

进流域环境基础设施和监测技术共享。[①] 可以适当借鉴国外成功的经验。例如,美国设立了首席信息官委员会和政府间调解办公室,负责解决流域水资源管理中涉及的共享问题,提升现有流域管理机构的地位和权威,主导流域各行政区环境治理的合作,提升协作效率和有效性。[②] 流域内相关政府也可以通过联合出资的方式,引入市场主体,统筹建设跨行政区环境治理基础设施,还可以通过专家技术团队合作、技术培训、技术设施共享等方式进行流域监测技术共享。努力实现共建共营共享,节约建设资金,减少运营成本,提高公共资源的利用率,推动跨行政区流域一体化管理。[③]

(三)构建环境数据信息共享平台

福建省在2016年出台的生态环境大数据平台建设方案提到成立流域协同监管信息平台,确立明确的部门合作协议,同时赋予其法律强制力,使其成为规范化且具备较高执行力的协同监管平台,初步表明了环境数据信息共享平台建设的目标、原则、程序等内容。需要注意的是,环境数据信息共享平台建设不仅是为了让纸质数据变成电子数据,简单地进行统计、上传,而是要将日常监测活动中取得的数据进行科学的分析和整理。即重点在数据应用分析之上,让数据能长期服务于流域管理和日常生产生活。水资源数据通常分散在一些生产部门并被分别整合以满足不同需求,但在跨行政区流域联合执法中,需要通过新的平台,对数据进行重组和完善,建立新的信息监测网络。环境数据信息共享平台的建设不仅需要硬件设施,还需要软件设施。前者主要包括场所、工作人员、工作设备和相关的技术,后者主要是指相关的法律、法规、规章的支持以及操作系统的技术支持。基于现实的考量,只依靠政府的力量建设信息共享平台是远远不够的,政府只能在政策、场所方面提供一定支持,[④]且后续

① 参见胡中华:《关于完善环境区域协同治理制度的思考》,载《法学论坛》2020年第5期。

② 参见王清军、胡开杰:《我国流域环境管理的法治路径:挑战与应对》,载《南京工业大学学报(社会科学版)》2020年第5期。

③ 参见黄鹏辉:《淮河流域水资源保护专门立法路径探究》,载《中国政法大学学报》2021年第2期。

④ 参见魏叶青:《跨省级行政区水污染治理联合执法机制研究》,中南林业科技大学2019年硕士学位论文,第52页。

更多扮演监督者的角色。还需要广泛纳入社会力量，可以签订购买服务协议，将后期平台的维护、数据库的更新换代等工作交给更专业的团队。①

流域联合执法中，有效的信息共享具有重要意义，依托大数据、云计算、互联网等技术打造数据开放平台，有利于提升主动公开的实效，充分发挥政府信息及数据的作用，推动流域一体化管理。

（四）加强联合执法主体之间环境数据的信息共享

我国在环境数据信息共享方面总体已经有了初步成效，但是联合执法主体之间环境数据信息共享还有待进一步完善。根据我国流域管理的现状，我国可以加强流域水文、水资源、水环境监测站网建设，加强对水资源开发利用及相关涉水涉河行为的监督和检测，完善流域基础信息平台，实现各部门之间的信息共享，也可以由流域管理机构牵头，从信息的收集、整理、分析评价、公告等方面入手，整合水利、环保系统检测资源，建立流域水资源监测网站，统一监测与评价方法，统一发布水资源信息，提高信息资源利用水平，实现全流域水资源的互联互通、资源共享，为流域一体化管理提供数据支持。尤其对于突发性流域环境污染事件，信息通报迟延、信息公告失实、调查取证受阻等现象频发，为了快速控制污染蔓延，减少水污染造成的损害，应当强化流域环境数据信息共享。流域政府执法部门要及时向社会公布污染状况、治理进度等，还应在相邻地区政府部门之间实时共享相关信息，包括项目审批信息、政府行政许可信息、环境监测的动态数据、企业的排污数据和违法记录等，由此提升流域联合执法的效率和效果。

---

① 参见［法］J. F. 栋泽尔、李慧、孙远：《欧盟水框架指令下法国水资源管理的创新》，载《水利水电快报》2009 年第 9 期。

第七章 流域司法：中国流域一体化管理的最后防线①

为了保障我国流域水资源的健康发展，改变当前流域水资源管理面临的困境，需要完善流域水资源司法保障机制，促进流域水资源的发展，发挥最后一道防线的作用。

第一节 我国流域水资源一体化管理司法保障理论与实践

建立健全我国流域水资源司法保障制度，离不开流域水司法理论基础。在环境司法改革大背景下，全面加强流域水资源审判工作，需要司法理论与环境司法实践联动机制。因此，需要明确流域水资源一体化管理司法保障的法律内涵和价值取向，确定司法活动的基本属性和流域水资源司法保障的具体实践。

---

① 参见张旭琴：《我国流域水资源一体化管理司法保障研究》，长安大学2019年硕士学位论文，第29页。

一、流域水资源一体化管理司法保障的法律内涵

流域水资源一体化管理研究始于欧美国家，我国积极借鉴国外先进管理经验，着手在七大主要流域实施水资源一体化管理。流域水资源一体化管理的目标，是实现流域内水资源的可持续利用与水生态环境安全。以流域为单位实行一体化管理，包括但不限于上中下游、地表水和地下水，有序规划、配置、协调和保护流域多元主体水资源利用和水环境安全的生态权利。

（一）流域水资源一体化管理司法保障的时代诉求

欧美国家于20世纪80年代开始运用司法手段解决州际流域水资源利用冲突，并且不断完善流域水资源一体化管理争端诉讼机制，在上下游水资源可持续发展、解决流域内水环境污染和流域生态环境健康发展等方面取得巨大进步。审视我国流域水资源一体化管理的司法进程，最早追溯到20世纪90年代地方检察机关探索对环境污染案件提起民事诉讼，虽然没有专门对流域水资源进行规定，但是流域水资源作为生态环境的基本要素之一，可以说包含在法律保护对象内。至此，随着经济的高速发展、工业化进程的加快，我国流域水资源利用率已达到或超过警戒线，同时带来了河水断流、河床萎缩、水质污染严重、生物多样性受损等一系列问题。

国内环境学者和立法者积极投身流域水资源管理法治化工作，同时建立专门执法队伍，积极开展流域水资源的保护，但管理效果不是很显著。因此，理论界和实务界的研究范畴逐渐从单纯重视流域水资源本身向重视整个流域生态环境转变。开始转变思维方式，从注重立法和执法工作到试点司法保护措施，建立公益诉讼制度。为了保证流域水资源更加有效利用与健康发展，相继提出通过司法途径解决流域内水资源冲突，并成立流域管理局，该局有权对侵权行为提起诉讼，申请法院强制执行生效判决，恢复流域水资源环境的原貌，实现流域水资源的可持续利用。①

---

① 参见沈泰：《长江水资源保护与可持续发展》，载《水资源保护》2002年第3期。

流域水资源一体化管理司法保障是当前保护流域的重要手段。积极探索公益诉讼制度，可以说是我国流域水资源一体化管理司法保障的里程碑。此后，全国许多地区在很短的时间内都建立起了环保法庭。近年来，我国不断推进流域水资源司法工作，最高人民法院发布了《中国环境司法发展报告（2020）》《中国环境资源审判（2020）》，分别从宏观和微观角度对流域水资源司法工作予以阐释。

从以上内容可以看出，通过司法途径可以帮助实现流域水资源一体化管理、维持流域水资源良好发展，未来要更好发挥司法的审判职能对流域水资源的保障作用。

（二）水资源一体化管理司法保障的精细化

从严格意义上来说，流域水资源司法起源于环境资源司法，是环境资源司法的一部分。基于流域水资源的复杂性、流动性和水污染损害结果的严重性，有必要将水资源司法作为单独研究对象，把流域水资源法益的实现作为司法保护的重点。

具体到流域水资源案件中，需要法院树立现代水资源司法理念、建立专门审判机构、依法审理流域水资源案件、创新审判机制、加强审判胜诉执行，推动流域水资源一体化管理司法保障的健康发展。检察院需进一步完善公益诉讼制度，在已有诉讼制度的基础上，通过完善公益诉讼诉前程序、增设公益诉讼检察厅、优化司法配置、进行有效检察建议、制定诉讼案件管辖办法等举措，促进流域水资源的恢复和发展。流域管理机构和政府机关应当建立数字化水资源监测机制、信息公开机制、公众参与和监督机制，采用创新管理与执法手段等方式，做好流域水资源一体化管理工作。

综上所述，流域水资源的司法保障离不开人民法院、人民检察院、流域管理机构和相关政府机构的相互配合，多方主体参与司法程序，从源头上保障流域水资源可持续供给。

（三）流域水资源一体化管理司法保障的理论基础

在生产力发展过程中，人类在与自然的关系认识上不断地提高。1872 年，恩格斯在《论权威》中指出，由于人类生产实践活动引起人与自然关系的变化，“如果说人靠科学和创造性天才征服了自然力，那么自然力也对人进行报复”，提出了自然力的“报复”问题。①恩格斯生态整体主义自然价值观将人、自然和社会视为生态系统整体，认为生态系统本身是自然存在的最高目的且拥有最高价值。②恩格斯生态整体主义是人与自然生命共同体的理论基石，是流域水资源一体化管理司法保障机制构建的法理依据。生态整体主义兴盛于全球生态危机和环境保护运动时期，是在20世纪逐渐形成的系统性理论。在当代，生态文明思想不仅关注人类认识和改造自然中的一般规律，还以当代工业文明和科学技术发展现状及其历史趋势为研究对象，所要揭示的是工业文明社会发展到一定阶段后如何建设人与自然和谐共生的现代化社会运行的特殊规律。作为流域水资源一体化管理司法保障机制构建的法理依据，生态整体主义主张人类作为自然界的众多存在物之一，在满足自身生存、发展所需时，应考虑和关怀人类所依赖的自然，使整个生态系统处于和谐、稳定、平衡的状态，不对自然的系统性、整体性造成破坏。③生态整体主义的产生是人类中心主义向生态中心主义跨越的具体表现，也是由经济导向转变为生态导向的反映。流域水资源一体化管理司法保障机制中的不同要素之间互相依存、不可分割，应将流域中的多种生态要素进行统筹考量，确保流域司法保障的合法性与合理性。④人作为生态环境要素在保障机制中兼具主体、客体双重身份，享有司法权利，承担司法义务。生态整体主义在流域水资源一体化管理司法保障机制构建中体现在多个层面。第一，流域生态环境协同治理司法责任追究目标应注重流域生态环境的系统性，司法主体应在要求违法犯罪者承担传统法律责任的基础上，责令其履行生态环境的修复责任，实现流域生态环境整体利益的系统维护与永续发展。第二，流域水资源一体化管理司法保障机制构建应注重行政区域之间的

---

① 参见马克思、[德]恩格斯：《马克思恩格斯选集》（第3卷），中共中央翻译局译，人民出版社1995年版，第225页。

② 参见李映红、赵笛：《恩格斯生态整体主义自然价值观探析》，载《南京大学学报》2020年第6期。

③ 参见高明侠：《我国流域水空间管理的立法完善》，载《江西社会科学》2013年第12期。

④ 参见岳树梅、王蒙：《公众参与黄河流域生态保护的缺漏及改进》，载《人民黄河》2021年第4期。

协作性。流域是一个生态整体，违法犯罪行为造成的环境损害往往不局限于单一行政区域，不同行政区域的司法机关应进一步加强协作，维护流域整体生态权益。第三，流域司法协作应遵循生态环境整体性保护要求，突破原有民事、刑事、行政案件分类的掣肘，创新多层次法律责任承担方式，实现流域生态环境的整体司法治理。生态文明建设的第一原则是人与自然和谐共生。生态整体主义为人与自然的和谐共生提供了重要的哲学基础，为流域水资源一体化管理司法保障机制构建奠定了理论基石。①

二、流域水资源一体化管理司法保障的基本属性

运用司法手段对流域水资源进行保障，促进流域水资源与水生态环境的健康发展，不仅需要认识到司法的重要性，还要确定司法活动在干预流域水资源一体化管理时应该遵循的基本原则，实现司法审判活动对流域水资源保护的稳定性与有效性，同时也能够保障流域水司法的权威性。

（一）流域水资源一体化管理司法活动的系统性

坚持流域水资源一体化管理的司法活动的系统性是实现流域水资源法律治理的原则之一，它强调在解决流域水资源管理的问题中，司法活动应当树立全局性观念。实现流域水资源司法保障网格化，坚持做到司法诉讼保障能够在各个流域内进行，一切违法行为能够得到法律制裁。法官能够按照统一规范的法律进行审判，在整个流域范围内建立司法保障制度，保障流域水资源的良好发展。

（二）流域水资源一体化管理司法活动的差异性

坚持流域水资源一体化管理的司法活动的差异性是在审理流域水资源案件中的又一重要准则。我国境内各个流域水资源有很大差异，如地理位置、人文因素、经济发展状况等各有不同，因此当我们在进行司法活动时应当考虑到这些相关因素，在坚持司法活动系统性前提下，根据个案情况不同，灵活实施流域水资源司法诉讼活动，积极发挥法院和审判法官

---

① 参见刘志仁：《黄河流域生态环境协同治理司法协作机制的建构》，载《法学论坛》2023年第3期。

的能动性，使个案得到公平合理解决。

（三）流域水资源一体化管理的司法活动的规范性

法无授权不得为，法无禁止不得罚。在流域水资源管理过程中的司法活动也不例外。流域水资源一体化管理司法活动的规范性的内涵是在我国流域水资源一体化管理过程中，当出现管理不当、水资源遭到破坏、流域水环境受到侵害等一系列和流域水资源管理相关的问题，进行司法诉讼活动时，各个权利主体以及人民法院在履行职责过程中应当遵循法律法规的相关规定，流域管理者和受害者充分行使自己享有的诉讼权利，及时有效地履行应承担的义务。法院依照法律规定行使审判权，发挥司法能动性和法官的积极性；污染者和破坏者应当承担必要的法律责任。

三、流域水资源一体化管理司法保障的具体实践

（一）流域水资源一体化管理司法保障机制的建立

设立环保法庭是我国司法制度运行的重要里程碑。水资源作为生态环境的重要组成部分，水资源案件理所当然受到环境审判庭的管辖。截至2020年，全国已成立1200多个环保法庭或合议庭，并建立巡回法庭审理重大环境案件。采取三审合一或四审合一模式，充分发挥法院审判职能保护生态环境。并且新修改的法律中也有体现司法保护要求。首先，新修改的《民事诉讼法》将公益诉讼制度法律化，让流域水资源公益诉讼有法可依。其次，修订后的《环境保护法》注重生态保护和污染防治，增加环境公益诉讼的起诉主体，加强各方主体环境责任，利用多种手段惩罚犯罪行为。《生态环境损害赔偿制度改革方案》问世，提出生态损害赔偿机制，对流域水资源生态环境恢复进行保障。可以看出，无论在法律制度上还是在审判组织设立方面，都对流域水资源一体化管理司法保障的确立发挥着重要作用。最高人民法院环境资源审判庭的成立，标志着我国流域水资源司法保护工作迈入新台阶。[①] 审判庭通过审判

① 参见陈海嵩：《绿色发展中的环境法实施问题：基于PX事件的微观分析》，载《中国法学》2016年第1期。

机构、审判队伍和审判机制三个方面加强流域水资源的司法。在审判机构方面，合理确立高级人民法院、中级人民法院、基层人民法院管理流域水资源污染案件的范围；在审判机制方面，加强司法机关与生态环境部、水利部和其他职能部门的联动机制，建立专业化审判人员和专业人员数据库；在审判队伍方面，着重培养法官的职业道德素养和环境专业知识，加强法官队伍的司法培训工作。分析我国流域水资源司法保障现状，不断推进重点流域水资源工作，加强水资源管理、水环境安全和水污染防治。

（二）流域水资源一体化管理司法保障机制的践行

加大流域水资源的司法保障力度，已成为当务之急。流域作为一个特殊的生态系统，虽然目前《环境保护法》《民事诉讼法》《行政诉讼法》都有规定环境公益诉讼制度，为流域内水污染与侵权案件提供法律依据；但是流域作为一个整体，具有复杂性与多样性，流域上下游之间的水资源分配利用以及效益冲突，流域水循环衍生的大气和土壤问题，甚至是整个流域的生态系统稳定性和生物多样性，一旦遭到破坏将带来难以估量的损害，且侵权损害赔偿范围不仅包括私益主体的人身和财产损害，还包括流域水资源本身的损害等，这些都是司法实践中的难题。

随着我国生态文明的不断演进，流域水资源管理的司法保障显得尤为重要。面对众多复杂的流域水资源案件时，司法暴露出自身许多不足：对地方政府的保护主义无法有效遏制时，将影响案件的正常司法审判程序进行；流域水资源跨度大，面积十分广泛，在跨行政区划证据调查和收集方面面临很多问题，难以对案件进行精准定位，有可能影响案件审判的公平性和公正性；由于流域水资源案件司法标准的不统一，有可能影响跨行政区划案件的审理与判决，不利于推动诉讼的进程。如果对流域水资源整体保护不强，无法发挥司法的积极能动性，将不利于形成流域水资源司法治理局面。

第二节　我国流域水资源一体化管理司法保障问题及原因分析

我国有七大主要流域水系，还有诸多支流水系。随着管理理念和科学技术的发展，流域水资源的管理也会走向成熟，[①]要努力实现流域水资源的“三化”管理，即管理手段的智能化、管理方式的生态化、管理机制的一体化。基于流域水资源一体化管理司法活动的系统性、差异性、规范性，检视流域水资源的司法活动，梳理现行规定，发现在已有法律法规的框架下，我国流域水资源一体化管理仍存在诸多问题。本章从司法保障角度入手，分析我国流域水资源管理司法保障方面的不足，检视诉讼管辖困境、诉讼参与不足、难以追究政府的不当责任、生态损害保障机制不健全等问题，并对相关原因进行深入分析。

一、流域水资源一体化管理诉讼管辖困境

司法活动作为解决纠纷的有效途径，对流域水资源一体化管理发挥着举足轻重的作用。诉讼程序作为维护流域水资源利益的重要保障，被纳入司法改革的范畴。诉讼管辖又是诉讼程序的第一道门槛，是诉讼主体行使权利的第一步，关系当事人的诉权，同时关系到案件能否得到公正审判。流域水资源案件的诉讼管辖之所以区别于一般环境侵权类案件，是因为流域水资源要素具有流动性而呈现的跨区域损害特征。这无疑加大了流域水资源一体化管理司法保障的难度。

（一）流域水资源损害管辖法院模糊

首先，审理流域水资源案件法院的管辖规则设置是否合理值得商榷。部分省市对流域水资源案件实施相对集中管辖原则，仍然是行政区划内

---

① 参见李奇伟：《从科层管理到共同体治理：长江经济带流域综合管理的模式转换与法制保障》，载《吉首大学学报（社会科学版）》2018年第6期。

几个法院享有管辖权。在这样的管辖规则下,无疑忽略了流域水资源的流动性和案件的非常态化。流域水资源案件不同于其他环境侵权损害案件,流域一旦被污染破坏,损害后果具有扩散性,同时不止一个行政区划受到损害,甚至多个行政区划或整个流域被污染。但目前来看,对跨区域水资源案件的管辖,却仅停留在一个行政区划内,实施相对集中管辖或指定管辖。显而易见,这种管辖规则对行政区划内的流域水资源案件是适用的。超出该行政区划的流域水资源案件,按照当前诉讼管辖规则,在不同省份都造成损害后果,属于在全国范围内有重大影响的案件,按照级别管辖的规则,将会由最高人民法院管辖或者最高人民法院指定某一高级人民法院管辖,但如此一来,会延长诉讼时间,增加司法工作量,不利于流域水资源司法工作的顺利进行。最终,可能导致争讼不止和流域水环境污染更广的局面。并且,能够管辖跨流域水资源案件的法院数量不多,多集中在污染比较严重的地域,在全国各地的分布也不均衡,欠发达地区的法院设置几乎空白,给流域水资源案件的诉讼活动带来阻碍。

其次,流域水资源案件管辖法院之间存在争议。即使设立跨行政区法院管辖流域水资源案件,法院之间基于经济利益的考量,可能会存在相互争夺、相互推诿的现象。在流域水资源案件中,根据现行《民事诉讼法》的规定,因侵权行为提起的诉讼,侵权行为地或者被告住所地人民法院都享有管辖权。两个地域法院都享有管辖权就会带来矛盾。并且侵权行为地包括侵权行为实施地和结果发生地。这样三个地域法院都享有管辖权。而跨行政区划流域水资源案件中污染损害结果发生地往往是多地域,这样多个地区法院都享有管辖权。如果有权管辖法院考虑到当地经济发展想保护污染企业,此时就会出现法院之间争夺管辖权;如果此类案件法律关系复杂,证据认定和鉴定困难等,或者没有涉及经济利益纠纷,就会在法院之间相互推诿,从而造成法院管辖困难。

(二)流域水资源案件审判模式不一致

为保护生态环境和流域水资源的可持续发展,我国先后探索建立环保审判庭、环保巡回庭、环保合议庭等,但大多是对司法制度的局部修补,并未产生重大改革影响。跨区域法庭和巡回法庭大多是司法诉讼的监测点，并且在流域水资源案件中，存在跨区域公益诉讼整体保护不强、司法标准不统一、信息不对称等问题。

流域水资源案件因为具有复杂性，往往一个案件会同时涉及民事、刑事等不同法律关系。并且，流域水资源案件同其他环境侵权案件一样，不仅需要专业的法律知识和法律素养，同时也需要法官掌握环保领域的知识、生物化学和地质科学知识等，涉及学科交叉问题，需要法官具有更高的职业素养。

二、流域水资源一体化管理诉讼参与不足

确定了流域水资源损害诉讼管辖法院和审判组织模式后，就需进一步对起诉主体范畴和原告权利进行探析，结合当前《民事诉讼法》《行政诉讼法》《环境保护法》等，归纳已有法律法规对起诉主体资格和权利的规定，结合流域水资源司法实践状况分析存在的问题。

（一）流域水资源损害起诉主体范围狭窄

首先，根据侵权理论基础，被侵权人有权请求侵权人承担侵权责任。虽然流域水资源起诉主体范围由法律法规等规定，即现有的《民事诉讼法》第55条和《环境保护法》第58条、相关司法解释以及规范性文件。但是，由于流域水资源本身的特殊性，民事公益诉讼制度必然会遭遇诸多潜在的挑战。只有环保公益组织和人民检察院行使起诉权利，可能给流域水资源司法实践带来挑战，使流域环境不能得到有效保护。

其次，从实践角度看，流域水资源损害直接影响的是长期居住在流域范围内的公众，根据《民事诉讼法》相关理论，受到侵害的主体有权提起诉讼，请求人民法院依法判决。[①] 然而现行法律并未赋予流域内公众、渔民协会、流域管理机构等受害者应有的诉讼资格，而受害者对遭受到的水污染损害提起赔偿之诉或排除危害之诉，或许可以更加公正有效地解决跨行政区水污染纠纷。

---

① 参见张传毅：《环境民事公益诉讼的发展与问题》，载《山东审判》2016年第1期。

（二）流域水资源诉讼案件限制原告权利

首先，在流域水资源案件中，原告方起诉资格限制过多。主要表现在《环境保护法》第58条对环保公益组织作出详细规定，赋予环保公益组织提起诉讼权利的同时，也设置了相应的条件：一是对环保公益组织起诉案件的范围进行了限定，主要是以下三类案件，包括污染环境、破坏生态、损害社会公共利益的案件，环保公益组织才有权提起诉讼。二是环保公益组织的登记条件需满足要求，要在设区的市级以上人民政府民政部门登记。三是环保公益组织的资质需满足专门从事环境保护公益活动连续5年以上且无违法记录。[①] 四是从起诉目的来看，重点强调不得通过诉讼牟取经济利益，以维护公共利益为根本出发点。[②] 当环保公益组织满足以上四个条件时，无疑从整体上减少了起诉主体的数量。相对来说，是对有权提起诉讼的主体设定了更高标准。

其次，环保公益组织和人民检察院提起公益诉讼，具有行政色彩，在流域水资源案件中往往面临起诉难，行政机关不支持也不配合诉讼程序。在行政公益诉讼中，检察院起诉当地行政机关，就会面临很大压力，影响人民检察院行使诉权。再看环保公益组织，就目前我国已有的环保公益组织而言，作为适格起诉主体，不仅要满足以上条件，而且在成立前要取得业务主管单位的同意。这样一来，环保公益组织的成立就需要满足双重条件，可能对环保公益组织的成立产生消极影响，同时双重条件的设置会影响独立性和能动性，妨碍其作为起诉主体行使权利，从而影响环保公益组织的诉讼权利。

三、流域水资源一体化管理政府责任司法追究不严格

有权必有责，违法必追究。在流域水资源一体化管理当中，政府对流域水资源享有规划、分配、管理和监督的职责。政府有职责就必有责任，当政府在流域水资源管理中不当行使职权造成损害时就应当承担责任。

---

① 参见佘亚：《浅析我国环境民事公益诉讼原告主体资格》，载《法制与社会》2016年第15期。

② 参见陈燕萍：《环境公益诉讼主体资格的逻辑考量》，载《山东审判》2013年第4期。

但是，根据现行法律规定，对政府责任的追究大多是由检察院负责，先向相关政府提出检察建议，给政府一定的期限予以纠正，如不履行职责，再进入司法程序。而在实践中，无法判断政府是否充分履行职责，目前法律也没有明确的界定。因此，建立司法途径追究政府责任成为必要手段，弥补政府责任追究方式的不足。当政府行为对流域水资源带来损害，不仅要进行行政问责，还要通过司法途径追究相关政府的责任。

（一）通过司法途径追究政府不当管理责任机制缺失

根据已有法律规定，流域政府规划责任难以追究。流域往往跨越多个不同的省、市、县，因此流域水资源管理是一个庞大的工程。流域水资源管理一直以来都存在多头管理窘境。地方层面各个行政区划内政府负责本辖区的水资源配置与利用，国家层面生态环境部负责水质监督，城建部门管理城市供水，水利部门控制农业用水量。目前，财政、交通、电力、林业等部门均参与管理流域水资源工作，形成"多龙治水"局面。[①] 多方政府主体参与管理流域水资源，在管理过程中往往出现很多问题。一些地方政府单纯追求GDP，片面追求经济建设，忽略流域生态环境。更有一些地方政府只考虑本地区的经济发展和环保指标，为符合上级制定的经济、环境考核指标，规避责任风险，将一些污染环境的建设项目和污染企业与其他企业分别对待，往往在流域河流下游或边界地带进行设置。以此将污染转嫁到下游地区，下游地区遭受污染损失，下游行政区划的政府由此承担上游政府的不当规划责任。而囿于行政区划的管辖权限问题，下游政府很难对上游企业作出惩处，更无法对上游政府作出任何处罚。[②] 但这种不当规划行为、对流域内共享的水资源污染转嫁行为，造成了我国目前水质和水量每况愈下，给整个流域的生态和环境带来危害，成为影响我国流域水资源可持续发展的"瓶颈"。处在流域行政区内的政府规划行为难以进入司法程序，得不到法律的制裁。事实上，即

---

① 参见左其亭等：《最严格水资源管理制度——基于人水和谐视角》，科学出版社2016年版，第201～209页。

② 参见陈学敏：《流域管理对环境司法专门化的挑战与启示》，载《昆明理工大学学报（社会科学版）》2012年第5期。

使发现政府的不当规划行为，他们往往也会转嫁给企业，以此来逃避责任。

（二）通过司法途径追究政府责任机制不健全

流域水资源案件存在“有案不移、以罚代刑”现象。在公益诉讼中，检察机关会在起诉前向不履行或不积极履行职责的政府机关提出检察建议。但是在实践中，一些地方政府机关认识有偏差，顾忌政府形象，对检察建议和协商不配合，或不进行实质性整改，或仅进行部分改正。当政府的不当规划行为和违规执法行为频繁发生时，流域生态环境就会受到严重损害，甚至造成难以估量的经济损失，此时政府的不当行为就应当受到司法制裁。但是在现实中，公益诉讼实践未全面开展，实践地区也相对分散，有些地区甚至没有开展，不利于跨流域水资源案件的侵权损害问题解决。《水污染防治法》规定了水污染损害赔偿纠纷可以提起诉讼，其他水污染纠纷并未纳入诉讼的范围，①所以政府不当规划行为就被排除在外，难以通过司法途径追究政府责任。

四、流域水资源生态环境损害司法保障机制不完善

流域水资源一体化管理司法保障机制，不仅需要明确诉讼管辖、诉讼参与主体等，还要做好司法鉴定和损害责任分配工作，即确定流域水资源损害诉讼管辖法院，确定级别管辖和地域管辖，确保案件顺利进入司法审判程序，充分调动各诉讼主体的参与能动性，多主体广泛参与案件审理，让企业污染和政府不当规划行为能够得到法律制裁，保证庭审顺利进行，恢复流域水资源生态环境。

（一）司法鉴定结论存在瑕疵

流域水资源案件进入诉讼，需要对流域水资源损害进行鉴定。无疑会涉及流域水资源及生态损害赔偿数额，流域水资源恢复成本，甚至包括潜在的损失等。根据目前的有关法律规定，有权对流域水资源损害进行司法鉴定的机构之一是环境科学院，虽然目前从中央到地方都设有环境

---

① 参见张璐：《环境司法专门化中的利益识别与利益衡量》，载《环球法律评论》2018年第5期。

科学院,可进行损害赔偿鉴定,但是鉴定机构少、费用高、周期长、鉴定机构地域分布不均。在司法实践中,当原告提起诉讼,先由原被告协商确定具体的环境科学院进行鉴定,当双方不能达到一致时,由法院指定环境评价机构对流域内损失进行评价。然而一旦双方不能达成一致,被告往往对指定的鉴定机构的资格提出质疑,认为某机构不具备相应的鉴定资格,并对其鉴定报告的结论不承认,既延长诉讼时效又浪费司法资源。并且,因为流域水资源的复杂性和特殊性,鉴定过程中的专业性问题往往难以鉴定清楚,影响鉴定结论的准确性。这样一来,即使法院判决流域水资源案件的原告胜诉,由于原告对鉴定结果不认可,也会面临执行难的问题,很可能难以恢复流域水资源的原貌。

(二)生态损害恢复责任承担有缺陷

综观我国目前的司法实践,流域水资源损害责任承担方式较为单一。一是责任承担主体不完全。一般而言,流域水资源受损案件中的败诉被告为侵权责任的承担者,它们是造成污染的一些公司、企业等,但是作出规划决策的政府由于自身过错造成损失,却未能承担相应的责任。正如上文所提到的,政府的不当行为也应当受到司法追究,但是现行法律并未规定。二是责任承担方式单一。大多是金钱给付,污染企业一次或分期缴纳罚款和滞纳金,并未包含行为给付。这和法院的判决方式有很大关系,应当发挥法官在流域水资源保障案件中的积极主动性,改变执行方式的单调性,并且不能放松对污染者的执行力度,否则就会导致"环境污染零容忍"成为空口号。

五、流域水资源一体化管理司法问题的原因分析

流域的核心是流域水资源,流域水资源健康发展尤为重要,可是在实践中存在多种问题阻碍流域水生态环境健康发展。针对本章提出的问题,有必要分析原因,以便更好地完善流域水资源一体化司法保障机制。

(一)流域水资源一体化管理司法问题的外部原因

第一,流域各主体之间缺乏协调合作机制。流域水资源司法问题的解决,需要政府、企业、环保公益组织、流域居民和社会公众相互配

合。但是目前公众配合参与度不高，尤其是社会公众的监督不足。他们在思想观念上不够重视流域水资源的保护，缺乏司法保障合作的基础。并且政府在信息公开方面透明度不足，各主体缺乏良性互动机制。

第二，流域内各个区域经济发展不平衡。流域内政府资源和财力有限，各地区的经济发展状况不一致，导致监测技术水平有差异，实现流域水资源的一体化监测及统一的监测数据，需打破以行政区划监测为依据的现状，建立健全流域水资源统一的监测技术和设备，加强流域内各个区域不同主体的合作，发挥最大的流域生态保障效应。

第三，缺乏以文化内涵为支撑构建的流域水资源一体化管理体系。流域水资源可持续利用是生态文明的核心要素，也是一个国家生态文明建设的基础和保障。历史的经验证明，在推进生态文明建设、维持流域水资源健康发展的进程中，文化的潜移默化是最具根本性、决定性的力量。[①] 近百年来，人们认识流域水资源经历了艰难的历程，从对流域水资源的敬畏到破坏、掠夺，再到人与流域水资源的和谐相处，面对环境对人类的报复，需要花费大量的人力、物力、财力修复失衡的关系。因此，应当坚持人与流域水资源和谐相处的价值观，唤起公众的道德意识，坚持流域水资源保障和开发相结合，按自然和社会经济规律开发流域水资源。

（二）流域水资源一体化管理司法问题的内部原因

在司法实践中，人们共同的愿景是司法运作发展的灵魂。当行为者能够达成共识时，才有可能朝着共同的目标协力前进。然而，在流域水资源一体化管理司法实践中，流域各主体在司法保障意识方面不统一，从而导致很多分歧，这主要体现在以下三个方面：

第一，流域水资源司法治理价值观念的碎片化。虽然 2016 年修订的《水法》规定行政区域、流域共同监管，但是，前者依旧是主导。各政府机

① 参见侯全亮主编：《生态文明与河流伦理》，黄河水利出版社 2009 年版，第 121 ~ 140 页。

构在流域水资源管理中为了当地的经济利益,忽略水资源公共利益,司法治理认识出现偏差。

第二,多部门涉水机构缺乏通力合作。当前水利部和生态环境部两个部门必须在很多工作中实行联合管理,如水利部门和生态环境部门在流域水资源整体治理中面临分工问题时,很难将水量和水质的管理严格区分开来,部门之间为争取更大的权力忽视全流域的整体利益,为本部门争取权益时无法在同一问题上获得一致结论,就可能会产生冲突,往往在水环境问题上互相指责、推诿。

第三,流域水资源一体化管理的法律体系不健全。目前,我国流域水资源的立法不断完善,制定了不同层次的法律法规,一些地区还出台了地方性法规。然而,现有法律中有关流域水资源管理与流域机构的内容偏少,对政府的责任承担规定不完善,立法的缺失同时也制约了司法推进。即使进入司法程序,也会让法官无所适从。法律中缺少流域管理司法保障内容,导致难以发挥司法作为最后一道防线的功能。

第三节　我国流域水资源一体化管理司法保障路径

为了保障我国流域水生态健康发展,改变当前跨行政区的水量调度、水权交易和水污染纠纷所面临的困境,要完善流域水资源司法保障机制,促进流域水资源的发展,发挥司法作为最后一道防线的作用。本节旨在将我国流域水资源一体化管理中存在的问题和司法制度予以衔接,通过司法手段促进流域水资源的可持续发展。

一、健全流域水资源一体化管理诉讼管辖制度

现代法治国家不仅在行政管理领域要求执法活动于法有据,在司法诉讼领域同样要求诉讼活动于法有据,并按照法律程序进行诉讼管辖。众所周知,案件管辖是司法公正的重要体现,对司法审判结果有着重要影响。司法机关必须确立合理科学的诉讼管辖规则,并严格按照法律规定

程序进行。

(一)明确流域水资源纠纷管辖法院

首先,在跨行政区域流域水资源诉讼案件中,明确不同案件的管辖规则,①即确定级别管辖和地域管辖。在跨行政区流域水资源案件中,应当将案件级别管辖和地域管辖作为特殊管辖规则在法律中加以明确,如在《民事诉讼法》或者在相关司法解释中进行规定,或者借鉴国外的经验将流域水资源案件的级别管辖和地域管辖在《环境保护法》中加以规定。使跨行政区域水资源案件的诉讼管辖规则于法有据,而不是以命令、习惯性做法将案件分配给某法院集中管辖审理。此外,其他行政区划内流域水资源案件则依据传统侵权案件管辖规则,确定管辖法院。并且关注我国的国情发展,在跨行政区流域水资源案件中,注意全国各地有管辖权法院设置分布,避免设置不均衡,减少流域水资源案件的司法诉讼阻碍。

其次,可以考虑设置流域水资源案件专门法院,或赋予巡回法庭专属管辖权。在流域水资源案件中,确定跨行政区诉讼案件的管辖法院,可通过以下方式实现:一是在七大流域成立专门法院,管理流域生态环境案件,包括但不限于流域水资源案件。专门法院的管辖,可避免地方政府的行政干扰,保障流域水资源案件的诉讼程序顺利开展。二是确立巡回法庭专属管辖权。巡回法庭作为最高人民法院派出法庭,实行审判权和执行权相分离的体制。最高人民法院和各高级人民法院、生态环境部三部门联合对全国流域水资源区划进行划分,形成具有鲜明特色的环境司法管辖区域。如果发生跨流域水资源诉讼案件,那么可由巡回法庭专属管辖该案件;对于行政区域内流域水资源案件的管辖权,各高级人民法院可依据本地自然地理条件、水资源状况、审判机构和人员分布、经济发展要素对本地水资源进行司法管辖区域的划分,实现本地水资源案件跨地区审理。另外,明确流域水资源案件的管辖法院,确定法院管辖时,综合考虑法院审判人员的法律素养、专业知识等情况,确保流域水资源案件诉讼

---

① 参见任洪涛、余德厚:《论跨行政区域环境资源案件的司法管辖制度》,载《甘肃政法学院学报》2017年第4期。

管辖的合法性与合理性，从而更好地维护当事人的合法权利。

（二）统一流域水资源案件审判模式

首先，探索建立完备统一的流域水资源案件审判模式。统一的审判模式是获得公平公正司法判决的前提。不仅专门法院统一审判模式，其他相关法庭也要统一审判模式。考虑到流域水资源案件的特殊性，可以借鉴德国的审判模式，在审判人员方面，庭审法官不仅要包括熟悉法律业务的法官、技术人员，还应该吸纳环境资源领域相关专家参与庭审，弥补专业法官在此领域的不足，强化司法审判的科学性。并且在流域水资源案件中，强化跨行政区划公益诉讼案件的整体保护、统一司法审判标准、加强司法信息交流等机制。进行司法体制改革，为流域水资源案件的审判工作提供有力支持。

其次，着重处理流域水资源案件法律关系。在实践中，各地法院法庭关注到流域水资源案件的特殊性，在这一类案件中，积极探索出“三审合一”“四审合一”的审判模式，最大限度实现流域水资源案件的公平公正审判。无论适用哪种模式审判流域水资源案件，都是司法理论的践行。但是面对复杂的流域水资源案件，无论哪种模式都不足以应付审判工作，甚至可能造成审判秩序的混乱和审判结果的不统一。鉴于此，是否可以把重点转向流域水资源案件所涉及的法律关系上，厘清案件基本要件和法益内容，进而探讨审判模式问题。关注形式要件、忽略实质要件，是不可取的，因此针对流域水资源案件所涉及的不同法律关系需要具体情况具体分析，民事与刑事交叉案件、民事与行政交叉案件按照传统模式进行审理，对于行政与刑事交叉案件，法律无明确规定，可根据二者引起与被引起的关系，决定案件审理顺序。

二、完善流域水资源一体化管理诉讼参与制度

流域水资源一体化管理司法制度的完善，不仅需要健全流域水资源管理诉讼管辖制度，明确流域水资源案件的管辖法院，还需要完善流域水资源损害起诉主体范围和权利，以保证司法制度的完整性和可操作性。

(一)扩大流域水资源损害起诉主体范围

首先,在流域水资源司法中增加起诉主体,既是立法要求,也是司法实践的需要。便民诉讼是治理型环境司法的最低要求。流域水资源管理中应当积极加强公众参与力度。但公众参与的要求不能止于法律条文当中,还应扩展到流域水资源司法实践中。同时公众通过司法途径维护自身或流域水资源的利益不应该是困难的,如果付出巨大成本,就会失去司法本身的意义。最高人民法院曾先后发布《关于进一步加强司法便民工作的若干意见》和《关于进一步做好司法便民利民工作的意见》,旨在推动司法便民利民。涉及流域水资源司法的起诉主体改革,可进一步将起诉主体丰富、明确、具体化。因此,可以在我国基本法律或司法解释中增加起诉主体,不仅包括环保公益组织、人民检察院,还应当包括流域内公众和社会组织,用法律保障他们的诉讼权利。

其次,在流域水资源损害赔偿案件中,应当保证受到侵害的主体有权提起诉讼,行使自己的权利。流域公众、渔民协会、流域管理机构等受害者自身作为适格的起诉主体,可以参与司法救济程序,针对水污染损害提起赔偿之诉或排除危害之诉,通过司法程序维护自己的合法权益和流域水生态的恢复,这也有利于加快流域水司法发展,促进流域水资源的可持续利用。

(二)增加流域水资源诉讼案件中原告权利

首先,在流域水资源案件中减少起诉主体限制。一是降低环保公益组织的成立条件,具体而言,可以修改《环境保护法》,对环保公益组织的设立条件作出修改,降低环保公益组织的成立门槛。不再设置双重成立条件,只要满足《环境保护法》第 58 条的规定,无须在成立前取得业务主管单位的同意,弱化政府行政色彩。二是加强人民检察院公益诉讼力度,按照已有法律的规定,人民检察院在流域水资源损害案件中,只有在环保公益组织不起诉时,人民检察院才有权提起诉讼,可谓是兜底条款。这样无疑会扩大流域水资源的污染范围和损害,降低司法效率,给调查取证和司法鉴定带来难题。因此,可以对环保公益组织和人民检察院不设置起诉先后顺序,最大限度保证司法效率。三是根据起诉主体范围的扩大,人民检察院应积极支持流域内公众、渔民协会、流域管理机构提起诉讼,保障他们行使起诉权,对流域水资源管理进行司法监督。

其次,为相关主体提供技术与资金支持。建立保障流域起诉主体的知情权制度,如流域水资源管理的信息公开制度、环境知情制度、听证制度等。[①] 只有在对流域水资源状况充分了解的基础上,对原告诉权建立制度进行保障,才能确保起诉主体有效地行使诉讼权利。此外,要建立健全诉讼保障机制,避免因取证困难和起诉费用过高不能起诉。

三、严格通过司法途径追究流域水资源一体化管理政府责任

政府作为流域水资源利用的规划者和水资源安全的守卫者,对流域水资源的可持续发展利用有着不可推卸的责任。为了更高效保护流域水资源,实现代际公平,有必要严格政府责任,完善政府责任追究机制,防止政府的不当行为给流域水资源带来损失。

(一)加强政府不当管理行为的责任追究

尽管政府对流域水资源管理发挥重要作用,但同时也暴露出一系列问题。需要建立新的责任追究方式,以期更好地发挥政府的管理作用。但是根据目前立法和相关司法实践,我国并没有建立通过司法程序追究政府流域管理责任配套机制。随着流域水生态的变化和司法改革,追究政府不当规划、不当监督的责任成为可能,要求政府承担责任的诉讼不再十分困难,因此,当政府不当行为对流域内共享的水资源造成破坏,处在流域行政区内的政府规划行为就应该受到法律的问责。建议司法机关设置专门机构对于流域水资源管理中政府失职行为进行专门性司法监督。

为了避免政府推卸不当规划行为引发的责任,有必要建立国家与污染者相结合的双重责任追究模式。从侵权法中的因果关系出发,流域水资源污染的结果不仅由经营者自身的活动引起,还可能与政府的不当规划行为有关。在这种情况下,出于全局性的考虑,应当追究双主体的法律责任。

---

① 参见幸红:《流域水资源管理相关法律问题探讨》,载《法商研究》2007 年第 4 期。

(二)全面追究政府失职行为的法律责任

"有权必有责,违法必追究"是当代法治的要求。当政府对流域水资源不当规划与管理,造成重大污染和破坏,就应当追究政府的责任。因此在司法实践中,全方位追究政府失职行为的法律责任极其必要。

首先,建立各级政府水资源管理终身责任制,通过司法途径追究政府责任。具体内容如下:在流域水司法中,建立起主要领导或责任人的终身责任制。如果当地政府实施违法行为,就要通过司法程序追究各级政府的水资源管理责任。其中既要把流域水资源的具体管理者当作司法追究的对象和终身责任的承担人,更要把流域水资源地方行政管理领导纳入责任追究的范围之内。

其次,流域水资源管理政府终身责任追究内容应该具体明确。政府对流域水资源的不当规划行为、监管不到位行为、违法调控分配行为、不当管理行为等,即从规划到保障整个流程的管理行为,都应当受到法律监督,并且流域受损害主体能够通过司法途径追究他们的责任,努力做好司法保障的工作。

最后,通过多种手段追究政府终身责任。通过司法途径追究政府不当管理的责任,不仅包括发挥司法机关的审判权能,还可以通过司法建议、司法调解、强制执行和处罚手段追究政府终身责任,严厉打击破坏流域水资源管理的违法行为。

第四节　我国流域水资源一体化管理行政公益诉讼制度完善路径

一、相关概念的界定

(一)公益诉讼的界定

公益诉讼这一概念来自罗马法,其最早规定:"为了实现公共利益保护,所有公民都可以提起公益诉讼。"可见,与私益诉讼正好相反,公益诉讼是为专门保护公共利益而设立的。这也是公益诉讼最明显的一个特征，即“利他主义”，可以有效地避免“利己主义”的私益诉讼所造成的局限性，不至于使公共利益落入无人保护的尴尬境地。公益诉讼与私益诉讼最大的区别就在于此，传统私益诉讼重在保护个人利益，如个人的人身权、财产权等。公益诉讼任何时候都必须以公共利益为提起诉讼的首要目标，这是该制度的固有属性。何为公共利益，学术界存在两种讨论：第一种是集体利益，即不可分割的、属于全人类的完整利益。第二种是多数人利益，这种利益表面上看关乎众人但实际上不属于社会公共利益，可以分割成个人单独享有的权益，这种权益属于私益。对于集体利益和多数人利益的划分，需要结合法律和实际个例讨论，在此不作展开。公益诉讼中的公益应当是集体利益。从现代法律规定来看，公益诉讼一般是指由国家机关、社会组织或个人为保护不特定多数人的利益，根据国家法律规定提起的诉讼。

（二）环境行政公益诉讼的界定

环境行政公益诉讼这一概念由我国首次提出，其制度根源也来自公益诉讼。公益诉讼在诞生后被各个国家逐渐内化，并发展出了包括我国行政公益诉讼制度在内的诸多专门的公益诉讼制度。在生态监管方面负有法定职责的行政机关是我国环境行政公益诉讼的义务主体，当这一义务主体违法行政或者不履行应尽的职责时，经过诉前程序的处理，该主体仍不履职的，由公共利益代表人依法对其提起诉讼，进入环境行政公益诉讼程序，并由法院判决其履行职责。

（三）流域环境行政公益诉讼的界定

流域环境行政公益诉讼，是将流域这一地理要素与环境行政公益诉讼这一制度进行结合而产生的概念。流域，指的是由河流分水线所包围的集水区。换言之，经由同一水系统流出的干流和支流所经过的区域，统称为流域。流域因其特有的地理形态，具有复杂性、系统性和动态性的特征，以水为中心纽带，组成了人与其他自然要素的综合体。从性质上来看，该概念是通过地理要素进行案件类型划分而得来，因此，该制度是环境行政公益诉讼的组成部分。按照同样方法进行划分，可以得出林业、矿业及海洋环境行政公益诉讼等概念。已知上文中对环境行政公益诉讼的定义,再对流域这一地理要素的定义进行明确,将两种定义结合可以得出流域环境行政公益诉讼的定义:当流域生态环境遭到破坏时,负有流域生态监管职责的机关违法或不作为导致公共利益受损,由公共利益代表人依法对其提起环境行政公益诉讼,督促该流域生态监管机关履职。

流域生态系统的系统完整性、有机协调性和动态适应性特征对环境行政公益诉讼提出了新的要求。首先是系统完整性,流域是一个完整的系统,该系统包含生态、社会、经济等各个要素,各要素之间相互影响。因此制度的完善虽然以流域生态为主要目标,仍需强调经济与生态的利益平衡,而不致顾此失彼。其次是有机协调性,流域内各个要素需要通过整合,共同完成流域保护的目标,单靠流域环境行政公益诉讼这一司法手段难以实现流域的各要素目标,流域司法机制乃至周边环境行政机制都应互相协调配合,共同作用于流域保护。最后是动态适应性,流域是一个具有较强时空性的概念,流域生态系统具有动态变化的特征,因此流域司法也同样需要具有适应性和反馈性。当前流域环境行政公益诉讼具有一定的滞后性,在制度的应用和完善之中,应当注重流域系统的各要素反馈,及时调整流域生态环境的预防和修复措施。

二、我国流域环境行政公益诉讼制度的运行状况

自 2015 年 12 月开始试点以来,根据最高人民检察院发布的数据,试点第一年里共有 1233 件公益诉讼案件线索被发现,其中环保领域的案件占到 70%。在这 1000 多条线索中,行政公益案件线索共有 984 条。在这 900 多条行政公益案件线索中,又有 85% 的案件通过诉前程序得到良好解决,最终只针对 8 起案件进行了起诉。到 2017 年 6 月,试点两年之内,共办理了行政公益诉讼案件 9000 余件,近 8000 起案件通过诉前程序被解决,诉前整改率达 88%,针对 1000 余起案件进行起诉,起诉率为 12%。在通过诉前程序解决的 7900 起案件中,有 7600 余件案件属于环境公益诉讼案件,占比达 96%。两年督促治理水污染面积达 180 万 km^2。从以上数据可知,环境案件是公益诉讼的主力军,诉前程序在化解案件矛盾方面发挥重要作用。环境行政公益诉讼占比较大,且对诉前程序依赖程度

较高,最终提起诉讼的案件数量不多。

环境行政公益诉讼从2017年开始全面实施,正式实施以来案件数量增长迅速,仅2018年一年,全国检察机关就立案9万件,其中环境资源领域的案件占到55%,一年的立案总数为试点期间的7.5倍,这与环境行政公益诉讼的全面开展不无关系。水源、大气和土壤是诉讼的重点,通过检察机关的工作督促共挽回超1300km^{2}湿地、林地和草地。在环境行政公益诉讼正式实施后,诉前程序依旧发挥重要功能,从最高人民检察院发布的2020年1月至6月的工作报告来看,诉前程序对环境行政公益诉讼案件解决贡献较大,90%的案件都在诉前阶段得到了良好解决。

2018年以来全国多地就流域生态保护展开专项行动。2018年12月7日,黄河流域开展流域保护专项活动,截至2019年7月,在"携手清四乱、保护母亲河"专项行动中,检察机关一共收到涉水部门移送的线索2300余件,对其中的1097起案件进行了立案处理,共发出1033份检察建议,最终只针对10起环境行政公益诉讼案件提起诉讼。治理污染流域面积达1.13km^2,清理非法占用河道近2000km,督促相关部门对80.8万m^{2}的非法建筑进行拆除。2019年6月5日,广东、深圳、佛山和东莞四地的检察机关展开合作,就珠江保护达成公益诉讼司法协作机制,并在广州对所达成的协作机制进行会签。四地检察机关联合对茅洲河、丁山河等跨界且存在严重污染的河流进行污染源重点排查,共排查沿河企业68家。2020年12月11日,最高人民检察院就长江经济发展和保护发布白皮书,白皮书对2020年的流域保护工作状况进行了总结,长江流域地方政府针对违反禁渔情况和生态环境破坏加大打击力度,长江经济带14省共发出检察建议21,526件,提起行政公益诉讼2980件。各流域司法机关都在积极办理环境行政公益诉讼,并就环境行政公益诉讼展开司法合作。

三、我国流域环境行政公益诉讼制度供给不足所引发的问题

(一)水环境整体改善但流域生态问题依旧突出

针对流域生态环境问题,我国先后采取了一系列治理措施,并取得不错的成效。我国规模性的流域生态环境治理始于20世纪90年代初,随

后对其重视和投入也在不断加大,但在相当长的一段时间内,治理结果往往是收效甚微、反反复复。2017 年,最高人民法院为长江保护发布专门的司法保障意见。2018 年,《长江保护法》被正式纳入我国立法规划之中。2021 年 3 月 1 日,我国首部流域专门立法《长江保护法》开始正式施行,以法治力量助力长江生态环境的守护。黄河作为中国第二大流域,继长江之后也进入了以流域为保护尺度、以生态为导向、以法律为保护手段的阶段。为此,专门对黄河保护提出了生态保护和质量发展这一概念。到目前,全国地表水环境得到一定改善,优良水质水体面积得到增加,水污染严重现象大幅度减少,饮用水安全水平也进一步提高。长江水域污染改善良好,其他水域水质也在现有基础上得到进一步提升。但部分水体环境差,水资源供需矛盾依旧突出、水生态受损严重、水环境污染隐患多等问题依旧突出,这些问题仍在威胁周边环境安全并限制流域经济发展。

(二)针对重大跨地区的流域案件分而治之

流域具有流动性的特征,上下游交互明显,重大污染案件的范围往往会跨地区。《行政诉讼法》对跨行政区划管辖进行了初步规定,第 18 条明确可以用指定管辖的方式来审理跨区划案件。最高人民法院发布的《关于全面深化人民法院改革的意见——人民法院第四个五年改革纲要(2014—2018)》,提出深化铁路法院系统改革,并提出将铁路法院改造成跨行政区域管辖法院这一构想。在行政诉讼法上,采用指定管辖的方式来解决流域案件跨区划的问题,而铁路运输法院是中华人民共和国成立之初按照铁路运输线设置,也不适用于流域案件的审判实际。实践中指定管辖很少被采用,大部分案件还是遵循原有的行政区划进行管辖。各地司法机关采用单独办案的方式进行流域案件办理,不符合流域一体化管理整体性、协调性和交互性的特征。导致污染治理慢,无法输出统一办案思维,影响案件处理的速度和污染治理的效率。

(三)流域生态监管机关频繁履职不到位

流域生态监管机关实践中最普遍的责任追究方式仍旧是行政层级的监督,《水土保持法》第 40 条规定:“县级以上人民政府水行政主管部门应当加强监测工作，发挥水土保持监测工作在政府决策、经济社会发展和社会公众服务中的作用。”流域生态监管机关对各级政府的行政责任追究对于流域治理效果有着直接快速的反馈与影响。根据隶属关系、层级关系开展环境问责，上级行政机关对下级行政机关的环境监管履职情况进行问责和考核评估，对其所属下级部门环境监管法规实施具体情况进行监督问责，[①]构建出政府内部垂直责任追究体系。但就具体流域生态监管机关责任追究实践而言，虽然地方政府以“环境监管责任”为目标，以“党政同责”为原则，但是仍存在相关法律规定匮乏、监管机制不健全的情况。[②]《行政诉讼法》对责任主体概括模糊，在第25条中仅写明被诉主体是负有生态监管职责的行政机关。我国法律及司法解释并未对这一责任主体进行细化，无论是被告还是被建议对象，均由检察机关在调查过程中予以确定。

在中国裁判文书网查找相关案例，并对案例进行随机抽取，梳理流域环境行政公益诉讼案件。可以看出，负有流域监督管理职责的机关众多，水行政机关并非唯一被告。对于流域监管，违法履职的情况较少，但存在行政不作为的现象。

在洮南市人民检察院诉洮南市卫计局行政不作为案中，环境影响评价报告的结果显示，胜双医院排放的医疗废水仍存在氨氮、大肠杆菌超标的现象，该案同时还涉及环保局职责，环保局未对医院污水处理设施进行验收，导致后续的污水排放始终处于超标状态。

在清水县人民检察院诉清水县畜牧兽医局不履行水资源环境保护监督管理职责案中，12家养殖户在清水县饮用水源一级保护区进行畜牧养殖，未按要求处理动物粪便，长期非法排放污染物，严重影响饮用水水源质量。清水县畜牧兽医局属于我国《水污染防治法》第9条所规定的责任主体，县级以上的畜牧管理部门应当在其职责范围内，对水污染防治进

① 参见陈海嵩：《我国环境监管转型的制度逻辑——以环境法实施为中心的考察》，载《法商研究》2019年第5期。

② 参见刘志仁、王嘉奇：《黄河流域中上游水土保持法律制度研究》，载《干旱区资源与环境》2022年第11期。

行监督管理。

在宜昌市点军区人民检察院诉宜昌市点军区环境保护局行政不作为案中，艾家镇桥河村多户村民从事生猪养殖业，将未经过无害化处理的养殖废水直接排入长江。法院认为，根据《环境保护法》第50条和《畜禽规模养殖污染防治条例》第5条，应当由县级以上环境保护部门对畜禽养殖污染进行统一监督，即由本案中的点军区环境保护局履行监管职责。

在怀远县人民检察院诉怀远县环境保护局行政不作为案中，法院认为当时的环保局应当对自己所辖区域内环境质量负责并且对污染设施建设进行统筹，而当时的城建局也对公共排污设施建设负有主要职责，存在一定职责交叉。从实践来看，部分执法人员对自己的履职范围认识不清，职责交叉也导致法院对被告的认定存在困难。

《水法》对全国范围内的水资源保护和管理进行了统一规定，并在法律责任这一章对破坏水资源的行为方式和需要承担的责任进行了列举，县级以上涉水部门和流域管理机构是主要责任人，同时县级以上政府承担少量责任。《环境保护法》第10条也规定县级以上环境保护主管部门进行统一监管，政府有关部门和军队环保部门依法实施、监督管理。从以上规定可以看出，环境保护部门和其他部门都负有水污染监管职责，同样是畜牧养殖导致水源污染，在宜昌市点军区人民检察院诉宜昌市点军区环境保护局行政不作为案中，由点军区环境保护局实施监管，而在清水县人民检察院诉清水县畜牧兽医局不履行水资源环境保护监督管理职责案中，则由清水县畜牧局承担水污染监管责任。

对流域环境具有监管职能的行政机关并不只有水利行政主管部门和人民政府，诸如环保、住建、城管等部门都有出台部门规章对所属领域的环保职责进行规定，均涉及流域的监管职责。在流域环境保护方面负有监管职责的部门很多，各部门之间难免存在一些职能上重叠和交叉的地方。以地下水管理为例，国土部门、水利部门、环保部门均有管理职责。国土部门职责范围主要在地下水超采导致的地面塌陷问题，水利部门侧重水资源开发利用，生态环境部门则注重保护集中饮用水水源的水质安全。职责交叉容易造成推诿现象，当流域环境被破坏时不能第一时间确定监管责任人,就容易导致实践中行政机关不作为的现象出现。

四、我国流域环境行政公益诉讼制度运行不畅的成因

(一)诉前程序运行不畅的成因

首先,检察建议刚性不足。原最高人民检察院检察长张军提到:检察建议的内容和质量对检察建议刚性影响重大,检察建议的内容和质量得到提升,被建议机关不对检察建议提出异议,就是对检察建议刚性的落实。为实现诉前程序的督促效用,检察建议自身规范性和专业性必须加强,力求从自身建设、内部监督和外力加持三个方面促成检察建议刚性。总结现有规范和实践情况,有三个重要因素对检察刚性影响最大:质量、送达和跟进。检察建议的质量,是其专业性和权威性的展现。检察建议对流域管理中的问题细节缺乏深入调研和论证,建议书内容空泛且缺乏实际可行性,无法与行政机关达成一致导致检察建议书的内容执行起来难度较大。流域案件具有专业性,在进行建议时需要考虑流域的流动性、整体性特质,比起普通环境案件,其对检察建议质量要求更高,应当确立检察建议书中的技术鉴定和法律标准双重保障。2017 年修正的《行政诉讼法》未对检察建议的内容和形式作出明确规定,在没有具体法律依据的情况下,检察机关作出的检察建议原则性较强,缺乏可操作性。2019 年《人民检察院检察建议工作规定》对检察建议的制发流程进行规范,但实践中检察建议仍存在诸多不规范。

检察建议的送达与否,影响建议内容是否能落实。检察建议送达不全面,或者送达方式不妥当,检察建议就无法彻底执行。根据规定,除了向案涉机关送达外,还可向案涉机关的上级机关送达。案情影响重大的,还可抄送同级党委、人大、纪检及监察部门,另外还可向行业自律组织和社会公众送达。根据实际需要抄送的机关,可将检察建议的送达分为四个层次:案涉机关、案涉机关的上级主管部门、相关党政机关及社会公众。实践中同案涉及的责任机关较多。很多检察机关只针对问题部门送达检察建议,未对其他负有关联责任的部门发送,出现应发未发的现象,使送达不到位而导致检察建议刚性不足。

检察建议的后续跟进，与检察建议执行效果关系密切。不对检察建议进行后续跟进，无法保障检察建议在执行的过程中被真正落实。在这种情况下，执行效果就会被降低，难以保证检察建议被真正执行。因此，在送达程序完成后，还应当持续跟进检察建议的执行，了解执行效果如何和执行中遇到了怎样的困难，而不是在送达之后就宣告结束。检察机关未真正参与检察建议的执行，就不了解检察建议在实施中存在哪些困难，也就无法针对性地对检察建议进行内容上的完善。

其次，履职期限设置不合理。现有规定将一个月的履行期修改为两个月，相较于之前的一个月履行期限，《人民检察院检察建议工作规定》赋予行政机关更长的时间来履职，然而这一规定未正视特殊案件的需求，对于污染范围较大和责任主体涉及跨区划的案件，规定没有考虑行政机关之间协调职责分配和联合执法所需的时间。从已有案件来看，大部分行政机关完全履行的时间都超过了两个月，最长的甚至超过一年。流域生态环境复杂，各地区地理环境和经济发展水平也存在很大差异，设置两个月的时间作为统一的履职期限不甚合理，还可能导致行政机关为了完成进度而草草了结，没有达到应有的效果，造成行政资源浪费。

最后，诉前程序监督方式单一。《人民检察院检察建议工作规定》对检察建议的类型进行了规定，明确必须以检察院的名义统一制发。《湖南省人民政府关于支持检察机关依法开展行政公益诉讼工作的意见》也明确，对于检察机关发出的检察建议，行政机关必须以书面形式进行回复。根据以上规定，所指的检察建议应当是书面检察建议。在实施的过程中，诉前程序监督方式较为单一，督促行政机关履职的手段只有发送书面检察建议一种。当前诉前程序的监督模式，既不应当是职权主义，也不应当是当事人对抗主义，而应向协商模式转变，以形成监督与被监督主体的平等、合作和协商参与环境治理的模式。但在某些条件下，直接发送检察建议书不是最好的方式，特别是对于一些履行起来较简单的案件，直接发送检察建议书可能会引起行政机关的不适，使其产生抵触情绪，造成行政机关拖延和不配合。对于可以立即履行的案件，适用书面检察建议也是一种司法资源的浪费，反而不利于更好地解决问题，使书面检察建议应有的作用无法发挥。

(二)诉中程序运行不畅的成因

第一,针对重大跨行政区域的案件简单适用指定管辖。发生在流域的环境破坏案件多具有流动性、跨区域的特点,按行政区划来确定管辖容易产生收集证据不方便、定损事实不全面等问题,各自为政也不利于环境修复和保护。因此在跨区域管辖的问题上,流域案件司法保障的难点主要落在管辖上。在跨地区案件的管辖上,《行政诉讼法》规定高级人民法院有跨地区案件的指定管辖权,在指定前需要报最高人民法院同意。也就是说,跨地区案件的管辖只是相对确定,即由高级人民法院报最高人民法院后确定,个案仍以指定管辖的方式来处理。然而,此条规定只提供初步的指引,环境资源类案件的跨区划集中管辖缺乏法律依据。因此,在跨区划的流域案件中,大多数案件仍然遵循传统的行政区划进行管辖,少量跨行政区划的重大案件适用指定管辖。可见,法院还是简单适用指定管辖以应对案件跨行政区划这一情形。

第二,跨行政区域案件管辖界限不明确。2014 年 12 月中央审议通过的《跨行政区划人民法院试点方案》和 2015 年 2 月最高人民法院发布的《第四个五年改革纲要》对跨区划案件的类型进行了探讨,但文件关于这类案件特征的概括不够细化,总结文件的表述就是"重大、跨地区和易受地方因素干扰"三个特征。以上文件虽然对跨地区案件的特征进行了一定总结,但总体来说表述还是较为原则。对于较为原则的表述,理解起来就会存在偏差和不同。在跨行政区划案件的实践中,不同法官对文件规定的理解不一致,导致在实践中对于受理范围的理解或大或小。如果缩小理解,会导致部分跨行政区划的案件得不到最有效的处理,以及一部分司法资源的闲置浪费。如果扩大理解,又违背了这一制度的设计初衷,无法凸显跨行政区划法院专门审理这类特殊案件的定位。

第三,从现有规定来看,仅检察机关具有原告资格。学术界就环境行政公益诉讼原告的争论,自制度诞生起就一直未停止过,存在一元论、二元论和多元论等多种学说。对国外研究现状进行探析,不难发现,域外相关制度的原告范围从严到宽呈现不断扩大的趋势,其原告资格取得的学说也从“利害关系说”向“值得保护利益说”进行转变。作为我国的法律监督机关,检察机关最有能力督促行政机关履职。但就法律规定和实际情况来看,检察机关的起诉任务较重。除了行政公益诉讼外,还负有对危害国家安全案、危害公共安全案、侵犯公民人身权利民主权利案和其他重大犯罪案件的起诉任务,这些案件的起诉量已经不小。此外,检察机关还承担着对公安机关侦查的案件进行审查,决定是否逮捕、起诉或者不起诉的工作。从行政公益诉讼制度实施以来,案件数量呈不断增长趋势,随着流域保护工作的深入,检察机关办案压力也在不断增大,仅依靠检察机关对行政机关进行司法监督稍显不足,不利于流域的全面保护。

目前我国被诉流域生态监管主体不明确。法院进行案件审理时主要依据《行政诉讼法》第 25 条和第 26 条来确定被告,根据这两个法条来确定的被诉讼对象比普通行政诉讼对象范围小,但也只能具体到对生态环境和资源保护负有监督管理职责的行政机关这一范围。要想在个案中准确地定位被诉机关,还需要结合法律、行政法规、部门规章、地方性法规以及其他规范性文件,包括各机关的“三定方案”和权力清单等。这加大了法院和检察院审查时的工作量,也导致各地司法机关在实践中对被告的认定标准不统一。在环境民事公益诉讼中,被告就是环境破坏的实施者,也是对修复环境具有义务的直接责任人。而环境行政公益诉讼则不同,行政公益诉讼的被告并不是环境修复的直接义务人,而是监管人。因此,要对实施破坏的第三人和监管人分别予以认定,确定行政诉讼被告的难度更大。加上流域行政监管职责的分散和复杂,亟须对流域环境行政公益诉讼被诉主体的认定标准进行明确。

我国流域案件受案范围有限。根据现有规定,流域案件的受案范围主要集中在以下两种行为:流域监管机关违法和不作为。除此之外,没有法律对环境案件的受案范围进行细化规定,给各地法官的审查带来困惑。同时,现有规则仅规定可以对具体行政行为提起环境行政公益诉讼,也就是违法和不作为这两种行为,而没有规定可以对抽象行政行为提起诉讼。实践中我国各地政府大量发布具有指导性、可以反复适用的规范性文件,一部分规范性文件的制定主体层级不高、与上位法所保护的环境法益相冲突并存在地方利益保护的倾向，这类行政行为对环境的危害性更大。

目前我国流域调查取证机制还不够健全。一般来说，检察机关获得违法行为的线索有以下几种途径：一是控告和检举，二是各级人大、党委及政府部门交办的违法线索，三是各级纪检监察、公安及法院移送的违法线索，四是自己在履职中发现的线索。从当前线索来源情况来看，大部分线索是检察机关在履职过程中发现的，接到的相关举报控告并不多。从成因上来看，主要有以下两个方面的原因：(1)检察机关对环境公益诉讼的宣传不到位。人民群众对公益诉讼知晓率低，很多公民对环境公益诉讼完全不了解，在发现环境损害后果或违法行为时，既不知道相关的责任主体也不知道向谁举报，甚至不知道某些破坏环境的行为是违法行为。某些人大代表、政协委员以及执法机关也不了解公益诉讼，就更难为完善公益诉讼制度建言献策。(2)部分执法机关尚未建立起流域内公益诉讼的信息通报、案件移送配套机制，导致行政机关和检察机关相互信息沟通不畅，不能及时发现和解决环境违法行为，更不能形成良好的监督合力。《人民检察院检察建议工作规定》第 14 条指出，检察机关进行调查核实时，不得采取强制性措施。但是，如果侵权行为人不配合检察机关调查将导致侵权证据无法调取。另外，流域破坏的证据具有很强的时效性。水是流动的，水源地保护、湿地保护及水污染等案件往往需要专业人员和专业设备进行采样和检测并最终出具鉴定报告，污染面积较大的案件还需要进行分段采样，不能及时采取强制措施固定证据，很可能会导致后期无法调取侵权人破坏环境的证据，流域公众生态权益就得不到保障和补偿。但是，我国法律及司法解释并未赋予检察机关在调查取证期间采取强制措施的权力，也未对检察机关调查取证的工作程序作出统一安排，导致在实际开展工作时取证难度较大。

(三)诉后程序运行不畅的成因

第一，流域案件判决内容执行困难。流域案件的执行难度比一般案件难度更大，结案难上加难。流域案件具有专业性和复杂性，对法院的审理工作来说已经是一个挑战。除此之外，执行过程还必须由行政机关亲自完成，因为相当一部分案件法院无法强制执行。如在普通民事案件中，法院可以针对经济纠纷采取扣押、拍卖等执行路径。但在环境行政公益诉讼领域，被执行的对象不是财产，而是环境监管职责。行政机关本身才最有可能完成环境治理的督促工作，因为行政机关有专业的人才设备以及较丰富的治理经验，这一点是司法机关所不具备的。

第二，诉后执行程序监督不到位。执行监督可以被分为两类：一是外部监督，二是内部监督。外部监督的范围比较广，除了法院自身监督以外的监督方式都可以被称为外部监督，如检察机关的监督、人大的监督、公民的监督及社会舆论的监督等。内部监督，就指法院内部的监督，具体来说就是由上级或本级法院针对拖延履行的案件作出限期执行的裁定。仅依靠法院内部进行监督，效果是十分有限的，在执行监督上必须依靠外部监督。从法律规定看，《行政诉讼法》未就公益诉讼执行程序进行明确，《关于支持检察机关依法开展行政公益诉讼工作的意见》也仅规定，需要法院强制执行的由检察院移交法院进行案件执行，而不需要检察机关进行申请。检察机关是宪法明确规定的法律监督机关，有权对案件的审判和执行进行法律监督。但在检察机关的工作安排上，往往只将案件数量作为考核标准，对案件的立案和起诉投入较大精力，而对后期的执行投入不足。在流域类案件的执行程序中往往也涉及多方共同执法，若不能进行有效执行监督，执行效果就得不到保障。

五、我国流域环境行政公益诉讼制度的完善路径

（一）诉前程序完善路径

第一，塑造流域刚性检察建议。首先，注重内容质量的提升。检察建议不同于抗诉，二者的目的存在本质上的不同，检察建议需要具备可行性。一份内容质量高的检察建议，应当对事实和依据进行完备的说明，其中包括案件的来源、具体的违法行为、认定机关违法的证据、法律依据以及最后的履行期限。流域类案件具备专业性，没有必要制发格式检察建议，应当强调说理性，并对流域个案进行充分的分析和论证。从检察建议的内容来看，必须突出说理部分，对依据的法律法规进行列明、对案件的

违法事实进行分析。对说理部分进行深入分析,必要时可借助“外脑”来增强检察建议的说服力。其次,完善检察建议送达方式。完善检察建议送达是促进刚性的重要环节。实践中应当避免应发而未发的现象发生,对于应当抄送的单位必须送达到位。个别影响大的涉水案件,应当通过多方送达促进刚性。例如,案件影响范围广、具有典型意义、受到群众较高关注且需要引起相关责任部门高度重视的,可以向上级责任机关、同级党委、同级人大、相关行业自律组织甚至社会公众抄送检察建议书。对于当面宣告送达的检察建议,可以邀请人大代表、政协委员以及人民监督员进行旁听和监督。最后,保持对检察建议的后续跟进。以持续跟进促进检察建议执行落实,检察建议发布后,及时跟进督促并与责任机关及时沟通交流,对于被建议机关认可检察建议的,积极提供协助,帮助解决执行困难。对于被建议机关不认可检察建议内容的,及时沟通交涉,了解行政机关不认可的原因,检察建议内容不合理的应当进行调整和修改,确保行政机关能够顺利履行。根据相关规定,在合理期限内仍不整改到位的,可以通报上级检察机关,还可以对同级党委、人大进行通报。此外,注重对被建议单位的上级主管部门进行通报,以及向其同级纪检、监察等单位通报。通过扩大对问责单位进行通报的范围,更好地起到督促检察建议落实的作用。

第二,完善履职周期法律规定。从当前流域环境公益诉讼的实践情况来看,涉及跨区划的环境案件通常影响更大,责任主体落实和各机关协调的时间更长,流域环境案件本身也具有复杂性和周期性,统一设置两个月的履行时间不够合理。对于不同类型的环境案件,应将生态恢复、联合执法和互相协调的时间计算在内,而不是对履职时间进行“一刀切”式规定。因此,针对流域案件,有必要设置一个“弹性”履职范围。对各行政机关之间确定履职范围、拟定好联合执法计划、专业机构出具相关鉴定报告及后续修复环境所需花费的时间进行综合考量,结合案件的具体难度确定一个合理的履行时间。给予行政机关充分履行时间的同时,必须保证履行时间是经过合理计算的。设置合理履行期限保证检察建议真正落到实处,而非为了赶进度而草草了结,以避免浪费行政资源和司法资源。

第三,采用多元检察建议督促形式。诉前程序的目的,就是对行政机关进行督促,让行政机关先完成自我纠正,用更高效的方式来完成对环境损害的修复,以更好地维护环境公益。为达这一目的,应当尽可能利用多元化手段促使目的达成。

检察机关在行使职权时应当遵守司法谦抑原则,以保证行政的连续性和应有的强制力。从目前诉前程序来看,只有书面检察建议一种,上文也分析了只使用书面建议的弊端,即容易“小题大做”引起行政机关的反感和不配合。书面检察建议具有严格的内容和格式要求,对于一些容易解决的小问题,使用书面检查建议也是一种司法资源的浪费。因此,建议试行口头检察建议,即检察机关在进行日常履职时针对发现的行政机关职责上的小漏洞和疏忽,当场或及时提出口头建议并征询对方意见的一种督促形式。口头检察建议曾经有过短暂的实施,并在检察院与环境主管部门的交涉中发挥良好作用,被建议单位态度良好、整改积极,收到了不错的成效。2020 年 3 月,江西某地检察院对口头检察建议进行了适用,办理了一起环境行政公益诉讼,就当地不按照规定处理医疗废弃口罩造成的污染向相关部门发出口头检察建议,该部门当即进行督促和制止,取得了良好的效果。

口头检察建议是在开展业务工作过程中作出的,具有较强的时空性,因此,对于口头检察建议的适用情况可以相对宽松,检察官对于是否适用有一定自由裁量权。为保证口头检察建议的实施效果,应当同时配合签认制度,并制作专门的口头检察建议签认表。在口头检察建议提出后,检察人员应当对口头检察建议的内容当场进行记录,行政机关立即改正的,也应当写进签认表中,并由被建议机关的领导对签认表进行认可和签字。口头检察建议的设立,是为检察机关和行政机关建立合作型、非对抗性的环境纠纷解决机制提供良好模式,能促进实践中环境案件更顺利地解决。

(二)诉中程序完善路径

第一,探索设立流域生态法院。从性质上来说,流域案件应当属于跨行政区划的特殊案件。借鉴澳大利亚土地与环境法院和新西兰环境法院等域外国家的做法,在特定流域、特定保护区设置跨区划司法机关。针对特定流域、特定湖泊设立专门的管辖法院，是我国流域司法专门化保障之关键。国内已有在特定流域设定相关法院的实践。例如，2017 年，湖南省设立省内首个环（跨）湖法庭，该法庭位于岳阳市君山区法院，命名为洞庭湖环境资源法庭。该法庭对分散在岳阳、益阳、常德和张家界等四个地区的案件进行集中审理，缓解之前分散审理的困难，提高审判效率。同时，环境资源法庭实行跨行政区域管理模式，集中审理洞庭湖流域的环境资源案件，实行刑事、民事与行政诉讼三审合一。

由于环境污染问题的复杂性、长期性、潜伏性和系统性，分散审理会加大审理的难度，可以参考域外及洞庭湖环境资源法庭的做法，建立跨行政区划的、专门审理流域环境资源类案件的流域生态法院，即探索设立流域生态法院。根据具体流域的上中下游生态功能定位，综合考虑地市人口数量、流域面积、经济发展状况、案件密集程度和保护区等情况以设立流域生态法院。以长江为例，可在上游设立 2 ~3 个基层长江生态法院，下游设置3 ~5个基层长江生态法院，基层长江生态法院审理流域内的一审案件。再统一设置 1 ~2 个中级长江生态法院，受理上诉案件和流域内重大一审环境案件。除此之外，应当对司法配套机构进行相应完善，设置级别对应的公安和检察机关用以配合流域环境行政公益诉讼制度的实施。

第二，采取集中管辖与指定管辖相结合的管辖模式。针对集中管辖法院的性质，学术界存在两种看法：一类是专门法院，另一类是综合性法院。从《第四个五年改革纲要》的规定中可以看出，中央对于跨行政区划法院的定位是综合性法院。最初《行政诉讼法》对跨行政区划法院的构想，是期望法院能摆脱当地行政机关干涉，实现人、财、物的独立以达独立审判之目的，也非建立专门法院。但在跨行政区域管辖发展的过程中，集中管辖法院的定位已逐渐向专门法院靠近。与军事法院、知识产权等专门法院所审理的案件不同，对于流域类案件，专业性不是其唯一特征。普通行政案件跨区域的情况较少，但在流域案件中，污染范围和所涉监管主体跨地区的情况较为普遍。因此，针对流域案件建立跨行政区域管辖，有必要成为一种常态化管辖模式。

在实践中,各地普遍采用指定管辖来解决流域案件的跨区划管辖问题,这与指定管辖的立意不符,更不利于实现管辖统一。指定管辖只有在特定事由和法定情形下才能被使用,将处于次要地位的指定管辖用于跨区域管辖实践,违背了法律规定,有滥用之嫌疑。因此,有必要对环境资源类案件构建规范化、统一化的跨区划管辖制度。一是应当以“探索建立与行政区划相分离的管辖制度”政策为依据,在《行政诉讼法》中明确跨区划管辖的模式。二是在《人民检察院组织法》和《人民法院组织法》中对管辖相应的制度作出调整,以对应行政诉讼法对跨区划管辖的规定。三是在行政诉讼法及其司法解释中就起诉、移交、管辖权异议、交叉管辖等跨区划管辖的具体细则作出细化。四是构建专门法院实现跨区划管辖应当统一谋划,由中央就跨区划管辖作出统一规定,各省不宜再作出相反规定。

集中管辖的优越性很明显,能够提高案件的专业化水平,同时节约司法资源,但这并不意味着在所有案件中实施集中管辖都是最合适的,以指定管辖为集中管辖的补充是必要的。因此,应当构建以集中管辖为主、以指定管辖为辅的管辖模式。在当地司法机关与行政机关存在重大利害关系时,需要通过指定管辖以更好地实现独立审判的诉讼目的。

第三,将环保组织纳入环境行政公益诉讼原告范围。由于部分自然资源具有不可再生性,拓宽原告资格是环境保护发展之需要。虽然各个国家关于环境行政公益诉讼原告的规定不同,但从相关法律规定的发展情况来看,原告资格多元化是该制度的发展趋势。参考域外相关制度,原告资格的取得从“利害关系说”发展到“值得保护利益说”,原告范围也逐渐扩大到公民个人。

原告范围过小不利于流域保护的深入推进。环保组织在保护公共利益、缓解政府治理压力和发挥社会影响力方面具有一定优势,还能一定程度上代表民意。从经济实力和专业性上进行考量,环保组织也有能力提起诉讼。在民事公益诉讼领域,已将环保组织纳入原告范围并展现出一定效果。在行政公益诉讼领域探索将环保组织纳入原告范围,在理论上不存在障碍,在实践层面也有相应需求,急需这样一支专业队伍加入流域司法保护的行列。2020 年 1 月 1 日,来自我国各地的 25 家环保组织联合发起黄河流域保护的活动,从民间视角自发对流域进行保护,通过对环保组织内部资源、高校资源、相关政府单位资源、企业资源、社会及公共媒体资源的整合,对流域生态进行宣传和保护,其影响力不亚于国家机关宣传。对于这样的专业环保机构,应当赋予其环境行政公益诉讼的起诉资格,将其纳入原告资格范围。对此,可以先在部分地区进行试点,然后针对试点情况对环保组织的资格进行规定并向全国推广。公民个人暂时不考虑纳入原告范围,因为制度实施时间较短且制度不够完善,对于公民的起诉资格限制也未有深入研究和实践,直接将公民纳入原告范围容易造成滥诉现象,所以暂时不建议将公民个人纳入环境行政公益诉讼的原告范围。同时,由于诉讼的纯公益性质,为鼓励环保组织积极提起诉讼,应当建立配套的诉讼激励机制:由败诉方负担全部诉讼费用,并设立专门基金对胜诉环保组织进行奖励和支持。

第四,明确被诉流域生态监管主体。根据现有法律梳理,流域环境行政公益诉讼的被告主要是县级以上地方政府及水行政主管部门。从司法实践来看,被提起环境行政公益诉讼的被告也主要是县级政府和水利行政主管部门。在诉前程序阶段,明显有更多的行政机关被提出检察建议,如城管部门、住房和城乡建设部门及环保部门等。在当前流域保护职责分散在各个政府部门的情况下,需要从以下三点明确被诉主体的认定标准:

一是该主体是否负有流域保护的生态监管职责。我国流域保护是以政府部门和流域管理机构为主要义务机关,其他机关也具有一定义务,各机关职责不同并在各自领域内有相应职责。因此,只有确定流域内各机关的生态监管职责,才能要求该机关履行义务,才可以被提起诉讼,这就要求法院对被诉主体的资格进行合法性审查。合法性审查必须从现有规定入手,看现有规定是否明确相关主体生态环境保护职责。判断义务来源应当注重审核国家法律、行政法规、部门规章、地方性法规及地方规章,包括单位内部权力清单在内的规范性文件也是判断其是否具备相关职责的重要依据。

二是该主体是否存在履行流域保护生态监管职责的可能。法律不强人所难,如果行政机关根本不存在作为的可能性,法律也不能苛责于此。相反,如果负有法定责任的行政机关在当时存在作为的可能性,但又没有履行职责,法院就应当判决其履行职责。在人、财、物等方面,流域生态监管机构还没有做好充分保障,也是行政机关不能履职或者违法履职的重要原因。因此,行政机关具有流域生态监管履职的可能性、应当履行而不履行监管职责是认定其具有被告资格的标准之一。

三是行政主体是否全面地履行了流域生态监管职责。流域的生态保护是一项复杂的工作,其中牵涉到众多责任主体,而环境行政公益诉讼面临的首要工作是厘清主体之间的责任,在厘清主体责任后,就要看行政主体是否全面地履行了职责。司法实践中行政机关不全面履职的情况最常见,不作为的情况次之,违法作为的情况最少。对于行政主体是否全面履行,应当从行为、结果、职权三个方面进行把握:从行为要件来看,破坏环境的具体行为是否已经中止,若该破坏行为还未中止,环境公益必然还处于受侵害之中,也就没有做到充分履职。从结果要件来看,虽然破坏环境的行为已经被中止,但环境破坏仍然处于持续状态,负有监管职责的行政机关也不能坐视不管。从职权要件来看,如若以上两个条件均满足,就看是否穷尽行政手段,如果现有结果是在行政机关对所有行政手段进行运用后的结果,说明行政机关确实无法履行。应当考虑是立法滞后,或者其他现实原因。在这种情况下即便将行政机关告上法庭,行政机关也无法对所涉职责进行履行,因而没有起诉的必要。

第五,拓宽流域案件的受案范围。《行政诉讼法》第 12 条和第 13 条对受案范围作了规定。第 12 条规定的内容较多,该法条以列举加概括的方式进行表述,对可以受理的案件类型进行了肯定归纳。第 13 条通过否定式列举将不能受案的范围予以排除。具体到环境行政公益诉讼的规定上,仅第 25 条运用概括式进行了模糊规定。因此,应当明确流域案件的受案范围,对现有规则进行细化和解释。在具体受案范围的解释上,结合《行政诉讼法》《环境保护法》,并参考流域保护立法的规定,采用概括式加肯定式列举的方法进行解释,同时增加否定式列举将流域案件的排除事项予以规范。此外,应当将更多低位阶的规范性文件纳入司法审查的范围。参考域外相关制度，美国的公民诉讼、德国的团体诉讼及日本的民众诉讼都可以单独针对抽象行政行为进行起诉，将这一类行为纳入司法审查的范围。其中，美国可审查的范围最广，几乎所有的法律和法令都纳入司法审查的范围。德国对行政机关的违法审查既可以运用具体审查的方式，也可以运用抽象审查的方式。日本则直接规定可以针对规章以下层级的规范性文件提起诉讼。

当前我国法律不允许单独审查抽象行政行为，但其对具体行政行为的影响很深，二者可以说是一体两面，在性质上不可分割。我国法院只能在裁判主文中对正确的规范予以写明，对错误的规范不予适用。《行政诉讼法》司法解释对抽象行政行为的审查进行了规定，法院不可单独就抽象行政行为进行审查，只能进行附带性审查，并且审查层级在规章以下，该规定实际上明确了我国法院具有一定司法审查权。地方政府规章是地方利益的主要保护者，处于被审查的范围之内。因此，建议在提起流域案件的诉讼时一并对不合理的规范性文件进行审查，并将审查结果及时通报被审查规范性文件的上级政府。此外，探索将抽象行政行为纳入单独起诉的范围，对行政机关的行为作出正确指引，同时更好地实现流域保护立法的协调性。

第六，公益诉讼从试点到正式实施已有几年，但比起三大传统类型案件，仍然处于摸索向前的阶段。政府及领导对公益诉讼的态度比较谨慎，更多的是在两会期间以检察机关工作报告的形式向参会代表报告工作情况，代表难以通过工作报告的数据直接了解公益诉讼的工作模式和实践难点。今后，各地检察机关应当积极主动向党委、人大开展专题报告，让党委、人大等熟悉公益诉讼、支持公益诉讼，继续完善党委考核制度、人大报告制度及监察委线索移送制度。

第七，检察机关与行政机关共同建立调查取证合作模式。要加强检察机关和行政机关的交流，强化共赢观念，检察机关并非处于行政机关的对立面，在环境公益上二者的根本利益是一致的，都是为了更好地维护环境公益。检察机关应当与环保局、水利局、住建局等监管部门建立充分沟通交流、开放合作的诉前模式，探索和谐高效、适度对抗的诉讼模式。

第八，加强检察院公益诉讼法治宣传。依托新媒体对检察院公益诉讼进行宣传，鼓励人民群众参与公益诉讼线索提供的活动。某地上线微信公益诉讼“随手拍”，通过微信就可以上传环境污染破坏的照片、视频和定位，并能进行污染情况的简单介绍。便利的模式更能鼓励广大群众参与公益诉讼线索提供，能减轻检察机关的取证压力，并且能提早预防危害的扩大。

第九，赋予检察机关采取强制措施的权力。检察机关在行政公益诉讼中不具备采取强制措施的权力，如遇侵权人和行政机关不配合，会直接影响检察机关调取证据。从《人民检察院组织法》和《人民检察院检察建议工作规定》的规定来看，检察机关虽有调查核实权，却没有采取强制措施的权力。当前最高人民检察院提出构建“民事、行政、刑事及公益诉讼”四大检察模式，在取证模式上也应当予以对应，分别为：民事案件取证模式、行政案件取证模式、刑事案件取证模式以及公益诉讼案件取证模式。以上四种取证模式并不是互相排斥的，在同一案件中完全可能存在交叉。就当前的立法规定来看，在公益诉讼中检察机关可以天然地利用民事取证模式，即走访、对陈述人录音以及询问证人等。但只依据民事取证模式和行政取证模式，并不足以应对流域类环境行政公益诉讼案件，取证手段不够有力且固定证据的时效性较差，不利于流域生态全面保护。从性质上来说，环境行政公益诉讼应当采取刑事取证模式，而不是只遵循传统的民事取证模式，《行政诉讼法》及公益诉讼相关立法应当对这一刑事取证模式予以确认。

（三）诉后程序完善路径

流域多方应通力协作共同破解执行难问题。

第一，应当将执行结案的数量纳入检察单位的考核标准内。目前检察机关的工作报告主要强调立案和起诉的数量，对案件执行情况重视程度不够。将执行结案数量纳入硬性考核标准，可以加强检察机关对执行程序的重视，以合理分配检察力量用以提高案件执行率。

第二，发挥河长制在促进执行落实方面的优势，构建河长办公室与检察机关联合督促执行的协作机制。实践中河长制已经在线索排查、线索移送等方面显露优势，也在各行政机关责任落实和责任督促上发挥着重要作用。河长在与生态监管机关的交涉对接上不似司法手段强硬，具有天然优势，在执行实践中发挥了良好作用。在黄河流域“携手清四乱”流域保护专项活动中，检察机关与河长办公室共同发力促进多起案件顺利执行。因此，有必要建立检察机关会同河长办联合督促执行这一协作机制，用以督促生态监管机关落实生态责任。

第三，注重运用代履行手段以解决流域案件执行难。在执行过程中，行政机关只承担监管职责，其行政相对人才是流域环境治理和修复的直接义务人。若环境修复任务简单，行政机关可以直接督促相对人完成，但对于较复杂的修复任务，相对人通常没有能力独立完成修复。在现有的行政诉讼规范框架内，环境领域的行政机关很难强制执行。在执行中遇到相对人不能履行的情况，可以委托专业第三方实施代履行尽早完成对流域环境的修复，然后再向相对人追偿。为解决执行困难的问题，应当在环境行政公益诉讼执行程序中引入代履行，并不断对代履行机制进行探索和完善，以更好实现流域治理和修复之目的。

第四，促进流域内司法机关与行政机关的工作交流，加强公检法与环保、水利、住建等部门的信息互通。加强流域的上游和下游、左岸和右岸、主要干流机构的信息互通，运用云数据建立信息共享，通过信息互通实现一体化执行。在文书送达、调查取证以及执行等方面进行合作。建立法院之间的流域跨地区协作机制，在执行和送达上进行深入合作，并且针对跨区域的案件进行专门磋商，为跨地区流域案件的审理和执行提供便利。

第五，进一步加强诉后执行程序的监督。执行是环境行政公益诉讼的最后一道程序，环境修复和治理在执行过程中完成，执行效果良好是该制度所追求的目标。为实现流域环境的良好治理，必须对诉后程序进行有效监督。一是完善检察机关监督法院启动强制执行程序。我国检察机关被赋予了双重身份，既是法律监督机关，也是公益诉讼人。虽然两重身份的叠加为检察机关的定位带来一些困难，对实践也产生一定影响，但只要分清两种身份的适用场合，就能更好地发挥检察机关的作用。在诉讼程序中，应当发挥检察机关公益诉讼人角色的功能，依法提起公益诉讼督促行政机关履职。在诉后执行程序中,当行政机关久拖不治时,检察机关应当发挥其法律监督职能,督促法院启动强制执行程序以促使案件尽快执行。二是完善国家权力机关监督法院启动强制执行程序。我国权力机关是人民代表大会及其常务委员会,由人大及其常务委员会对法院的执行进行监督具有法律基础,同时也具有相应的法理基础。人民代表大会及其常务委员会对法院进行执行监督的基础来自我国政治体制。《宪法》对此进行了专门规定,我国最高人民法院是由全国人大产生的机关,应当受其监督并对其负责。具体到执行监督层面,人大可以要求法院进行工作汇报,也可以运用个案监督的方式行使权力。在流域环境行政公益诉讼案件中,法院的内部监督效果有限,应当适当强化国家权力机关的监督,以保证案件的顺利执行。通过案件的良好执行,起到相应的督促和指引作用,引导生态监管机关积极作为,形成自觉维护流域环境的氛围,以促进流域保护和生态文明建设。

第五节　流域生态环境协同治理司法协作机制的建构

流域生态环境协同治理司法协作机制的建立健全对于推进我国生态文明建设、构建人类命运共同体具有重要意义。司法是流域协同治理的兜底性环节,司法协作机制的合理设计对于流域生态保护与高质量发展至关重要。加强流域生态环境协同治理司法协作研究,着眼国家层面司法协作,探究流域生态环境协同治理的司法协作机制,重塑司法协作理念,健全司法协作机制的法律及其制度体系,统一司法行政发展规划,是流域生态环境协同治理司法协作机制建构的应然路径。

一、流域生态环境协同治理司法协作的法律溯源与评析

(一)流域生态环境协同治理司法协作的法律溯源

司法协作机制是实现流域生态环境协同治理法治化的重要保障,法律法规是司法协作机制得以构建的权威依据。流域生态环境协同治理司

法协作机制立足于科学完备的法律制度。随着生态文明的推进,流域生态环境协同治理司法协作的全国性法律不断完善,但问题依然突出。

我国流域生态环境协同治理司法协作机制法律采用分散式单项立法模式,即以《环境保护法》为中心对环境保护与资源开发司法协作机制进行原则性规定,以专门性法律对流域司法协作机制进行立法规制。目前有30多部涉及流域生态环境治理司法协作机制的法律,主要存在于《水法》《防洪法》《水污染防治法》《水土保持法》等水资源管理法律以及《黄河保护法》《长江保护法》等流域综合性法律。《水法》第57条规定:"单位之间、个人之间、单位与个人之间发生的水事纠纷,应当协商解决,当事人不愿协商或者协商不成的,可以申请县级以上地方人民政府或者其授权的部门调解,也可以直接向人民法院提起民事诉讼。"为司法部门与政府相关部门对于流域内水事纠纷实行司法协作统筹监管、生态环境协同治理提供了基本的法律依据。《防洪法》第62条规定:"截留、挪用防洪、救灾资金和物资,构成犯罪的,依法追究刑事责任。"防洪管理中司法部门承担兜底性责任。《水污染防治法》第97条规定:"因水污染引起的损害赔偿责任和赔偿金额的纠纷,可以根据当事人的请求,由环境保护主管部门或者海事管理机构、渔业主管部门按照职责分工调解处理,调解不成的,当事人可以向人民法院提起诉讼。"基本明确了水污染防治中行政部门与司法机关的生态环境协同治理模式。2020年10月,中共中央、国务院印发的《黄河流域生态保护和高质量发展规划纲要》指出,流域各省区经济联系度不高,分工协作意识不强,亟须完善高度协同发展机制,加强流域司法协作体系建设。《黄河保护法》第105条规定,国家加强流域司法保障建设,组织开展流域司法协作,推进行政执法机关与司法机关协同配合,鼓励有关单位为流域生态环境保护提供法律服务。[①]

(二)流域生态环境协同治理司法协作的法律评析

第一,当前流域司法协作机制的相关法律规定抽象性较强,缺乏可操

---

① 参见刘志仁:《黄河流域生态环境协同治理司法协作机制的建构》,载《法学论坛》2023年第3期。

作性。不同的流域因环境要素不同而呈现出不同的生态特征,全国性法律规定的司法协作机制很难有效解决特定流域生态环境协同治理运行不畅问题。

第二,现行水资源管理法律针对司法协作机制作出的原则性规定,调整领域相对较为单一、分散,很难适应流域具有整体性、复杂性和超大规模性等特点,[①]司法协作机制的构建与运行在实践中会出现碎片化和低效性。

第三,《长江保护法》《黄河保护法》作为综合性流域法律已颁布,但从其现在的规定看,仍然缺乏对于流域生态环境协同治理司法协作机制制度性安排的具体规定。流域生态环境协同治理司法协作机制具有主体跨地域、客体要素复杂、案件证据收集困难、裁判周期较长等特点,分散在各专门法律中的流域司法协作机制实体性法律规定并不能满足流域生态环境协同治理对于司法资源的高度需求,急需一部法律将流域生态环境协同治理司法协作机制体系化、制度化。

第四,我国流域生态环境协同治理司法协作程序性立法滞后。流域司法协作机制作为推进流域生态文明的重要路径,还没有国家层面的法律制度作出具体安排。这会导致地方司法协作机制程序运行缺少上位法支持,不利于流域地区司法部门依照法律规定行使职权以保证流域生态环境保护案件裁判的协调与统一。

第五,流域司法协作机制运行中,专门性的流域司法缺位。我国尚未设立专门性流域生态环境法院,流域生态环境犯罪案件一般交由本地区法院环保法庭进行审理裁决。在这种审判模式下,流域司法案件的责任追究与地方政府政绩的关联度较高,易受到地方保护主义的影响。从流域的司法实践看,几乎每一类违法行为的发生,都涉及上下游、左右岸以及区域和流域的关系问题,地方司法机关处理起来面临地方保护干扰与法制统一的难题,[②]流域司法的公正性与权威性很难维护。

---

① 参见肖融、柯坚:《〈黄河保护法〉制定背景下流域宏观生态调控机制建构》,载《重庆大学学报(社会科学版)》2022 年第 2 期。

② 参见孙佑海:《流域生态环境违法行为司法应对之道》,载《环境保护》2020 年第 Z1 期。

第六，流域司法协作机制运行中，政府部门与司法机关衔接环节的法律规定不严密。流域生态环境违法犯罪案件一般先由行政机关介入进行执法程序，待调查清楚案件事实达到犯罪程度后由司法机关介入。司法机关与行政部门之间的衔接协作是否顺畅合理直接影响司法协作机制运行效率。我国流域法律法规在行政部门与司法机关之间的工作衔接与证据移交机制的建立方面有待完善，致使许多本应进入司法程序的流域生态环境违法犯罪案件未进入司法程序，本应移交的证据因机制不健全未进行移交致使证据链不完整，最终导致法院的漏判错判，直接危害流域司法的公正与权威。

第七，流域司法协作机制运行过程中，司法队伍建设的法律规定缺位。流域生态环境协同治理包含生态环境、资源利用、社会经济等多个要素，相关案件的复合性、专业性使得流域司法协作机制跨地域运行相较于一般民事、行政、刑事的运行难度更大，对司法参与人员的专业素养要求更高。目前，我国司法系统中具有流域生态环境保护的专业性、复合型司法人才较少且分布不均，流域司法协作队伍的建设无法满足流域司法的实践需求，急需完善流域司法专业性、复合人才培养的相关规定。①

二、流域生态环境协同治理地方性司法协作的镜鉴

2020 年 7 月，最高人民法院《关于为黄河流域生态保护和高质量发展提供司法服务与保障的意见》提出，要"充分发挥审判职能，为流域生态保护和高质量发展提供公正高效的司法服务与保障"。顶层设计的不断完善，为流域治理百年大计提供了新的机遇与挑战。流域生态环境协同治理司法协作机制建构的目的是推进流域司法制度向专业化、协同化方向转型，实现流域司法协作的科学化与制度化。其内涵是以流域司法协作为方向，以专业化司法裁判为目标，建立多类型司法机构协作方式的司法协作体系，以专业化的司法裁判保障流域生态环境与高质量发展统

① 参见刘志仁：《黄河流域生态环境协同治理司法协作机制的建构》，载《法学论坛》2023 年第 3 期。

筹推进,实现流域生态环境协同治理法治化的全面建设。在流域生态保护和高质量发展的大背景下,应大力加强流域司法协作机制建设,建立健全流域内司法联动机制。探析黄河流域内较为典型的河南省、山东省地方司法协作实践运行状况,对于构建流域生态环境协同治理司法协作机制尤为重要。

(一)河南省流域生态环境协同治理司法协作实践镜鉴

河南省作为黄河流域中下游分界点所在地与黄河水利委员会所在地,其司法协作实践对于全国流域生态环境协同治理司法协作机制建设具有示范性作用。为实现流域生态环境司法协作机制高效运行,2020 年 8 月 10 日,河南省高级人民法院印发《关于实行省内黄河流域环境资源案件集中管辖的规定》,决定由郑州铁路运输两级法院对于豫西、豫北 9 市的 44 个区县、7 个开发区所属的黄河流域范围内的环境资源民事、刑事、行政案件及公益诉讼案件进行统筹管辖。为配合河南省高级人民法院这一规定,河南省人民检察院随后发布了《关于实行省内黄河流域环境资源刑事案件集中管辖的规定》《关于实行省内黄河流域环境资源检察公益诉讼案件集中管辖的规定》,河南省黄河流域司法协作机制实践呈现出以下可借鉴之处:第一,自上而下实行司法协作制度化。由河南省高级人民法院和高级人民检察院进行流域环境资源案件统筹管辖,河南省流域生态环境协同治理司法协作机制呈现出以省级两院的司法文件为指导,自上而下进行改革的特点。第二,从公众环境根本利益出发进行司法协作机制设计。由郑州市铁路运输两级法院对河南省黄河流域环境资源案件进行统管,切合流域生态环境案件系统性、复合性、规模性的特点,体现了地方司法捍卫流域公众环境利益的精神。

(二)山东省流域生态环境协同治理司法协作实践镜鉴

山东省位于黄河流域下游,黄河山东段全长 628km,于垦利县汇入渤海。其河道上宽下窄,水流速度逐渐增加,泥沙大量淤积,河道增高,形成典型的“地上悬河”。2020 年 8 月,山东省滨州市滨城区、邹平市、惠民县、博兴县、开发区五家沿线法院签订了《黄河流域生态保护司法协作机制框架协议》,提出五区(县)法院构建流域司法协作机制,通过实行黄河流域环境案件集中管辖、多地多单位审执协作，实现司法信息共享，保证黄河流域（滨州段）环境资源案件的审判质量。并设立黄河水利风景区环境资源审判巡回法庭及司法修复基地，开创了流域生态环境协同治理司法协作机制新局面。此外，山东省高级人民法院和黄河河务局联合印发《关于建立黄河流域生态保护与高质量发展服务保障机制的意见》，提出要进一步加强执法与司法衔接机制，由人民法院在河务局设置法官工作室，加强流域管理部门与司法部门的对接，并要求建立流域民事、刑事、行政案件“三合一”审判机制，实现流域案件统一管辖。山东省流域司法协作机制实践体现出以下可借鉴之处：第一，重视司法裁判与生态环境修复的协同。《黄河流域生态保护司法协作机制框架协议》和《关于建立黄河流域生态保护与高质量发展服务保障机制的意见》明确提出，建立生态环境司法修复基地，由河务局牵头成立生态环境修复评估小组，负责修复的监督。既重视流域案件的公正裁判，又强化环境修复实效，多层次推进实现流域大保护、大治理。第二，强调行政与司法的协同。流域生态环境协同治理司法协作不只是司法系统一家之事，山东省司法协作机制克服职权主义的弊端，加强了司法部门和流域管理部门的深度协作。①

（三）流域生态环境协同治理地方司法协作的“短板”

近年来，河南、山东两省通过完善流域司法协作机制，司法治理成效显著，生态环境状况得到了很大改善。两省司法协作机制实践取得了一定效果，但仍存在一些问题。

第一，司法协作机制运行实践中，专门法院对流域环境资源案件的统筹管辖缺乏上位法依据。2012 年最高人民法院发布的《关于铁路运输法院案件管辖范围的若干规定》将铁路运输法院的管辖范围限定为 3 种刑事案件和 11 种民事案件，其中并不包括对于流域生态保护案件的管辖权，河南省这种由铁路运输法院对于流域环境资源案件进行统筹管辖的模式缺乏上位法支持。

---

① 参见刘志仁：《黄河流域生态环境协同治理司法协作机制的建构》，载《法学论坛》2023 年第 3 期。

第二,司法协作机制忽视行政与司法协同配套制度支持。河南省人民检察院《关于实行省内黄河流域环境资源案件集中管辖的规定》对铁路运输法院管辖范围进行了明确规定,但司法作为依法治国的重要环节,其与立法、执法等治理环节的有效衔接直接决定了法治体系的整体建设成效。河南省目前还未出台生态立法、行政执法与流域司法的配套衔接制度规定,使流域生态环境协同治理司法协作机制实践成效大打折扣。

第三,司法协作机制运行缺乏专业化司法资源支持。由于河南地方铁路运输法院的管辖范围仅限于铁路运输相关的民事、刑事案件,对于流域环境侵权、公益诉讼等案件,该院法官专业化程度、裁判经验不足,不利于实现流域生态环境案件裁判的公正与权威。

第四,司法协作机制参与主体及其参与方式的规定缺乏可操作性。山东省《关于建立黄河流域生态保护与高质量发展服务保障机制的意见》提出,应统筹流域生态保护司法需求,实现流域环境污染、生态破坏案件集中管辖,但并未明确由哪一级哪类法院进行管辖,规定无法进行实践操作。

第五,忽视流域司法协作机制实践中公众的参与。公众、企业作为流域司法协作机制运行的直接受益者和责任者,有权对流域司法协作机制进行全过程参与监督,可山东省《关于建立黄河流域生态保护与高质量发展服务保障机制的意见》只提到"探索建立黄河河务局工作人员参与涉黄河案件陪审制度,会同司法行政机关选定黄河管理系统人民陪审员"。将流域生态环境案件人民陪审员选择范围局限于管理系统,忽视了公众参与流域司法协作。流域生态环境协同治理司法协作机制改革具有多层次性和复杂性,广泛的司法信息共享和披露,使公众拥有表达观点和关切的渠道,这对于流域司法形成有效的监督和制约、维护司法公正具有积极的推动作用。

河南和山东两省司法系统对于流域生态环境案件统筹管辖是我国流域生态环境协同治理司法协作机制运行的重要尝试,虽然仍有不足之处,但对于其他省份流域司法协作体系的建立健全具有重要示范作用,也是切实增进流域的整体利益、确保治理稳定与可持续的关键。①流域司法协作是流域生态环境协同治理法治化在司法实践领域的具体应用，其前提是：

第一，合法性是流域生态环境协同治理司法协作的基本依据。在流域司法程序中，参与主体对于法律法规权威性的认可和服从是司法协作作为流域生态环境协同治理的兜底环节和高效运行的重要前提，既包括司法机关对权威法律法规的遵从与裁量，又涵盖司法案件参与者对公正司法的高度认同感。

第二，责任性是流域生态环境协同治理司法协作构建的关键。流域生态环境协同治理司法责任追究是司法主体维护流域司法公正权威的重要保障。在流域生态环境协同治理司法协作运行过程中，司法裁判人员、司法辅助人员行使国家司法权力应于法有据，徇私枉法致使公众生态环境权益受损的人员，应追究法律责任。

第三，公众性是流域生态环境协同治理司法协作构建的重要组成部分。流域生态环境协同治理司法协作运行应充分保障企业、公民、社会团体等主体的参与权。公众对于流域司法协作实践成效享有宪法上的知情权、参与权和监督权。在流域生态环境协同治理司法协作实践过程中，公众参与既能提高司法决策的科学性，又能强化公众对于流域生态保护与高质量发展的社会意识，还能提升公民对于政策、法规的理解和支持度，减少流域生态环境保护与公众环境道德意识在流域司法协作运行中的矛盾与冲突，实现流域生态环境协同治理法治化的善治目标。②

三、建立和完善流域生态环境协同治理的司法协作机制

建立和完善流域司法协作机制，依法治河，依法兴水，是延续和复兴华夏文明的重要保障。③ 完善司法协作机制对于流域生态环境协同治理

---

① 参见李萌：《流域生态环境区域协同治理需要新思路》，载《中国发展观察》2020年第Z8期。

② 参见刘志仁：《黄河流域生态环境协同治理司法协作机制的建构》，载《法学论坛》2023年第3期。

③ 参见吴浓娣、刘定湘：《〈黄河法〉的功能定位及立法关键》，载《人民黄河》2020年第8期。

具有底线保障作用，是生态环境协同治理法治化有序运行的兜底环节。从司法协作理念的重塑、司法协作机制法律依据的健全、司法行政规划的统一、司法机构的设置四个维度构建流域生态环境协同治理司法协作机制是实现流域生态保护与高质量发展的应然选择。

（一）流域生态环境协同治理地方司法协作的“短板”

流域生态环境协同治理司法协作机制改革应当充分体现流域生态、政治、经济、社会、文化的融合发展，[①]以习近平法治思想和生态文明思想为指导，保障流域生态环境协同治理符合依法治国的大方向。建议从以下三个层面推进流域生态环境协同治理司法协作理念的重塑。

第一，流域司法协作理念重塑应遵循流域的整体性、系统性，树立以流域为单位进行司法协作机制改革的生态理念。流域涵盖多种生态要素、覆盖多种权利主体，目前流域内通常采用的以行政区域为单位的审判模式，存在判案标准不统一、法官认知水平差异大、处罚力度不相同的问题，削弱了流域司法的协作性。应树立以流域为单位的系统性流域司法协作思维，协调好流域上下游各省（区）生态环境案件裁判司法资源，保证流域内案件判决标准的一致性，提高司法协作机制运行效率。

第二，流域司法协作理念重塑应遵循“绿水青山就是金山银山”的生态理念。流域司法协作机制应在习近平生态文明思想的指导下，注重生态系统与社会经济的协同发展，不仅能够保障生产力的发展还能将流域自然生态优势合理地转化为社会经济优势。经济的发展必须遵循自然规律和社会规律，破坏流域生态环境的经济发展实际上是透支了社会进步的潜力，严重情况下甚至会危及物种的生存。在流域司法协作理念重塑中需要将生态环境作为依托，以实现社会经济长久发展。

第三，流域司法协作理念重塑应该遵循“创新、协调、绿色、开放、共享”的发展理念。流域司法协作机制实践应注重加强对公民、企业自主创新的支持与宣传，充分挖掘社会资本潜力，以公众生态权益为导向进行全流域的生态环境协同治理。协调与发展是流域司法协作机制改革的重要

---

① 参见方印、李杰：《〈黄河法〉制度体系设计论纲》，载《人民黄河》2021年第11期。

指导，在流域范围内统一全面协调司法资源，能够有效缓解司法机关与公众、社会与环境之间的矛盾。遵循绿色理念，将生态环境协同治理理念作为经济发展与环境保护的平衡点，在进行经济建设的同时考量生态环境的承受能力，实现社会经济的绿色发展。秉持开放的理念从流域生态环境协同治理司法协作机制实践着手，加强流域内不同行政区域流域司法协作理念重塑经验的共享，共同进步、深化发展，克服流域司法协作实践中的地缘主义弊端，增强流域司法的联动性。①

（二）流域生态环境协同治理司法协作法律及其制度体系的健全

流域生态环境协同治理是以水资源保护、利用、开发为中心，与土壤治理、有害气体防治、野生动植物保护相联系，流域内经济社会发展、人口变化趋势、文化多样性互相影响的一个完整的治理体系。流域生态环境协同治理司法协作机制参与主体具有多元性，包括司法机关、政府部门、企业及公众。应构建以流域司法机关跨地域协作为主要内容，以司法公众参与平台为补充，以行政与司法衔接为配套的司法协作制度体系。传统的水资源管理法律如《水法》《水污染防治法》《水土保持法》的客体均为水资源，法律规制内容具有单一性，只限于水资源管理的某一环节。流域涵盖多种生态要素，互相联系、互相影响、互相制约，任何一个要素的缺失都会导致流域这个生态系统出现失衡。目前，我国以环境要素为规制对象、客体单一的水资源管理专项性法律中的司法协作机制规定并不能对蕴含相互联系的多个环境要素的流域生态系统施以应有的司法保护。流域生态环境协同治理司法协作机制法律应该突破目前环境资源立法客体单一的固有模式，以流域高质量发展为根本诉求，将司法协作管辖范围适度扩展到土壤、大气、野生动植物等与水资源息息相关的生态环境要素。司法协作规划设计与国土空间规划、国民经济规划相协调，形成一部以保护水资源、水生态、水环境为主线，涵盖流域内土地管理、土壤保护、大气排放、野生动植物保护区设置等要素的司法协作制度体系，作为流域

---

① 参见刘志仁：《黄河流域生态环境协同治理司法协作机制的建构》，载《法学论坛》2023年第3期。

生态环境协同治理司法协作机制改革的根本法律遵循。良法是善治之前提，应从多个层次完善流域生态环境协同治理司法协作机制法律规定。

第一，因地制宜完善流域生态环境协同治理司法协作机制程序性法律规定。法律应明确界定流域司法协作机制中司法机关、政府部门、公众企业等主体的权责边界，为流域生态环境协同治理司法协作机制提供综合性、权威性规定。

第二，针对流域司法协作机制配套制度进行专项立法。在立法层面针对流域生态环境协同治理司法协作实践中出现的证据移交不及时、公众参与程度不足等问题出台配套制度，完善流域司法协作机制制度体系。流域生态环境协同治理司法协作机制是生态文明建设与依法治国相结合的重要环节，应将流域生态环境协同治理司法协作机制融入流域生态环境协同治理法律体系，实现流域生态环境协同治理的法治化。

（三）流域生态环境协同治理司法行政发展规划的统一

2021年9月，司法部印发《“十四五”司法行政事业发展规划》，这是党和国家机构编制的首部关于司法行政事业发展的整体性规划。流域生态环境协同治理法治化司法行政规划应以习近平总书记关于生态文明建设的重要讲话精神为指引，在统筹推进“五位一体”总体布局和协调推进“四个全面”战略布局的基础上，构建责任明确、规划专业、监督严格的流域司法行政发展规划，为流域生态环境与实现资源的永续利用提供保障。流域司法行政发展规划是以流域司法实践经验为基础，以案件高效裁判为中心的与社会经济发展相协调的长远规划。通过司法行政发展规划进行司法优化是提升流域司法实效的重要环节。第一，流域司法行政发展规划应充分协调本地区国土空间规划、国民经济规划，在规划阶段解决司法协作机制实践中司法机关与行政部门的衔接问题。第二，明确流域司法行政发展规划的法律地位，理顺不同规划间的逻辑关系，根据司法协作机制运行状况与全面发展情况及时对规划进行反馈与修正。第三，在现有监管机制的基础上，加强对流域司法行政发展规划实施情况的监管力度。引入专业第三方监管机构，构建公众监管平台，定期对规划实施效果进行检查，保证公众知情权与监管权的实现。

（四）流域生态环境协同治理司法机构的调整与设置

党的十八届三中全会提出“探索建立与行政区划适当分离的司法管辖制度”，党的十八届四中全会提出“探索设立跨行政区划的人民法院和人民检察院，办理跨地区案件”。深化流域司法协作机制改革，需破除司法机关自身设置及运行体系存在的桎梏，走流域环境司法的专门化道路。[①] 构建跨行政区流域司法机关是破解流域生态环境协同治理司法协作机制困境的重要环节。司法协作机制是推动流域生态环境协同治理法治化的重要抓手，[②]以流域为单位设立综合性流域司法机关能够提升流域司法专业化水平，实现流域司法资源的高效配置，克服流域生态环境协同治理与现有司法体系的固有矛盾，有效解决地方保护主义和条块管理的行政模式带来的权责不清的问题。根据流域上中下游生态环境特点，通过设立专门司法机构、跨区立案、巡回审判等司法协作配套机制，维护全流域生态环境案件裁判的整体性与一致性，促进流域生态环境协同司法保护。[③] 以流域为单位设立综合性流域司法机关能够统一案件判决标准、有效整合司法资源、完善行政与司法的衔接机制与证据移交机制，深化环境司法体系的建构，实现司法裁判的专项化，提高司法协作机制运行效率。建议从以下四个层面进行流域生态环境协同治理司法机关设置。

第一，设立流域综合性法院，实现流域案件集中管辖。以流域综合性法院为中心，与专门法院、环境法庭、流域管理机构及政府行政部门之间建立新型的司法协作机制，提高流域司法效率。

第二，构建有效的流域生态环境违法犯罪协同查处机制。司法的普遍原则是“不告不理”，但环境损害案件往往只是损害生态环境利益本身，导致部分流域生态环境违法犯罪案件缺少起诉主体，犯罪分子逃避承担其理应承担的法律责任。流域生态环境违法犯罪案件通常是先由水资

---

① 参见李景豹：《论流域生态环境的司法协同治理》，载《青海社会科学》2020 年第 6 期。

② 参见谢海燕：《流域生态保护和高质量发展体制机制探讨》，载《中国经贸导刊（中）》2020 年第 11 期。

③ 参见胡道才：《司法助力流域生态保护和高质量发展》，载《中国应用法学》2021 年第 6 期。

源政府管理部门进行查处，然后由其根据案件情况决定是否进入司法系统，这种案件查处模式并不利于提高流域司法协作机制运行效率。司法机关应牵头与相关行政执法机关创新衔接方式、拓宽沟通渠道，积极深化司法与行政执法协调与合作。① 在流域生态环境犯罪查处阶段，法院可借鉴山东省派驻基层司法联络室的方式与流域行政管理机构共同组建流域案件裁判队伍，共同进行流域违法犯罪证据的查处。

第三，提升流域生态环境治理司法协作参与人员专业化水平。流域生态环境协同治理司法协作不仅要求司法参与人员具备一定的法律素养和专业法律知识，还要求司法参与人员具备生态环境保护专业知识。在现有司法资源的基础上，拓宽人才培养渠道，与高校、环保组织共同培养具有流域生态环境保护专业知识与法律专业的复合型人才，为推动流域司法协作组建专门的队伍。②

第四，积极探索建设流域内行政区生态环境治理司法协作平台，充分利用目前成熟的司法资源。例如，2020 年 6 月，陕西省韩城市法院与山西省河津市法院，联合签订了《韩城—河津区域司法协作备忘录》，建立流域司法协作平台，就流域生态保护涉及的诉源治理、诉讼服务、审判执行、智慧法庭等多个方面开展跨区域协作，着力构建全方位、多领域、深层次的法院间协作模式。③ 通过建立健全区域司法协作机制，提升流域生态环境协同治理的稳定性、持续性和高效性。④

---

① 参见韩康宁：《从“协作”到“协同”：流域环境司法治理的进路》，载《河北环境工程学院学报》2022 年第 1 期。

② 参见刘志仁：《黄河流域生态环境协同治理司法协作机制的建构》，载《法学论坛》2023 年第 3 期。

③ 参见李宏伟：《以司法协作改革创新助推黄河流域生态保护》，载《公民与法（综合版）》2021 年第 11 期。

④ 参见周伟：《流域生态保护地方政府协同治理的内涵意蕴、应然逻辑及实现机制》，载《宁夏社会科学》2021 年第 1 期。

第八章　守法意识：中国流域一体化管理中的各方守约基石

水资源作为一种特殊的自然要素，应该与空气、土壤一样人人都有权享有以及人人都有义务保护，然而真正参与流域一体化管理的只是部分主体。“利益相关者”应通过流域协议的形式参与管理，如直接参与管理，提高对流域水资源管理的认识，通过当地社区进行水的管理和使用以激发公众参与流域一体化管理的主动性、积极性；“利益相关者”参与决策实行最重要的方式即有一个恰当的水价格体系，[①]政府把控好流域水资源的分配，相关机构按需供水。同时，多方主体参与流域协议不是简单地咨询和协商，为了更好地进行流域一体化管理就需要对“利益相关者”提出高要求，比如在能够影响流域管理所有层次上的社会结构的管理决策都要进行考虑。订立流域协议虽然是为了寻求流域管理问题的一致性，协调流域内的区域之间的各项资源的开发和利用，但更重要的是“利益相关者”和流域管理的相关官员要认识到可持续发展的重要性，流域一体化管理的可持续性就是要

① 参见郭继超、施国庆：《水资源一体化管理的概念及其应用》，载《水资源保护》2002年第4期。

对流域内的各种生态要素都予以综合考虑，不仅流域上下游能够共同发展，也要确保流域资源开发能够高效发展，通过牺牲自己的部分需求，承担对保护流域生态环境、可持续发展以及其他用水者利益的责任。关于管理的所有问题是否都能达到一致性，需要一个冲突解决机制。政府在流域协议中扮演着重要的角色，由政府牵头协调利益相关方，使参与流域一体化管理成为可能。比如，政府除了从政策层面促进参与，更要从实质方面帮助"利益相关者"参与能力建设，特别关注妇女和社会边缘群体的参与利益。这种帮助不仅体现在创造物质基础，为弱势群体的参与提供支撑，更要在教育、信任建设方面，提供良好的透明的信息资源。

第一节　流域管理机构在实施流域协议中的职责及其优化

一、流域管理机构的主要职责

我国实施流域协议的路径需从各方面加以完善，其中最重要的一环就是设置新型权威流域管理机构，[①]设置流域管理机构有利于协调和平衡流域各相关利益主体的不同利益，促进流域整体的可持续发展。因此，流域管理机构的设置应包括水、农、林、牧、副、渔等各领域的综合性管理机构。该综合性流域管理机构必须独立行使职权，不受其他行政机关、社会团体和个人的干涉，并赋予该流域管理机构一定的行政裁量权，来对流域协议的不利行为进行审查裁量。这种模式有利于政府对流域的统一规划与科学管理，使流域内各行政区划互相配合，实现从地方分治到参与共治的重大转变，最终实现流域水资源可持续发展的终极目标。由此可见，流域管理机构是实现流域协议的重要尝试，应具有如下职责。

第一，监督《水法》等相关法律法规的实施情况。彻底解决流域问题就需要强化相关法律法规的执行工作，比如对上位法进行细化，可拟订流

---

① 参见刘莹：《我国流域水资源治理体制法治化完善建议》，西北大学2019年硕士学位论文，第23页。

域性的水行政执法、水政监察、水行政复议，对水管理的纠纷和违法行为进行有效处理。

第二，组织开展以中央项目为中心的具有流域控制性的水利项目以及跨省、直辖市重要水利项目，[①]按照国家的授权，以全国一盘棋为指导思想，在地方大中型水利项目进行技术审查的前期工作准备下，统一制定流域内的中央水利项目的年度投资计划，使国家财政能够更好地用于流域水管理。

第三，统一管理流域水资源，流域内各地区应摒弃过去各自为政的治理方法，对流域协议的实施情况进行统一的评价，从流域整体性出发，以流域的实际生态承载力为基准，结合各地区地理区位、经济产业布局和水功能区划分等客观因素，对流域内省际水量分配方案和年度调度计划以及旱情紧急情况下的水量调度预案进行合理分配，实施统一的水量调度。同时通过指导流域内有关重大建设项目的水资源论证工作，实施取水许可制度协调流域内主要河流、河段的水文工作，以及地方节约用水工作。[②]

第四，根据法律确定的涉水政府部门权责，定期召开联席会议，就各自现有的水资源保护和水污染防治等信息互通有无，各地区环保部门可以就组织水功能区的划分，以及向饮用水水源保护区等水域排污的控制审定水域纳污能力，提出限制排污总量的意见，制定流域内的统一标准，负责各地区分界处的重要水域和江河湖库的水量和水质监测。

第五，组织制订流域防御洪水方案并负责监督实施，完善突发事件的预警和应急处理机制。授权该机构在流域协议的基础上对重要的水利工程实施防汛抗旱的统一调度，协调指导和监督流域防汛抗旱工作。同时应编制相应的应急预案，建立涉水职能部门组成对应小组，组织或指导流域内有关重大建设项目的防洪论证工作，收集相应的水文资料和相应的地理信息。

---

① 参见曾璐、张虎：《东西部水利区域合作模式研究》，载《水利科技与经济》2006年第9期。

② 参见蒋慈茂：《关于我国水资源管理的有关问题》，载《四川水利》2002年第5期。

第六，指导流域内协议各方对河流、湖泊及河口、海岸滩涂的治理和开发。在进行环境影响评价时要对授权范围内的河段、河道、堤防、岸线及重要水工程进行重点评价，对河道管理范围内的建设项目进行管理和保护，对流域内水利设施进行实时安全监管。

第七，对流域水土保持生态建设重点区完善跨界水污染监测的预警机制，尤其是对水土流失的监督与治理，组织对重要流域段的监控和水土保持动态监测，以做好相应的处置措施，更好地指导流域内水土保持生态建设工作。

第八，完善政府对流域内重要水利工程建设及水价电价的管理路径。通过不断丰富的政府和市场手段的调节，加强对流域内中央水利项目资金的使用、检查和监督。

第九，承办水利部以及相关部门交办的其他事项。

二、流域管理机构在实施流域协议中的职责问题

我国建立流域管理机构的尝试是自20世纪20年代开始的，然而经过多年的发展直到现在我国的流域管理机构仍是水利部的派出机构，且其中大多是副部级单位，而不是作为权力机构进行监督和管理。流域一体化管理是由法律确认并塑造的，在不合理的科层制组织结构下让一个副部级机构统管整个流域的合作协议管理工作，协调省级政府涉水部门在本流域内的相关工作，显然是困难重重的。这种组织结构片面强调和依赖自下而上的控制，被动地接受上级政府的命令，它们的主要工作重点涉及洪水、泥沙的防治，边界地区的水污染的政府间协作和编制相关的流域规划等。一方面，该组织机构基于大量的调研对流域协议的实施进行专业研究，侧重于说明流域政府间集体行动的重要性，而他们又无权过问行政及经济方面的事务；另一方面，在单纯的科层制结构下，这些管理部门作为事业单位存在，导致很少有政府能自觉主动去促进横向协商与合作，流域管理机构无权过问地方水资源开发、利用和保护问题，相互间围绕治理事务而产生的矛盾也就越来越多，长久以来，在流域水资源的一体化管理中流域管理机构仅享有有限的对流域协议实施的监控权和执行

权,基本处于一种“虚职”状态,实际权力有限,难以直接介入地方水资源的开发、利用和保护问题,难以形成流域一体化管理的主力军。[①]

另外,囿于单一的科层型组织结构,虽然我国是将流域管理与行政区域管理进行结合,但从实际情况看,流域一体化管理的法律机制的具体手段仍然是靠政府的纵向管理来实现的,以中央到地方各级的水管理机构为主的分块管理机制在发挥主导作用。但是单纯强调纵向管理关系,不仅使流域管理机构在流域协议实施过程中无法发挥应有的作用,还导致地方政府之间画地为牢、互相推诿、造成各地区分割管理的局面。为避免各地区政府从各自利益出发进行水资源的无序开发,导致水危机加剧的恶性循环,应当以流域管理机构为核心,赋予其一定的行政执法权,地方政府也应积极配合流域管理机构工作,服从其监督,避免各自为政的情况出现。

三、流域管理机构实施流域协议的职责优化

流域管理机构是我国流域管理治理体制改革的重要一环,是实施流域协议的体制保证。但是目前流域管理机构实施流域协议的有关法律规定不完善,应通过下列措施对流域管理机构实施流域协议的职责进行优化。

第一,优化大江大河流域的一体化管理结构。传统的以重要水体为“点”、以干支流为“线”的流域管理法律机制,应将流域的整体性即“面”考虑在内,比如在大江大河设立流域管理委员会。由中央政府领导,流域各省(自治区、直辖市)代表以及利益相关方代表共同参与流域协议的规划实施全过程,以保护流域生态环境为主要目的划定“面”的范围,协调解决跨行政区的矛盾冲突,负责相关流域政策的制定等工作。各地方政府及其职能部门要积极配合流域管理委员会的工作,切实做好本辖区流域协议落实情况的排查、监管等工作,贯彻和执行流域管理委员会的决定。并赋予流域管理委员会对流域联席会议的组织权,对政府间利益争

---

① 参见杨进怀等:《我国水资源管理现状及发展趋势》,载《水土保持研究》2007 年第 6 期。

端的裁判权，重建现行的流域管理机构作为流域管理委员会的办事机构，建立流域管理参与机制和咨询机制，充分发挥流域管理机构在流域一体化管理中的信息沟通、协调裁判的功能。同时根据权责一致的原则，在赋予流域管理委员会权力的同时，要加强对流域管理各个环节的监督，明确流域管理机构的协同责任，通过法规、规划建立以水环境治理流域合作为主要内容的标准。

第二，建立大江大河流域下属一级支流的组织优化机制。在中央的领导下，遵循全国一盘棋的政策指导，流域协议各方建立行政区内以及跨行政区的流域一体化管理和协调机制，完善流域协作管理系统组织结构和权责体系。如在相关法规和流域协议的框架下，有条件地开展自主治理，在水资源联系下的相关地方政府共同设立流域水管理委员会，且参与流域管理工作，使其作为解决流域内的区域性问题的专门决策机构，有效提升治理效率，并依托地方政府作为办事机构来执行流域水管理委员会的统筹工作。首先，推进协同监管是实现流域一体化管理的有效路径，一方面要对水环境为主的流域生态系统形成全方位的监控网络，通过强化对流域内生态要素变化情况的信息共享，消除流域生态监管盲区；另一方面以生态水和环境水为分析基础，主动对接国家对于水资源管理的要求，及时作出预测分析和预案处理。如从长江流域的水源涵养、水土保持以及石漠化治理入手，通过树立流域内生态“一盘棋”的思想，推进区域间的各生态要素的治理，充分考虑上中下游生态环境的差异，根据区域特色以及功能定位，逐步恢复水泊、湿地、沼泽等功能区，改善自然环境条件。其次，加大流域植被的恢复和涵养水功能提高生态治理力度。如长江流域以小流域治理为主的模式，上游地区实施退耕还林还草、休牧、轮牧、蓄草等注重对水源的涵养；中游地区要注重水土流失的预防，制止乱采乱挖药材和无节制的采矿行为；①下游要注重对湿地的保护，协同推进流域治理。最后，要建立流域水管理的协同监控体系，实行实时监测和智慧监管，引进先进的监测仪器，对生态修复的关键环节加强部署，形成全流域、

① 参见杨应梅：《三江源区水资源保护与利用》，载《节水灌溉》2005 年第 5 期。

全方位的动态监控。每个生态修复项目区布设不同数量的监测点，对项目区生物多样性以及植物群落等进行重点监测。建立生态信息共享平台，以便全面掌握水土保持生态修复建设的信息，杜绝信息"孤岛"现象的出现，为生态修复决策和监管提供科学依据，使监督执法队伍和流域监管队伍提高执法效率。①

第二节　各级政府及其部门在实施流域协议中的分工与协作

流域协议有效实施的基础条件就是政府部门之间的关系。建议从以下两个方面进行完善：首先，水是生命之源，与流域内经济社会所有领域的发展都息息相关，然而流域环境治理却是世界各国面临的重要难题。其中，治理主体的明确及其相互关系是实现流域协议的基本内容，包括如何在政府相关部门之间进行合理分工。流域管理的组织机构存在很多模式，其中在科层制的制度逻辑下，运用自上而下的层级控制方式，趋于精细化的专业分工是其基本的组织特征。流域协议在协调多元主体关系过程中发挥了基础作用，但是由于流域空间内主体的多元化，相互之间利益牵扯复杂，管理理念、手段等因素也是各有千秋，因此意在提高效率的专业分工甚至阻碍整体流域管理效率提升，从而形成分工悖论。其次，如前文所述，流域一体化管理是各国的难题，在目前都没有很好地解决，仅仅基于分工而产生的政府各部门难以单独实现职能。围绕分工悖论和协作悖论，流域环境管理中的政府部门之间，尤其是水行政部门与生态环境部门之间，政府主体和涉水非政府主体之间，需要共同协力推进流域一体化管理目标的实现。②

---

① 参见王海宁、谷建伟：《青海遵循科学发展观治理保护三江源》，载《中国水利报》2004年9月2日，第6版。

② 参见王清军、胡开杰：《我国流域环境管理的法治路径：挑战与应对》，载《南京工业大学学报（社会科学版）》2020年第5期。

一、政府部门在实施流域协议中的分工协作及挑战

第一,细化部门分工挑战。随着经济发展,环境的负荷日益加重,流域环境的治理已经迫在眉睫,传统的政府采取全能型和垄断式的集权管理不符合现代化流域管理模式的要求,因此流域协议对流域管理提出了精细化分工的要求。一是科学设置流域管理机构,除了地方设立流域管理委员会外,中央层面也要进行流域环境管理职权的统合与转移。2018年国务院机构改革方案提出,组建生态环境部,将环境保护部的职责,国家发展和改革委员会的应对气候变化和减排职责,国土资源部的监督防止地下水污染职责,水利部的编制水功能区划、排污口设置管理、流域水环境保护职责,农业部的监督指导农业面源污染治理职责等分散的生态环境保护职责进行整合。因此生态环境主管部门将地下水污染防治监管、入河排污口监管和水功能区划等三项重要的流域环境管理职权进行整合,改善了各部门相互交叉但是又各自为政的管理状态。在这一过程中,实现了流域环境管理权的转移,着眼于环境行政权的优化配置,从顶层设计的角度解决了主管部门设置不合理的问题。但是我们也要清楚地认识到,机构改革并非一日之功,这种统合实现了政府部门之间的分工。国务院组成部门的调整是职责的一个最基本的转换,随着分工的细化,各个行政部门在职责管理上必然存在交叉的地方,这就要求我们将行政权力事项划转到位,细化分工,理顺流域管理机制。二是设立流域生态环境监管机构,针对每个流域的实际情况,按照国家机构的安排,新的流域管理机构升格为政府派出机构,生态环境部在国家重要流域设立生态环境部流域海域生态环境监管局,拥有更加全面的管理职能,代表政府对专门流域海域行使生态环境监管职责,由生态环境部和水利部双重领导,赋予流域管理机构更多的职权,将多部门的分散执法转变为相对集中执法。这是在完善流域生态环境管理体制过程中的一次重大变革。同时我们也能清楚地认识到,流域管理层面上对于细化分工的尝试,表明我们正在试图将流域生态环境管理从流域管理进行分割,显然这种治理方式会对流域管理的整体性带来

系统性的变革。

第二,加强部门协作。面对复杂的流域管理事务,除了全国治理一盘棋的指导,地方政府各部门协作就成为流域协议能否有效实施的关键。细化分工并不能取代协作,分工只是对部门职责的一种细化,但是协作是对各部门职责的空隙进行填补,可以说政府部门细化分工是为协作服务的。因此,部门分工和部门之间协作二者并不是割裂开来的,而是互为补充的。近年来,我国在流域环境管理中不断摸索,其中,“河长制”是环境保护领域新颖的制度设计。所谓“河长制”是由各级地方政府党委、行政负责人担任本辖区内河流湖泊的“河长”,组织领导、统一协调负责水资源保护和水环境治理,通过严格的评价考核机制进行保障。“河长制”最先是在江苏省内的河湖流域全面推广的,可以说是地方自主创新的代表制度,然后由中央采纳,在总结地方经验的基础之上,为中国流域水管理开辟了一条具有中国特色的道路。毫无疑问,“河长制”将流域管理的主导责任赋予各级党政负责人,倒逼各级党政负责人在 GDP 指标和水环境质量指标之间衡量,从而作出一个全局性的安排,优化跨政府部门之间的协作机制,有效地克服了流域水环境治理的阻力。但是,从法律层面分析,“河长制”在权责分配方面失衡,依赖权力特征明显,围绕着“河长制”一直有着褒贬不一的声音。这也是该制度目前面临的困境。

二、政府部门在实施流域协议中分工协作的规范化发展

《中国环境保护 21 世纪议程》指出,中国水管理体制的主要机构问题是国家与地方部门的条块分割,流域被行政区人为切割,导致水环境管理不是以流域为单位,而是以行政区为单位,职责交叉多,各地区难以协调,更加阻碍了水环境管理,不利于我国水资源和水环境的综合治理。①

如何在流域协议实施过程中处理好生态环境主管部门和水行政部门

① 参见王渊、马治国:《我国水资源管理的改革研究》,载《科技管理研究》2008 年第 6 期。

之间的分工协作关系？在处理中央和地方政府在跨流域水管理中的关系上，分工协作成为一种普遍采取的措施。因为我国不可能取消行政区域建制，所以只能设立专门的机构以及加强生态环境主管部门和水行政部门之间的分工协作关系，地方政府部门之间的协作管理是较为现实和有效的选择。加大行政问责力度，能够在一定程度上为分工协作提供保障。但是不能仅仅着眼于生态环境主管部门和水行政部门之间，而要以整个流域"面"为基础，在整个流域内整合好部门协作，其中包括司法机关、事业单位以及社会团体。根据权责一致原则，明确不同政府部门在流域一体化管理中的角色和定位，促使流域内地方政府部门各司其职，各尽其责，否则各个部门之间的职责冲突会严重影响管理效率。

首先，水环境管理和水资源管理并行的管理模式打破了水资源开发利用与水环境保护的内在联系。水资源管理最重要的内容就是水资源合理开发和水污染防治，这两种行为相伴相生。人们过度使用和开发水资源超过了环境承载力导致水污染的发生，进而水环境质量下降，又会影响水资源的有效利用。因此，重视水资源的开发利用程度，提高水资源利用效率，强调水环境的保护，才能保持一定的水质和水量。①

其次，水环境管理与水资源管理并行割裂了水资源的生态属性和经济属性。这种双重管理体制迫使水资源区分出生态和经济双重价值。水环境管理是从生态价值出发，以保护水环境为目的。而水资源管理则是从经济价值出发，通过对水资源的经济性开发利用，以实现水资源的永续利用。二者分别进行，必然会导致各级政府不顾水环境保护而按需索取，造成管理水质的政府机构忽视水量，管水量的机构不管水质，人为使水质水量在流域管理中割裂开来，不顾流域水资源的一体性，只会加剧水环境的恶化。

各级政府官员绩效同地方经济发展密切相关，再加上法律对部门职责规定得模糊，导致地方政府担任了"理性经济人"的角色，都以本地区

---

① 参见吴玉萍：《水环境与水资源流域综合管理体制研究》，载《河北法学》2007年第7期。

利益为首要追求目标,如果部门之间的职权模糊、权力交叉,必然会导致地方政府部门以牺牲其他地区的利益来换取本地区的经济发展,导致在流域协议实践中协作困难。对于我国重要流域一体化管理来说,规范政府部门间的协作关系尤为重要。

第一,不同部门之间横向协作的规范化。在我国行政模式主导下,基本上形成了自上而下的科层制管理结构,在这种管理结构下各级政府实施流域协议的管理和指导工作。正是在这种同一政府系统不同部门的横向协作关系下,水利、生态环境等水环境治理相关部门的职责存在交叉和重复。面对流域内日益复杂和严重的水污染现状,依靠政府单打独斗行使行政权已经很难应对,横向层面上各级政府必须联合起来,在中央政府的统一领导下,在各地方政府职能部门之间构建一个以流域一体化管理为导向的对话平台,对流域环境问题进行全方位管制。同时,这种对话平台还可以和“河长制”有效融合,“河长制”本身就是通过将流域水环境管理的组织领导职责赋予政府负责人,打破部门和区域之间的壁垒,引进流域以外的权力资源,来有效地整合政府、市场和社会资源的协作机制,是对传统的科层制结构的改良和矫正,也为具体流域地方政府涉水部门间协作关系带来了一种全新的组织法机制,但是也要清醒地认识到每一种组织结构的利弊,从而更好地进行改善。

第二,不同政府内相同职能部门之间协作的规范化。随着经济一体化的发展,流域天然的整体性被行政区域切割得更加明显,各级行政区出于治理目标和地方保护的差异难以在流域协议管理中进行协作,更无法形成区域协作共同体。因此,尝试寻求一种路径来进行调整。首先,在流域内有关的省级政府之间尝试签署环境保护合作协议、区域环境保护统筹协调协议等一系列协议,政府部门之间以协议为基础,努力建立协同合作机制,实现部门之间协作关系的规范化。

第三,规范国家重要流域派出机构职责。国家设立流域管理机构的目的是平衡各方主体的利益并更好地提高流域内水环境的管理。这些机构首先要明确职责,避免和流域内其他管理机构产生利益纠葛,树立监督权威。各个派出机构之间要搭建流域协议管理信息平台,在中央政府部门的指导之下积极行使职权,协商沟通平台的制度化建构,促进协作关系的健康发展。

三、地方各级政府在实施流域协议中的环境监管职责

健全各级政府的协同监管体系是实现流域一体化管理的一个重要途径,流域管理机构的设置能够有效发挥这一效能,同时地方政府作为流域一体化管理的机构是监管体系中的中坚力量,在水能资源开发过程中对主体间利益协调化解。因此,内部约束机制的构建是政府环境监管部门对流域协议管理工作的落脚点。

目前我国最普遍的监督方式仍旧是行政层级的监督,在流域协议实施过程中,各级政府的行政决策对效果有着直接快速的影响,根据隶属关系、层级关系开展环境问责,上级行政机关对下级行政机关的环境监管履职情况进行问责和考核评估,对其所属下级部门环境监管法规实施具体情况监督问责,①如此一来便形成一体化的垂直流域协议监督管理体系。就具体的监督职责而言,地方政府以"环境监管责任"为目标,在立法层面明确我国环境监管问责机制应当遵守的原则——"党政同责"②。随着近几年行政机构问责力度加大,环境监管失职罪相关的案件也越来越多,要积极完善制度规定来为环境问责保驾护航。同时对水环境管理过程中相关政府人员不作为以及失职行为问责,严格追究其产生环境损害的法律责任,有效调动各级政府积极履行流域水环境管理的相关职责,使环境问责不再停留在口号阶段,最大限度地发挥问责机制在环境监管工作中的作用。

---

① 参见陈海嵩:《我国环境监管转型的制度逻辑——以环境法实施为中心的考察》,载《法商研究》2019 年第 5 期。

② 参见《党政领导干部生态环境损害责任追究办法(试行)》。

第三节　公众参与是流域各方遵守流域协议的重要配套机制

一、流域内公众参与机制缺乏

我国流域协议实施过程中又一个显而易见的问题就是公众参与机制不足。就公众而言，政府利用行政管理的手段来对流域水环境进行一体化管理，忽视了公众在这一过程的重要作用，导致公众平等参与流域生态环境和保护的观念淡薄。我们应该认识到，公众是流域水资源使用和生态环境保护的直接参与者，公众参与更有利于流域协议实施的科学化和民主化。外国学者K.威廉·伊斯特针对我国流域管理的模式就曾指出，我国往往是从工程的角度规划流域管理，但是有关专家并非来自流域地区，使决策和现实相分离。同时，作为对流域最熟悉的居民无法建言献策，就导致制定的流域规划空而大，没有办法很好地落实到流域管理中。综上所述，在缺乏公众参与机制背景下签订的流域协议，不利于多元主体力量的有机整合，共同参与流域一体化管理。事实上，近年来，公民对参与流域一体化管理的意识不断加强，理论界和实务界达成一定共识，即流域生态环境治理不再单纯是政府的责任，而是社会的责任，政府、企业和普通公众共同但又有区别的责任。公众参与将使管理规划的可行性和流域一体化管理的效率大幅提升。我国水资源立法要从过去的传统理念中转变过来，从法律上保障公众参与的权利，不再过于强调国家的环境保护权力。目前，我国《环境保护法》《水法》《长江保护法》《黄河保护法》对公众参与进行了笼统规定，但是程序性较弱，并且公众参与的激励措施不完善，实施效果有待提升。

二、公众参与机制缺乏产生的问题

（一）公众与政府难以形成互动

目前，关于流域协议的实施我国公众参与程度较低，其中最重要的原因是缺乏公众参与渠道以及公众参与机制不完善。

第一，信息不对称。由于水资源本身具有较强的流动性，污染物会在流域内逐渐累积，致使污染具有一定的潜伏期，小区域范围的污染，会随着水流转移到其他区域，最终导致整个流域的污染；另外，各个辖区交界地带的流域是监管最薄弱的地区，更容易出现水污染的现象。在大多数情况下，污染者会比较早地掌握水污染情况，但是在利益的驱动下，污染者往往会故意隐瞒污染的信息，只有当水污染区域范围不可控时，公众才能获知相应的情况。而为了提供相关的污染证据，公众必须通过特定的监测技术和相应的专业研究人员，来对污染源进行认定和对跨界水污染造成的损失进行评估。因此，公众维权就会需要极大的信息成本，导致公众监督积极性不高，维权效果较差。政府与公众的信息渠道不对称，政府信息公开不够透明，公众了解信息的渠道有限，因此很难高效地参与流域跨界水污染的治理。

第二，缺乏资金和人才支持。虽然我国成立了很多水污染监管的社会团体，如环保组织，但是环保组织作为社会公益性组织，社会知名度较低，没有足够的优势来吸引专业人才的加入，因此环保组织整体专业化水平不高，没有趁着当前的互联网红利进行较好的宣传，只能从事初级的环保活动，难以在社会上形成较大的影响力，对政府决策制定的影响更是微乎其微。

(二)企业与政府协作困难

科层制组织结构模式在我们行政系统内部根深蒂固，如果想实现从自上而下命令式的管理模式到多元合作共治的转变，政府便不能再一味地强调以行政命令、突击行动、执法大检查等行政手段来对市场主体进行“外部约束”，这些行政手段已经很难对企业产生激励效应。因此堵不如疏，政府要设计适当的机制与市场主体之间建立良好的合作伙伴关系，架构新型流域一体化管理与协议实施模式。

第一，垄断式、全能式的行政手段已经不能有效防治水污染。经济快速发展，忽略了对环境带来的影响。流域水资源具有公共性，企业在使用时并不能对其进行很好的监管，主要原因在于传统的管理模式下企业处于被动的地位。企业基于自身逐利性特点，为了自身发展违背流域协议无限度地开发利用流域水资源。因此要转变方式，实现企业从"污染者"到"守法者"的角色转变。推动企业在流域协议中的参与程度，行政手段只能压制企业排污，要将政府定位为"服务者"，用市场手段来激励企业，与企业建立跨区域的合作关系，通过环保约谈、环境经济手段等方式来向企业传递示警信息。比如，规范排污许可交易，让生产效益好的企业获得更多的排放指标；通过税收、信贷等方式来调节企业的行为，强化企业的参与意识，提高企业治污的积极性。创新各种途径促进企业和政府的合作双赢，形成新的市场参与新格局。

第二，单一的政府投资导致流域协议各方协同能力较差。主要体现在资金匮乏和人员短缺两个方面。一方面，对于流域污染治理来说，不能简单依靠企业自觉减排。因为对于企业来说，减少污染物的排放，就需要加大对企业环保设施的运行投入，所以基于资本的逐利性指引，只要有机会就一定会选择最便宜的处理方式。而我国城市污水处理设施基本由政府投资和政府补贴运行。因此资金不足是政府投资建设和运营污水处理设施面临的首要问题。污水处理设施主要依靠政府补贴来维持运营，部分地区已经在尝试向社会资本寻求 PPP 模式，即用运营权来换取外部资金的注入，改善资金不足导致水污染治理设施并未很好地发挥效果的问题。另一方面，水污染治理设施需要培训专业的检测人员，实时监控区域内的排污状况，提高环境执法能力。流域水污染治理可以看成是一个复杂的社会合作系统，但是目前我国相应的产业体系并没有建成，每个主体都是系统中独立的个体，只有多元主体同心协力，流域一体化管理才能取得成功。

三、流域一体化管理公众参与完善路径

公众参与有关水问题的立法和一体化管理过程将在很大程度上促进流域协议实施的效率和效果，公众参与机制有助于确保社会公共利益的实现。要充分考虑公众参与，以保证有效地使用水资源，可以从以下几个方面着手完善。

(一)提高流域一体化管理公众参与的法律原则和规则的地位

第一,流域水资源一体化管理领域的公众参与从本质上来说是一种公民环境权,属于基本权利的一种,应当在宪法中予以体现和明确,只有这样才能使流域一体化管理公众参与在根本上做到有法可依。

第二,鉴于我国现行流域管理法律体系中缺乏公众参与规定,仅有个别涉水单行法和流域性法律涉及公众参与,但规定较为宽泛,并未对公众参与流域管理的主体、程序责任等要素进行详细规定,因而可以考虑出台一部统合性的公众参与法,由全国人民代表大会常务委员会就公众参与的概念、原则、主管机构、参与程序、法律救济等内容进行规定。

第三,应当细化完善流域管理法律法规体系关于公众参与的具体规定。建议以《环境保护法》第五章信息公开与公共参与专章的相关规定为基石,协调修改《水法》《水污染防治法》《长江保护法》《黄河保护法》以及各流域管理条例等涉水法律法规,添加公众参与流域一体化管理的相关内容。如可以规定流域水资源管理坚持公众参与原则;公民、法人和其他组织拥有依法获取流域水资源信息和参与、监督流域管理的权利;政府部门对于公众参与负有信息公开等义务,以及公众参与权利无法实现时的法律救济途径等。

(二)明确流域一体化管理公众参与的主管机构及其职责

政府在涉及面广、利益交织复杂的流域水资源管理过程中发挥着主导作用。基于政府的权威性,公众参与同样离不开政府机构的组织引导。然而,由于我国公众参与相关法规的缺失,对于公众参与的主管机构尚不明确,只能由某些规定推知。这一方面增加了相关参与主体的参与难度,另一方面也给了流域水资源公众参与主管机构推卸责任的空间。因此,迫切需要根据不同涉水活动在现有流域水资源管理法律法规体系中明确相应的公众参与主管机构。具体来说,可以在流域层面上设立一个总摄性质的流域水资源公众参与主管机构,统管指导该流域内部的所有公众参与活动。对于具体流域公众参与活动应当确立一个或多个参与主管部门,由其独立或协商依法安排公众参与活动的时间和程序等,并报流域水资源公众参与主管机构审核与备案。

另外，针对我国流域管理中公众环境状况知情权的缺失，政府可以在制定流域规划后举行听证会，流域规划草案要及时向社会公开，保障群众对规划方案的知情权；同时，明确公众参与的程序，赋予公众一定的实体权利，这一权利不仅是公众参与流域一体化管理的前提，更是环境保护中必不可少的民主程序。① 从法律上明确公众参与流域一体化管理的权利有利于流域生态环境治理信息及时公布，促进公众参与的积极性和主动性，也有利于公民对政府管理行为更好地进行监督，使流域规划适应经济社会发展和宏观调控的要求，增加决策的科学性和民主性。

完善流域一体化管理公众参与制度，还应当明确公众参与流域水资源管理的主管机构的职责。具体可将流域水资源公众参与主管机构的职责划分为以下六个方面：第一，积极采取多种鼓励措施促进公众参与流域水资源管理。第二，及时、准确、透明地将流域水资源相关信息予以公开，为公众参与创造信息条件。第三，制定公众参与流域水资源的相关制度和规范。第四，对下级公众参与主管部门的提请和相关工作进行指导、协调、监督和审核。第五，组织流域一级公众参与活动。第六，法律法规规定的其他义务。

（三）拓宽公众参与对象的代表性和广泛性

公众参与有利于解决流域一体化管理信息不对称的问题，因为水要素的公开性，流域内的任何管理举动都会涉及多数人的利益。因此，为了有效摆脱“囚徒困境”，必须兼顾各方利益，尤其是最广泛的群众利益。流域管理的权力不能只掌握在政府和企业手中，必须下放到更广泛的权力主体，除公民个人外，还应包括企事业单位、社会团体，如社区组织、居委会组织、公众利益协会以及处于更弱势地位的村委会组织等。由此，拓宽参与范围能够利用社会资源和社会权力来对政府监管漏洞进行弥补；但是我们也要清楚地认识到，我国目前对这些组织的管理并不规范，它们实际参与层次也不深入，始终没有发挥应有的作用。所以，要积

---

① 参见竺效：《评〈环境保护法修正案（草案）〉之信息公开条款群》，载《郑州大学学报（哲学社会科学版）》2013 年第 4 期。

极采取措施来壮大这些组织和协会的健康发展，使其能够发出自己的声音。同时，加大宣传教育工作，鼓励公众广泛参与流域治理的志愿活动，广泛吸收各种行业的参与对象，以便能够在流域一体化管理中充分发挥公众的作用。

（四）完善流域一体化管理公众参与的程序

第一，完善公众参与主体的相关规定。一方面，保障一般公众参与主体的多样性。对于有意愿依法参与流域水资源立法、监管等公共事务的利益相关个人和团体组织，原则上都应纳入公众参与主体范围。而对于一些专业性要求较高的流域管理事项，应规定必须有一定比例的专家或技术团队、组织参与。此外对于已经确定的公众参与代表无法参与的可以允许替换或增补，以保障公众参与代表人所代表的利益得到维护。另一方面，对于特殊形式的公众参与即公众参与流域水污染等公益诉讼，其起诉主体范围被《环境保护法》第 58 条限制在专门从事环境保护公益活动连续 5 年以上且无违法记录的社会组织。鉴于我国环境公益诉讼开展较晚，相关环保组织具备上述条件的少之又少，大大限制了公众参与流域保护的程度。故而建议放开公众参与环境公益诉讼主体范围，如允许个人参与或降低环保组织活动年限要求。

第二，完善流域公众参与的方式。我国《行政诉讼法》规定的公众参与方式主要是公开征求意见和听证会。[①] 其中，听证会方式最符合我国实际情况，很多实践都产生了不错的效果。故而可以在现有基础上根据流域水资源管理特点进一步完善听证制度，尤其是可以扩大听证制度的适用范围，不仅仅适用于政府、流域管理机构的立法和决策行为，还可以延伸到涉及流域公共利益的企业经营。此外，基于当今网络和大数据技术的日新月异，还可以创新参与形式。在这方面，可以参考美国切萨皮克湾流域采取的虚拟信息店面方式，一方面实现信息公开透明，另一方面对公众和相关利益者进行培训指导参与流域事务，并展开相关调研交流，实

① 参见许雄：《浅议我国环境行政的公众参与机制完善》，载《才智》2014 年第 21 期。

现公众参与与水事管理效率的提升。

第三，完善公众参与有关时效的规定。具体而言有两个方面：一是在流域水资源管理法律法规的各个层面规定合理的公告和申请参与期限，应当根据不同的流域涉水事务的具体情况设定相应的期限。比如，对流域水资源的立法听证和征询意见就应当给予较长时间。二是规定适当的回复和申诉时效。流域公众参与主管机构对参与申请应当尽快予以回复，最迟不得超过一定期限，以防止流域公众参与主管机构通过此种方式变相阻碍公众权利的行使。对于未按期的回复或被拒绝的申请，申请人有权在一定时效内向法定行政机构申请行政复议或向法院申请行政诉讼，以保障公众参与权利的实现。

第四，拓展公众参与的渠道。在流域管理过程中，公众参与的环节也各不相同，有决策参与、过程参与等，总之要保障公众全过程地参与流域管理，针对不同的环节要采取不同的途径。虽然我国《环境保护法》明确规定公众参与的权利，但是，对参与程序描述得较为笼统，也没有下位法针对每种不同的情形进行具体的细化，社会公众很难快速有效地选择相应的途径，降低了公众参与的效率。所以，要想做到真正的公众参与，就要对每一环节的参与做到具体问题具体分析。既包括公众在环境决策、规划制定等前期准备阶段的参与，也包括对环境法律、法规、实施过程中的参与和监督，对不同时间、地点和不同情形下宜使用的参与途径加以说明，只有使公众在参与时不盲目选择，才能实现真正公众参与。

（五）提高公众保护环境的自觉性和主动性

《宪法》明确规定保护环境是每个人的责任，其中流域管理是环境保护中非常重要的一部分，更需要每一位社会成员的积极参与。近年来，公民参与意识有了明显提升，但是仍然远远不够，需要在各行各业强化公众的政治责任感，将公众参与从意识层面转化为行为层面，从而形成公众参与流域管理文化氛围，提高全民族的环境意识和责任感，而我国在这方面的宣传输出比较弱。因此首先要以互联网为依托，在一些受众群体广泛的自媒体和App中进行宣传，这些参与途径能为公众提供高效的环境管理信息，宣传环境保护和流域水资源相关法律法规，缩小政府和公众之间的信息差距，降低公众的参与成本。要注重培养中小学生保护环境的意识，通过书本知识和社会实践的穿插教学，培养学生保护环境的观念。要注重对流域管理机构和政府官网的建设，及时进行管理信息的公布更新，在全社会形成保护和节约水资源的良好氛围，避免获取信息的不及时导致社会问题，大大提高人们的环境责任感。

（六）健全流域水能资源开发环境监管的公众参与机制

在流域水能资源开发中，公众只有在享有环境知情权的基础上才能更有效地行使环境监督权，当前环境监管制度中信息不公开、不透明是影响环境政策有效贯彻的重要因素，也是导致公众环境监督不畅通的首要原因。① 美国、加拿大、挪威等都强调流域水能资源开发项目中的公众参与，社会公众的参与在推动流域水能资源开发生态环境保护工作方面发挥了不可替代的作用。

对流域水能资源开发中环境监管的相关问题，政府工作人员应依照环境法律规定，利用现有信息公开渠道主动公开环境监管政务信息，保障社会公众依法享有相关环境信息知情权，将流域水能资源开发环境监管具体事务全方位置于公众的监督下，对水能资源开发项目施工过程中的环境质量状况、污染物以及污染源、污染事故的处置、施工过程可能造成的生态环境影响、预防生态环境破坏的措施以及环境决策等相关的信息全面公开，对过于专业的信息进行简化以便于公众了解，让公众知晓在相关环境监管法规中其所享有的监督权利及行使方式和水能资源开发环境保护工作的进展状况，政府及相关环境监管部门应当为社会公众参与流域水能资源开发环境监管工作提供法律保障，使社会公众能真正参与影响环境情况的政府决策、执行和监督阶段，依法切实保障公众在各阶段享有的法定权利并确保权利行使途径畅通。同时，对流域水能资源开发环境监管相关法规中关于社会公众环境权的规定继续完善，让相关利益群体可以真正行使法定权利。进一步对环境权益救济的法律途径进行优化，对社会公众诉讼权益和赔偿制度以及环境公益诉讼相关的制度进行

---

① 参见都吉龙：《水资源管理中的监督问责机制探讨》，载《水利规划与设计》2018年第8期。

完善，以保证相关利益群体的环境权益受到不法侵害时可以依据法律明确的规定获得救济。

在当前流域水能资源开发环境监管工作中，政府在水能资源开发初期项目确立、中期环境监管等环节，充分吸纳社会公众的建议特别是专业人士的建议作为决策依据，同时，对于水能资源开发中举行的听证会予以重视，确保环境监管决策的民主性及公正性；在后续的水能资源开发环境监管工作推进中，结合各种座谈会、互动式网站、微博以及公众号等形式，吸纳专家学者的建议和意见，并鼓励专家在流域水能资源开发环境保护工作中建言献策，参与相关工作，通过新媒体等途径使社会各界对水能资源开发工作有一个全面了解，对可能产生的环境问题如何有效解决有进一步思考，保证流域水能资源开发中相关环境监管工作在各界的协助下正常运转，同时维护媒体对水能资源开发中相关环境监管信息报道的渠道，使社会公众特别是相关利益群体可以充分及时地获取政府相关环境监管工作信息，从而让流域水能资源开发环境监管工作取得各界广泛的理解和协助。

以社会公众为参与主体建立的流域水能资源开发环境监管制度，不但可以对环境监管工作进行完善，也将扩大环境监管制度的覆盖面，将流域水能资源开发中环境监管工作开展情况全方位置于社会大众的监督下。将环境监管形式由自上而下转变为自下而上，社会公众主动参与环境监管，降低环境监管门槛和成本，让相关利益群体享有广泛的环境参与权利。最终形成社会公民和环保组织自下而上参与流域水能资源开发环境监管工作，地方政府主动出台严于中央政府水能资源开发环境监管标准规范的良好局面。①

① 参见刘金科、张璇：《生态问责制度的国际比较与借鉴》，载《环境保护》2018 年第 9 期。

结　论

构建中国流域一体化管理法治体系要求在生态文明建设和法治中国建设的时代背景下，以生态中心主义与流域的整体性、系统性为理论基础，坚持“科学立法、严格执法、公正司法、全民守法”的法治思路。立法方面，遵循科学立法路径，找准中国现行流域管理相关法律的立法问题；执法方面，研究政府管理执法实践，真正形成基于“事权明晰、分工明确、行为规范、运转协调”的政府执法管理体系、便于不同涉水政府管理部门决策和执行、完善相关社会公众参与和监督的流域执法监督管理机制；司法方面，针对跨行政区域的水事纠纷司法解决难问题，结合当前跨行政区的法院、检察院的构建，从司法体制和受案范围视角探寻流域一体化管理中水资源分配纠纷和水污染责任追究的司法保障；守法方面，培育公众流域法治意识，分析评估多元主体守法情况并完善公众参与机制。以流域一体化管理为平台，从立法、执法、司法、守法四个维度构建我国流域一体化管理保障措施，不仅可以推动生态文明理论与法治理论在具体自然资源管理领域的结合，而且是对生态文明理论和法治理论的发展创新。